Gerhart Lindner

Absehen – der andere Weg zum Sprachverstehen

W0360395

Jubiläumsjahr 1999
Von Profi zu Profi. Seit 75 Jahren.

Gerhart Lindner

Absehen – der andere Weg zum Sprachverstehen

Eine Anleitung zum Gespräch für schwerhörig gewordene Menschen

Luchterhand

Die Deutsche Bibliothek - CIP-Einheitsaufnahme

Lindner, Gerhart: Absehen, der andere Weg zum Sprachverstehen : eine Anleitung zum Gespräch für schwerhörig gewordene Menschen / Gerhart Lindner. – Neuwied ; Berlin : Luchterhand, 1999
ISBN 3-472-03913-2

Alle Rechte vorbehalten.
© 1999 by Hermann Luchterhand Verlag GmbH Neuwied, Kriftel, Berlin.
Das Werk einschließlich aller seiner Teile ist urheberrechtlich geschützt. Jede Verwertung außerhalb der engen Grenzen des Urheberrechtsgesetzes ist ohne Zustimmung des Verlages unzulässig und strafbar. Das gilt insbesondere für Vervielfältigungen, Übersetzungen, Mikroverfilmungen und die Einspeicherung und Verarbeitung in elektronischen Systemen.
Druck, Bindung: Druckerei H. Heenemann GmbH & Co, Berlin
Printed in Germany, August 1999

Gedruckt auf säurefreiem, alterungsbeständigem und chlorfreiem Papier

Inhalt

Vorwort

Wie fast jedes Buch, so hat auch dieses seine unverwechselbare Ideengeschichte. Sie ist ganz eng mit dem politischen Geschehen des letzten Jahrzehnts verbunden.
Berlin war eine geteilte Stadt, so wie Deutschland auch geteilt war. Gewiß, man hörte und wußte, daß im anderen Teil auch wissenschaftlich gearbeitet wurde, hatte aber überhaupt keine Ahnung, wie die Menschen auf der anderen Seite aussahen, wie sie dachten und noch weniger, wie und woran sie arbeiteten.

Am 9. November 1989 fiel die Mauer in Berlin, und nach einer Vorlesung, die ich Anfang Dezember gehalten hatte, sprachen mich ein Herr und eine Dame von der Technischen Universität an. Sie hätten gehört, daß ich ein computergraphisches Modell des Sprechens entwickelt hätte, und sie hätten ein erstes Modell der Lippenbewegungen in einem Computergesicht. Ob wir nicht kooperieren könnten.
Aus diesem ersten Kontakt entwickelte sich eine interdisziplinäre, ost-westliche, großzügig ausgestattete Forschungsgruppe, die das Ziel hatte, die Lippenbewegungen beim Sprechen zu untersuchen und das sprechende Gesicht zu vervollkommnen. Die Leitung dieser Gruppe hatte Dr. H. H. BOTHE, und er wurde von dem Direktor des Instituts für Elektronik an der Technischen Universität, Herrn Prof. Dr. NAUNIN, tatkräftig unterstützt. Das Klima in den wöchentlichen Arbeitsbesprechungen war schöpferisch, kritisch, tolerant und offen. Zeitweise hatte die Arbeitsgruppe mehr als ein Dutzend Mitglieder.

Die Ergebnisse und teilweise fundamental neuen Erkenntnisse wurden in einer ganzen Reihe von Fachbeiträgen, vor allem technischer, methodischer, phonetischer Art, veröffentlicht. Aber nach

vier Jahren intensiver und erfolgreicher Forschung wurde die Arbeit unvollendet abgebrochen, die Geldmittel gestoppt. Das gut aufeinander eingespielte Team fiel auseinander. Jeder ging seiner Wege, zum Teil in die Arbeitslosigkeit. Eine solche Art des Umgangs mit wissenschaftlichen Werten und Erkenntnissen war ich von meiner Arbeit an der Humboldt-Universität nicht gewohnt.
Also war es für mich ein Anlaß zu überlegen, wie man die gewonnenen Erkenntnisse nutzbar machen könnte, ohne daß sie vollends im Vergessen untergingen. Mehrere Konzeptionen blieben unausgeführt.

Da erschien 1996 das hervorragende Buch von Karl-Heinz WISOTZKI über die Altersschwerhörigkeit, in einfühlsamer, leicht faßlicher Art für die alten Menschen geschrieben. Es wurde mein Vorbild.
Allerdings war es nun notwendig, all das, von dem wir in der Arbeitsgruppe unter technischem Aspekt in grundlegenden Diskussionen abstrahiert hatten, um die Lippenbewegungen zu modellieren, einzubeziehen, um ein lebendiges Bild des visuellen Perzeptionweges für Sprache zu zeichnen und den in der Leistungsgesellschaft an den Rand Gedrückten und Vergessenen zu helfen. So ist etwas ganz neues entstanden: Die Vereinigung von traditioneller Absehlehre, Kommunikation, Phonetik und Körpersprache, aufbereitet vor allem für die Altersschwerhörigen.

Um die Lesbarkeit zu erhöhen, wurde auf Auseinandersetzungen mit anderen Auffassungen verzichtet und die Literatur nur spärlich in den Text einbezogen. Bei den Literaturangaben ist der Name des Autors (oder der Autoren) und das Erscheinungsjahr (eventuell mit Seitenzahl) angegeben. Der Autor erscheint so, wie er auch im Bibliothekskatalog zu finden ist. Das schafft bei Übersetzungen manchmal Probleme, wenn russische Namen auf verschiedene Weise ins Deutsche übertragen worden sind. (LURIA – LURIJA: es ist der gleiche Wissenschaftler).

Ganz ohne Fachbegriffe geht es nicht. Daher sind die wesentlichen im »Glossar« erklärt. Und es geht auch nicht ohne Beratungen und Hilfe. Daher möchte ich mich bei den Mitstreitern der ehemaligen

Forschungsgruppe bedanken für die vielen Anregungen in gründlichen Diskussionen. Der Dank gilt auch Frau K. WITTE, die mit ihren Erfahrungen in der Psychologie alter Menschen das Manuskript phasenweise durchgesehen hat, Herrn J. KASCHTALINSKI, der die Reinzeichnungen der Lippenbilder angefertigt hat und nicht zuletzt meiner Frau, die mir den Rücken für die Manuskriptarbeit freigehalten hat.

Berlin, Juli 1999 *Gerhart Lindner*

Zur Einführung: Das Ziel dieses Buches

Wenn der Höhepunkt des Lebens überschritten ist, beginnt das *Altern.* Es ist unausweichlich, ein Gesetz der Natur, und es ist schwieriger, als man es sich in jüngeren Jahren vorgestellt hat. Das Altern ist gekennzeichnet durch das Nachlassen von Körperkräften und erlernten Leistungen, und es treten auch Defizite und Mängel ein. Diese sind um so gravierender, je älter die Menschen werden.

Als Ergebnis der Hygiene und guter medizinischer Vorsorge und Versorgung ist die *Lebenserwartung*, vor allem in den Industrieländern unserer Welt, erheblich *gestiegen.* Nach der 1998 veröffentlichten UNO-Statistik beträgt die durchschnittliche Lebenserwartung in Deutschland für Frauen 79 und für Männer 73 Jahre. Sie liegt damit etwa zwei Jahre über dem Durchschnitt sämtlicher Industrieländer.

In den armen Ländern der Erde, den Entwicklungsländern, beträgt nach dieser Statistik die Lebenserwartung für Frauen 52 und für Männer 50 Jahre. Etwa in dieser Größenordnung, bei einzelnen Leistungen sogar noch darunter, dürfte die Spanne liegen, für die der Mensch mit der Vollkraft seiner Leistungsfähigkeit angelegt ist, um ohne gravierende Einbußen an Sinnesleistungen, geistigen und körperlichen Kräften zu leben.

Durch unsere lange Lebenszeit werden die durch das Altern verursachten Einbußen so erheblich, daß sie auch die *Lebensqualität* mindern. Das Altern vollzieht sich ganz langsam, gleichsam unmerklich, aber unaufhaltsam und vorwiegend kontinuierlich. Und irgendwann ist der Zeitpunkt erreicht, wo uns die Einbußen bewußt werden, wo dann auch durch Hilfe oder Eingriffe von außen ein Ausgleich angestrebt wird und in vielen Fällen auch erreicht werden kann.

Ein Beispiel ist das Nachlassen der Sehfähigkeit. Durch eine *Brille* läßt sich meist ein *vollständiger Ausgleich* erzielen. Aber in bestimmten Situationen des täglichen Lebens muß auch eine Änderung der begleitenden Handlungen erfolgen: Beim Baden und Duschen oder wenn die Brille beschlägt, wenn wir aus einem kalten in einen feucht-warmen Raum kommen.

Ein anderes Beispiel bilden die Zähne. Wenn sie schlecht werden, werden sie plombiert. Geht das nicht mehr, müssen künstliche ein- oder angesetzt werden. Mit den künstlichen Zähnen ist aber meist auch eine *notwendige Umstellung* der Eßgewohnheiten verbunden. Wie selbstverständlich wird das Verspeisen der harten Brotkanten an die jüngeren Familienmitglieder delegiert.

Das Altern ist auch gekennzeichnet durch ein Nachlassen der Hörfähigkeit. »Mindestens ein Drittel der über 60jährigen Menschen ist in klinisch relevanten Ausmaß von Höreinbußen betroffen, wobei die Prävalenzrate mit dem Alter rasch wächst.« (TESCH-RÖMER/NOVAK 1998, 105) Bestimmte Eindrücke in der Natur, wie das Zirpen der Grillen oder bestimmte, ganz hohe Vogelstimmen, werden somit nicht mehr wahrgenommen. Aber der an sich herbe Verlust solcher Eindrücke aus der Natur läßt sich verschmerzen, vor allem vom Großstädter.

Viel bedeutsamer ist, daß wir über das Hören auch das auffassen, was die anderen sprechen. »Kommunikationsprobleme stellen die zentrale Belastung durch Schwerhörigkeit dar.« (Ebenda) Alles gesellschaftliche Miteinander hat die Lautsprache zur Grundlage. Das, was uns die anderen mitteilen, wird zwar nicht unhörbar. Aber es verliert an *Deutlichkeit* und *Präzision*. Damit aber ist das Verstehen beeinträchtigt, in vielen Fällen sogar gefährdet.

Die Folgen, die das für den einzelnen hat, sind gravierend; denn es ergeben sich Barrieren zum nächsten, die vorher eben nicht vorhanden waren. Gerade die Menschen, die wir zum vertrauten Gespräch brauchen, werden nicht mehr verstanden. Die Folgen sind schwerwiegend. Man muß *nachfragen*, aber nicht selten reagiert der andere gereizt. Als Folge dessen unterbleibt im nächsten Stadium die Nachfrage. Man begnügt sich mit Halb- oder Unverstandenem, winkt ab und zieht sich zurück. Die Stimmung wird geprägt von *Gereiztheit, Mißmut und Enttäuschung*. Am Ende steht die *Vereinsamung*. Der Kontakt zum Anderen wird gar nicht mehr gesucht: Die Barriere zum Nächsten, vor allem zum Vertrauten, wird so hoch, daß sich der Mensch mit Hörminderung völlig in sich zurückzieht, eigentlich ein Widerspruch, da ja der Mensch als Gemeinschaftswesen angelegt ist und die Gemeinschaft braucht.

Wenn im Alter auch die Sehfähigkeit nachläßt, so gibt es doch gute Hilfsmittel, die Mängel auszugleichen. Eine Brille schafft oft völligen Ausgleich. Ähnliches gilt für das Hören. Der drohenden Isolierung und Vereinsamung kann durch die Einbeziehung der *Schrift* entgegengewirkt werden. Durch die Hinzuziehung des zweiten Kommunikationsmittels, der Schrift, kann der sprachliche Kontakt zum Gegenüber gewahrt werden. Die völlige Vereinsamung bleibt aus, aber sie muß mit einer radikalen *Umstellung* der gewohnten Lebensumstände erkauft werden.

Das ist das eine. Das andere ist, daß manches an der gewohnten Kommunikation *sichtbar* ist, die sich der akustisch übermittelten Lautsprache bedient. Allerdings werden diese, die Lautsprache begleitenden Signale, im normalen menschlichen Zusammenleben kaum beachtet und sind deshalb auch im normalen Bewußtsein stark unterbewertet. Unter den Bedingungen des uneingeschränkten, normalen Hörens bewältigt das Akustische voll und mit erheblichen Reserven die zwischenmenschliche Kommunikation. Folglich erzieht das Leben zu einer Einstellung, die ganz grob kategorisiert: Die lautsprachliche Kommunikation erfolgt durch das Hören, die schriftliche mittels des Sehens.

Durch eine solche oberflächliche Kategorisierung wird völlig verdrängt, daß vieles an der Lautsprache auch sichtbar ist: Die *Bewegungen* des Mundes, vor allem der *Lippen*. Auch viele Körperreaktionen sind sichtbar und damit die emotionalen Reaktionen des Partners, seine Zuwendung, Beteiligung am Gespräch und seine Absichten. Man braucht eigentlich nur hinzuschauen.

Die heutige hochentwickelte Technik stellt auch *Hörgeräte* zur Verfügung und hilft damit, die bisherigen Gewohnheiten, Lautsprache nur durch Hören aufzufassen, beizubehalten und zu konservieren. Aber erstens ist ein Hörgerät nicht in der Lage, alle Hörmängel in jeder Umweltsituation auszugleichen. Von ALICH (1998) wurden die Arten von Hörstörungen zusammengestellt, bei denen ein Hörgerät keinen vollen Ausgleich schafft. Zweitens begibt sich der Mensch in eine fatale Rolle der *Abhängigkeit von der Technik*. Er ist immer dann kommunikativ isoliert, wenn die Technik versagt. Und drittens muß er die Schwierigkeiten überwinden, sich auf die neuen Höreindrücke einzustellen. Das ist aber nur in einem Lernprozeß zu erreichen.

Eine Alternative dazu ist die *Zusammenführung von Hören und Sehen* bei der Sprachauffassung. Diesen Weg will das vorliegende Buch aufzeigen. Es will damit Bestrebungen unterstützen, die Prof. M. BALTES kürzlich in einer Studie über Probleme des Alterns in den Mittelpunkt ihrer Betrachtungen gestellt hat: »Die vorhandenen Stärken alter Menschen werden von der sozialen Umwelt gar nicht erst wahrgenommen, geschweige denn stimuliert. ...« Es geht dabei um die »latenten Potentiale und nicht genutzten Reserven alter Menschen« (BALTES 1998, 77).

Die *Zusammenfassung von Sinneseindrücken* ist eigentlich ein ganz natürlicher Prozeß. Ohne daß wir es in seinen tieferen Zusammenhängen durchdenken, begegnen uns diese komplexen, aufeinander bezogenen Wahrnehmungen im täglichen Leben auf Schritt und Tritt, auch wenn uns meist nur die Eindrücke des führenden Sinnes voll ins Bewußtsein dringen. Die uns umgebende Umwelt ist eine sehr komplexe Einheit, und die Lebewesen, auch der Mensch, begegnen ihr, indem sie sie so komplex wie möglich zu erfassen suchen und ihr Handeln darauf einstellen.

Denken wir nur an das Autofahren. Wir wissen, daß dabei das Sehen, also die Erfassung der Verkehrssituation, die Hauptsache ist. Aber untergeordnet sind andere Sinne beteiligt: Das Muskelgefühl, das uns informiert, wie Kupplung und Bremse, Gangschaltung und Blinker betätigt werden. Der Fahrschüler muß noch nachsehen, ob der Fuß auch wirklich auf dem richtigen Pedal ruht, ob die Hand den richtigen Hebel ergreift. Der routinierte Fahrer »weiß« das; das Muskelgefühl ist bei ihm automatisiert und voll dem Sehen untergeordnet.

Auch das Gehör ist beteiligt; wir hören, ob der Motor richtig läuft, ob der Fahrtwind saust, ob der Blinker »tickt«.

Auch das *Schreiben* ist ein gutes Beispiel. Dabei sind die Bewegungen der Hand, der Finger und des Armes wohl das Wichtigste, aber sie werden uns nicht bewußt. Das kontrollierende Auge erkennt, ob der Stift seine Spur richtig zeichnet, ob die Zeilen eingehalten werden. Aber ohne das Muskelgefühl geht nichts. Daß es allein aber nicht ausreicht, um einen Text zu schreiben, wissen wir aus mißglückten Versuchen und Erfahrungen, in absolutem Dunkel zu schreiben. Nur die aufeinander bezogene Synthese von Sehen und Muskelgefühl sichert das angestrebte und erwartete Ergebnis.

Das im Buch dargestellte und aufeinander bezogene Zusammenwirken von Hören und Sehen bei der Auffassung und beim Verstehen von Gesprochenem kann dem alternden Menschen helfen, an der sprachlichen Kommunikation teilzuhaben, auch dann noch, wenn das Hören allein nicht ausreicht, und sich so vor Mißmut und Vereinsamung zu bewahren.

Allerdings stellt sich die aufeinander bezogene Vereinigung von Hören und Sehen nicht von selbst ein – sie muß *erarbeitet* und *automatisiert* werden. Es ist ein ähnlicher Lernvorgang, wie ihn der erfahrene Autofahrer hinter sich hat. Der Fahrschüler muß es lernen, das sehend verfolgte Verkehrsgeschehen mit den motorischen Bedienungshandlungen des Fahrzeugs zu koordinieren. Erst dann ist er fahrtüchtig.

Ähnliche Koordinierungsvorgänge greifen auch beim Sprachverstehen ineinander. Doch sind hierbei Abläufe zu koordinieren, die wir ein Leben lang *unbewußt* vollzogen haben, Abläufe, die bei normalen Menschen in voll automatisierter Weise das Kommunikationsgeschehen in der Muttersprache tragen und uns in der Regel, reibungslos funktionierend, voll zur Verfügung stehen, ohne daß sie uns bisher bewußt geworden wären oder daß wir uns darüber Gedanken gemacht hätten.

Das Buch will diese im allgemeinen automatisiert und unbewußt ablaufenden Vorgänge bei der sprachlichen Kommunikation in ihren Einzelheiten darstellen, sie ins Bewußtsein rufen und begründen, damit es dem alternden Menschen möglich wird, eine neue Haltung zur Kommunikation zu gewinnen.

Das Zusammenwirken von Hören und Sehen beim Sprachverstehen stellt sich nicht von allein ein. Es muß, wie fast alles im Leben, erarbeitet werden. Und es erfordert *Beharrlichkeit und Übung*. Aber wenn der alternde Mensch eine neue Haltung zur Kommunikation gewinnt, ist das eine natürliche Möglichkeit, ihn vor Vereinsamung, Enttäuschung und Isolation zu bewahren.

1 Die Kommunikation

1.1 Gedankenaustausch – Grundbedürfnis der Menschen

Die Kommunikation gehört zu den *Grundbedürfnissen* des Menschen, so wie Essen, Trinken, Schlafen, das Streben nach Wärme oder Geborgenheit. Sind die Grundbedürfnisse erfüllt, befindet sich der Mensch im seelischen Gleichgewicht, und er fühlt sich rundum wohl.

Treten Defizite auf, verschiebt sich dieses Gleichgewicht nach dem negativen Pol. Der Mensch fühlt sich unwohl, angespannt und strebt danach, das Gleichgewicht wiederherzustellen. Das ist am leichtesten bei Essen und Trinken nachzufühlen und sicher auch durch vielfältige Erlebnisse der persönlichen Vergangenheit belegt. Wenn wir *Hunger* haben, suchen wir nach etwas Eßbarem. Je größer und quälender der Hunger wird, desto weniger wählerisch werden unsere Wünsche. Noch quälender ist *Durst*, und auch bei ihm dürfte die ganze Skala der Bedürfnisse aus eigenem Erleben bekannt sein.

Da auch die Kommunikation mit zu den menschlichen Grundbedürfnissen gerechnet werden kann, ist es legitim, sie mit anderen zu vergleichen, die wir täglich näher und bewußter erleben und ihren Stellenwert für die menschliche Existenz abschätzen können. Auch bei der Kommunikation können Entzugserscheinungen peinigend oder frustrierend sein.

Um diesen Sachverhalt näher beschreiben zu können, müssen wir uns eingehender mit dem befassen, was hier als *Kommunikation* bezeichnet worden ist.

Der Mensch ist ein Gemeinschaftswesen. Er braucht die Gemeinschaft, um überhaupt lebensfähig zu sein. Völlig auf sich gestellt und allein in dieser Welt, müßte er mit den Unbilden der Natur fertig werden und wäre zu einem ganz anderen als dem gewohnten Leben, wenn nicht zum Untergang, verurteilt. Der Mensch lebt in der Gemeinschaft und braucht daher den *Gedankenaustausch* mit den anderen Mitgliedern der Gesellschaft.

Die Kommunikation ist ein Teil der Kooperation, der gemeinsamen und *abgestimmten Handlung*. Nicht in jedem Fall ist es nötig, daß das gleichzeitige, abgestimmte Handeln von Sprache begleitet wird, wie beim Marschieren oder Tanzen, oder wie es sich bei geschickten Wendungen eines Vogelschwarmes beobachten läßt. Aber bei den meisten menschlichen Handlungen ist die Kommunikation in die Kooperation mit einbezogen.

Unter allen Lebewesen ist es nur dem Menschen möglich, seine Gedanken, Erfahrungen und Erkenntnisse, die ganze Reichhaltigkeit seiner Innen- und Erlebniswelt *in Sprache zu fassen* und die gedanklichen Inhalte auf diese Weise einem anderen zu vermitteln, den anderen an seinem Erleben, Fühlen und Denken teilhaben zu lassen. Diese Übermittlung von gedanklichen Inhalten von einem Menschen zu seinem Partner mit Hilfe der Sprache bezeichnen wir als Kommunikation.

Gewöhnlich findet die Übermittlung von gedanklichen Inhalten mit Hilfe von Sprache statt, wobei wir in erster Linie an *Lautsprache* denken. Sicher ist die lautsprachliche Kommunikation im Alltag die häufigste Form. Doch sei gleich an dieser Stelle vermerkt, daß es daneben noch eine ganze Reihe anderer Mittel gibt, die zum zwischenmenschlichen Kontakt verwendet werden und die Brücke zum Gegenüber bilden: Mimik, Gestik, Gebärden, Körperreaktionen, vor allem aber das von der Lautsprache abgeleitete Kommunikationsmittel, die Schrift.

Die Fähigkeit, die Sprache zum Ausdruck eigenen Erlebens zu verwenden, beruht auf einer *menschlichen Gemeinschaftsleistung*, die von einer Generation zur nächsten weitergegeben wird. Das Neugeborene wird in eine Gemeinschaft hineingeboren, die die Sprache in der bereits entwickelten hohen Entwicklungsstufe gebraucht. Es wächst in diese *Sprachgemeinschaft* hinein, gebraucht die Sprache in der erlebten Weise und wird später, im reiferen Alter, zum Mitträger oder sogar Mitgestalter des sprachlichen Gemeinschaftsgutes, und wird damit Vorbild für die nächste Generation, die heranwächst. All dieses geschieht, ohne daß sich der Einzelne seiner Rolle als Sprachträger voll bewußt wird. Diese Übermittlung des Überkommenen geschieht schon seit einem langen Zeitraum, den man nach vorsichtigen Abschätzungen auf etwa 6.000 Generationen ansetzen kann. »Die Sprache ist tatsächlich so alt wie der Mensch selbst; sie gehört zu ihm wie der aufrechte Gang, das entwickelte Gehirn, die geschickte Hand und die technologische, geistige und soziale Kultur.« (KUCKENBURG 1998, 111)

Die Verwendung der *Lautsprache* für die Kommunikation hat unbestreitbare Vorteile. Deshalb hat sie sich auch zum führenden Kommunikationsmittel entwickelt, sogar so weit, daß es mit ihr möglich ist, nicht nur konkrete und in die aktuelle Situation eingebettete, sondern abstrakte, von der aktuellen Situation unabhängige Denkinhalte zu formulieren und zu übermitteln: Wir Menschen tragen die Organe, die wir für die Kommunikation brauchen, stets funktionsfähig mit uns: Die Organe zum *Sprechen* und zum *Hören*. Also ist Kommunikation immer dort möglich, wo ein paar Menschen zusammen sind.

Beim Sprechen erzeugen wir *hörbare Schallsignale*, die Lautsprache, so wie wir es in der frühen Kindheit von unserer Umgebung erlernt und später immer weiter vervollkommnet haben.

Bei der Entwicklung der Lebewesen zum Menschen haben diese sich die Gesetzmäßigkeiten der *Ausbreitung von Schallwellen* zunutze gemacht: Schallwellen breiten sich mit großer Geschwindigkeit nach allen Richtungen aus, haben eine respektable Reichweite, durchdringen lockere Stoffe, die die Sicht versperren können, laufen um kleine feste Gegenstände herum, werden an großen festen Körpern reflektiert und durchdringen sich, ohne die Möglichkeit ihrer Richtungserkennung einzubüßen.

Es sind also große Vorteile, die die Evolution hat ausnutzen können. Auch im dichten Gebüsch ist akustische Kontaktaufnahme möglich. Vor allem aber bleiben die *übrigen Körperorgane*, insbesondere Augen, Hände und Arme *für anderen Gebrauch* frei.

Damit akustische Kommunikation zustandekommt, ist es nicht nur notwendig, daß hörbare Signale ausgesandt werden, sondern daß der Partner auch in der Lage ist, diese zu *hören* und zu *entschlüsseln*. Das Hören und Verstehen lautsprachlicher Informationen ist der notwendige zweite Teil der lautsprachlichen Kommunikation. Das menschliche Gehör hat sich im Laufe der Evolution hervorragend an die spezifischen Besonderheiten der menschlichen Schallerzeugung angepaßt und kann Sprachschall nicht nur wahrnehmen, sondern auch verarbeiten und verstehen.

Geht man von der Kommunikation aus, so könnte es scheinen, wir Menschen hätten unsere Sprechorgane nur, um lautsprachliche Signale einerseits zu erzeugen und andererseits aufzufassen. Da aber die gesamte Kommunikation, die der Mensch so störungsfrei und souverän beherrscht und einsetzt, eine Spätentwicklung der Evolution ist, haben die sie tragenden Organe, die bei der Kommunikation aktiv sind, primär *andere Aufgaben*.

Die Organe, mit denen wir hörbaren Schall erzeugen, haben ursprünglich ganz andere Aufgaben. Das Sprechen geschieht mit Ausatmungsluft, und die Atmung hat primär die Aufgabe, den Organismus mit *ausreichend Sauerstoff* zu versorgen. Da wir in den Sprechpausen einatmen, wird der Körper mit Sauerstoff versorgt, eine hervorragend abgestimmte Doppelfunktion. Im Kehlkopf wird ein hörbarer Schall erzeugt, die *Stimme*, die dann mit den Organen im Mundraum modifiziert und gegliedert wird. Die ursprüngliche biologische Aufgabe der im Mundraum gelegenen Organe: Zunge, Kiefer, Zähne, Lippen und des Gaumensegels ist es, die Nahrung zu prüfen, zu zerkleinern, aufzubereiten und zu schlucken. Bei der Nahrungsaufnahme sind die gleichen Organe aktiv wie beim Sprechen, nur in einer *anderen Art der Koordination* ihrer Bewegungen. Auch die Nahrungsaufnahme ist differenziert. Es ist nicht nur essen, sondern auch trinken, schlürfen, kosten, blasen.

Denken wir weiter, müssen wir uns auch von der vielfach vertretenen Meinung trennen, daß unsere im Mundraum gelegenen Sprechorgane außer zur Nahrungsaufnahme nur zum Sprechen dienten, obwohl sie als »Sprechorgane« bezeichnet werden. Sie sind auch beim Singen, beim Lachen, Weinen und Stöhnen, beim Rufen, beim Flüstern, beim Räuspern oder beim Schnarchen aktiv, oder wenigstens einige von ihnen, und stets in einer *spezifischen Art der Koordination* ihrer Aktivitäten.

Wenn wir an lautsprachliche Kommunikation denken, so gehen die Gedanken gewöhnlich nicht über unsere eigene *Muttersprache* hinaus. Das ist aber zu eng. Es ist richtig, daß alle Sprachen unserer

Erde mit den gleichen Organen gesprochen werden, eben den Sprechorganen. Es ist aber nicht richtig, daß alle Sprachen dieser Erde gleich wären. Sie sind so verschieden, daß wir *Fremdsprachen*, die Einheimische so leicht, selbstverständlich und fehlerlos gebrauchen, eben nicht verstehen. Von den 3.000 bis 5.000 Sprachen dieser Erde beherrscht der einzelne neben seiner Muttersprache vielleicht eine oder zwei Fremdsprachen. Besondere Experten erreichen eine größere Zahl an Fremdsprachen. Aber angesichts der Fülle der vorhandenen bleibt auch das wenig.

So wie die Sprechorgane außerhalb der lautsprachlichen Kommunikation noch andere, auch lebenswichtige, Funktionen haben, ist es auch beim *Hören*. Nicht nur die Lautsprache wird über das Gehör aufgefaßt und verarbeitet, sondern auch andere, teilweise sogar lebenssichernde Signale. Das Gehör verfügt über ein erhebliches *Leistungsinventar*, das zunächst dazu dient, die Existenz des Organismus in der Umwelt zu sichern. Die Funktionen, die das ermöglichen, sind das Erkennen oder Wiedererkennen von Objekten, Ereignissen oder Verläufen am Schall, der dabei entsteht, das Wahrnehmen der Richtung, aus der der Schall kommt, die *Trennung* von wesentlichen Schallereignissen, dem *Nutzschall*, von Unwesentlichem und Überflüssigem: dem *Störschall*.

Auf diesen akustischen Grundfunktionen, die übrigens das Kleinkind schon sehr früh im Verlauf seiner Individualentwicklung erwirbt, bauen dann die höheren Hörfunktionen auf, die es ermöglichen, auch die typisch menschlichen akustischen Signale wahrzunehmen, aufzufassen, zu verstehen, mit den eigenen Gedanken zu verbinden und gegebenenfalls zu befolgen. Dazu gehören die Lautsprache, aber auch die Musik.

So reibungslos die lautsprachliche Kommunikation im Alltag auch verläuft, sie ist doch ein *komplizierter Prozeß*, der an eine ganze Reihe von *Vorbedingungen* gebunden ist. Und wenn nur ein einziges Glied in dieser Kette nicht funktioniert, dann bricht der gesamte Prozeß zusammen: Die lautsprachliche Kommunikation hat dann nicht den beabsichtigten und gewünschten Erfolg; sie erreicht ihr Ziel nicht.

Schon allein der Sprecher muß eine Reihe von *Voraussetzungen* beherrschen. Um etwas mitteilen zu können, muß er die Fähigkeit haben, seine *Gedanken* so *zu ordnen*, daß sie sprachlich mitteilbar werden, und er muß die entsprechenden Wörter dazu finden. Diese Leistungen sind im muttersprachlichen Bereich gegeben und so selbstverständlich, daß wir darüber gewöhnlich überhaupt nicht nachdenken. In einer fremdsprachlichen Umgebung werden uns die Schwierigkeiten dieses Prozesses schon eher bewußt, vor allem, wenn wir die Fremdsprache nur mangelhaft beherrschen. Wir vertrauen in einem solchen Fall auch nicht selten auf die *Bereitschaft des Partners*, das ungenau Bezeichnete »zurechtzuhören« und das Fehlende zu ergänzen.

Weiterhin muß der Sprecher in der Lage sein, mit seinen Sprechorganen – denen für die Atmung, die Stimmerzeugung und den Organen im Mundraum – das akustische Signal so zu gestalten, daß es in einer merkmalsreichen und differenzierten Form den Weg zum Partner antreten kann. Das setzt ein *wohlkoordiniertes Zusammenwirken* der Sprechorgane voraus. Gewöhnlich erbringen wir solche hohen Leistungen ohne Schwierigkeiten. Wenn aber die Leistungsfähigkeit herabgesetzt ist, wie es bei übermäßigem Alkoholgenuß, bei Schmerzen oder Schwellungen im Mundbereich der Fall ist, dann geht das Sprechen in *Lallen* über.

Damit das wohlgeformte akustische Signal mit den wesentlichen Merkmalen den Weg zum Partner antreten und von diesem ungehindert aufgefaßt werden kann, darf es nicht zu leise ankommen und darf nicht so stark von Störschall überlagert sein, daß wesentliche Erkennungskriterien ausgelöscht werden. Die meiste Kommunikation des Alltags findet allerdings im Störschall statt. Das ist richtig. Aber wir können durch aktive Regelung der Kommunikationsentfernung in einem gewissen Maße das *Verhältnis von Nutz- und Störschall* günstig beeinflussen, indem wir die Entfernung bis zum Ohr des Hörers verkürzen oder unsere Sprechlautstärke erhöhen.

Der Kommunikationsvorgang wird durch das *Auffassen und Verstehen* des akustischen Signals abgeschlossen. Das setzt voraus, daß der Partner normal hört, daß er in der Lage ist, den Sprachschall vom Störschall zu separieren, die semantischen Einheiten voneinander zu *trennen* und ihnen ihre *Bedeutungen zuzuordnen*. Auch hierbei kann man sich die geistige Arbeit, die geleistet werden muß, leichter vorstellen, wenn man in den fremdsprachlichen Bereich übergeht. Dort ist es sicher den meisten schon vor gekommen, daß man den Sprecher wohl hört, aber nicht versteht.

Das Sprachverstehen hat im Normalfall ein uneingeschränktes Hören zur Voraussetzung. Ist das *Hören schlecht*, dann ist das *Verstehen mehr gefordert*. In gewissem Grade kann das Verstehen das mangelhafte Hören ausgleichen, indem die *Lücken*, die im ankommenden Signal bleiben, durch *sinnbezogene Ergänzung* ausgefüllt werden, aber nur in einem gewissen Grade. Dabei wird die höhere geistige Aktivität, die aufgewendet werden muß, durch schnellere Ermüdung erkauft.

Ist aber das Hören so schlecht, daß die Ergänzung nicht mehr möglich ist, dann bricht der gesamte Vorgang der Kommunikation zusammen. *Sprachverstehen hat unausweichlich Sprachhören zur Voraussetzung*. Wenn aber die Kommunikation nicht mehr oder nicht mehr ungehindert möglich ist, entsteht in bezug auf eines der Grundbedürfnisse des menschlichen Daseins ein Defizit. Das emotionale Gleichgewicht, bei dem sich der Mensch wohlfühlt, verschiebt sich zum *negativen Pol*. Der Mensch fühlt sich frustriert, allein, von den anderen isoliert, und er wird unglücklich. In besonders schweren Fällen kann dies zur völligen Vereinsamung, zu Apathie oder zu Aggressionen führen.

Wie ein schwerhöriger Mensch diese drohende Vereinsamung überwinden kann, wie er neben den akustischen Signalen auch andere nutzen kann, um wieder an der Kommunikation und dem mitmenschlichen Kontakt teilzuhaben, das soll Schritt für Schritt in den folgenden Kapiteln beschrieben werden.

1.2 Die sprachliche Äußerung als ganzkörperliche Gestaltung

Wenn ein Mensch einem anderen etwas mitteilen möchte, so überlegt er zwar, ob er das am besten mündlich oder schriftlich tut, aber wenn er sich entschlossen hat, zu sprechen, dann ist für ihn nur wichtig, *was* er mitteilen möchte. Allein der *Inhalt* dessen, was er mitzuteilen beabsichtigt, ist ihm wichtig. Wie dabei die *Sprechorgane* bewegt werden, wie die Atmung und die Stimme beteiligt sind, wie eventuell die *begleitende Mimik und Gestik* eingesetzt werden, das alles bleibt gewöhnlich bei einer solchen Zielstellung im Dunkel.

Daß er eine Entscheidung in bezug auf das Kommunikationsmittel treffen muß, geschieht zwar selten, aber es kommt vor. Daß die Menschheit für die Kommunikation ein zweites Mittel entwickelt hat, die *Schrift*, das Nachteile der Lautsprache überwindet, ist historisch erklärbar. Als die ersten Hochkulturen im Zweistromland und in Ägypten entstanden waren und die Menschen in ersten Städten zusammenlebten, war für Verträge und Abmachungen die *Flüchtigkeit der Lautsprache* hinderlich. Ein Wort, ehrlich gemeint und für den Augenblick bindend, verhallt an den Wänden des Raumes. Es ist unwiderbringlich verloren, unbeständig. Und auch Zeugen, die das Wort gehört haben, sind bestechlich.

So entstand in den alten Kulturen in Ägypten und im Zweistromland das Streben nach einer *dauerhaften Fixierung* sprachlich formulierbarer Inhalte. Die Wurzeln der Schriftentstehung reichen bis ins 3. Jahrtausend vor der Zeitenwende zurück. (KUCKENBURG 1998, 165) Das ist eine lange Zeit. Aber gemessen an der Generationenfolge, die notwendig war, um die Lautsprache bis zu ihrer heutigen Höhe zu entwickeln, ist das eine kurze Zeitspanne, die auf etwa 300 Generationen geschätzt werden kann. In dieser zur Lautsprachentwicklung relativ kurzen Zeitspanne hat die Schrift eine erstaunliche Entwicklung genommen und existiert heute als *Buchstabenschrift*, mit deren begrenztem Inventar von zweieinhalb Dutzend Buchstaben es möglich ist, durch einfache Reihung und Kombination die ganze unbegrenzte Vielfalt menschlicher Gedanken zum Ausdruck zu bringen. (KLIX 1985, 201/202)

Die Schrift ist im Gegensatz zur flüchtigen Lautsprache, die die uns umgebende Luft als Medium nutzt, *dauerhaft*. Aber sie braucht einen *Träger*, auf den sie fixiert wird. Ist er genügend stabil, ist die Mitteilung in der Lage, beliebig lange Zeiten zu überdauern. So sind wir heute noch in der Lage, alte Schriftstücke zu entziffern, sofern wir die Sprache beherrschen, in der sie geschrieben sind.

Im Gegensatz zur Lautsprache hat die Schrift auch Nachteile. Während die Organe zum Erzeugen und zum Verstehen von Lautsprache zu unserem Körper gehören und ständig, auch im Dunkeln, im Nebel oder hinter einem Vorhang zur Verfügung stehen, ist, um

Schrift zu verwenden, ein *Trägermaterial* nötig, und es muß genügend *hell* sein, um es zu lesen oder zu beschreiben.

Die Unterschiede zwischen Lautsprache und Schrift gehen noch weiter. Die Schrift gründet sich einzig und allein auf die klangliche Verschiedenheit der Laute, die erkannt, identifiziert und kategorisiert werden müssen. Ihre *Reihenfolge* wird in der Schrift festgehalten und niedergeschrieben, sonst nichts. Das ist ein sprödes und dürftiges Abbild der Reichhaltigkeit, die in der Lautsprache sonst zum Ausdruck kommt. Damit überhaupt die Lautfolge sinnvoll interpretiert werden kann, werden in der Schrift die bedeutungstragenden Einheiten, die Wörter, durch den *Wortabstand* getrennt.

Was bei der Darstellung des sprachlichen Inhalts in der Schrift alles *weggelassen* wird, wird uns gewöhnlich kaum bewußt, aber es ist viel. Wenn jemand spricht, weiß man, *wer* es ist. Die sprechertypischen *Individualmerkmale* sind im lautsprachlichen Signal immer enthalten. Bei einer schriftlichen Information weiß man oft nicht, von wem sie stammt. Schrift, vor allem *Druckschrift*, ist absolut unpersönlich. Die Handschrift trägt wenigstens noch die Merkmale des Erzeugers.

Die Lautsprache ist ein auf mehreren Ebenen *gegliedertes Signal*. Das, was dem Sprecher als wichtig erscheint, wird durch Betonung und langsameres Sprechtempo hervorgehoben. Was dagegen dem Sprecher als weniger wichtig erscheint, wird mit geringerer Stimmintensität und flüchtiger gesprochen. Es wird *reduziert*. Und wenn es unwichtig ist, kann es sogar ganz weggelassen werden. Die Alltagssprache kennt viele solcher Auslassungen, die das Verstehen aber nicht zu beeinträchtigen brauchen, da sie, wie andere Sprechgewohnheiten auch, konventionalisiert sind.

Da sich bei der Kommunikation im Alltag beide Partner in der gleichen *Umgebung* befinden, wird diese durch einfaches Verweisen in die Kommunikation *einbezogen*. Was man sehen, fühlen, riechen kann, braucht nicht umständlich beschrieben zu werden. Insofern hat die Kommunikation im Alltag Vorteile, die eine schriftliche Darstellung durch Ausführlichkeit und Exaktheit ausgleichen muß.

Welche Merkmale bei der Rückübertragung von Schrift in Lautsprache *hinzugefügt* werden oder werden müssen, kann man sehr gut feststellen, wenn man den gleichen, schriftlich vorgelegten

Text durch verschiedene Sprecher *vorlesen* läßt. Sprechtempo, Betonung, Rhythmus, Lautstärke, Hervorhebungen und Reduzierungen werden unterschiedlich und individuell gestaltet. Sie werden zum sprachlichen Inhalt interpretierend hinzugefügt. Sie müssen hinzugefügt werden, weil solche Merkmale unberücksichtigt bleiben müssen, um die *hohe Abstraktion* zu erreichen, die zur Übertragung in die Schrift notwendig ist.

Weil wir Kulturmenschen alle neben der Lautsprache auch die Schrift beherrschen, weil wir in der Lage sind, unsere Gedanken sowohl auszusprechen, als auch niederzuschreiben, hat sich unser Blick auf jene Merkmale verengt, die bei dieser Transformation nötig sind. Alle anderen scheinen aus dem Bewußtsein verdrängt zu sein, vor allem aber, weil wir bei der Kommunikation in erster Linie an die Übermittlung des gedanklichen Inhalts denken.

Da Lautsprache *durch Bewegungen erzeugt* wird, spiegelt sich in ihr die emotionale Befindlichkeit des Sprechers wider. Aber die Emotionen, die jede lautsprachliche Äußerung begleiten, treten nicht offen in unser Bewußtsein. Generell ist es schwierig, *Emotionen* zu erkennen, zu klassifizieren und zu benennen. Die uns bewegenden Emotionen werden uns eigentlich nur dann bewußt, wenn die Stimmungslage umgeworfen oder stark verändert ist, wenn sie sich aus der Neutrallage entfernt.

Gewiß, Emotionen betreffen unser *Innenleben* und sind damit in erster Linie nur für uns selbst erfahrbar, nicht aber anderen, wie Naturerscheinungen oder Geschehnisse in unserer Umwelt, die für alle *in gleicher Weise erfahrbar* sind. Trotzdem aber sind die Emotionen nicht vollkommen in uns eingesperrt; sie dringen über unsere *Körperreaktionen* nach außen und sind dort ablesbar, wenn man Augen dafür hat. Schon an der *Körperhaltung* kann man sehen, ob sich der Partner in gehobener oder gedrückter Stimmung befindet. Das Gesicht ist in der Lage, feine Nuancen der augenblicklichen *Stimmung* auszudrücken. Man muß nur im Gesicht seines Partners lesen können. Am besten gelingt das, wenn man mit ihm schon lange Zeit bekannt ist. In einem vertrauten Gesicht kann man besser lesen als in einem fremden.

Auch über das *sprachliche Schallsignal* dringen die Emotionen nach außen. Am Stimmklang, der Stimmlage, der Melodie, an den weich gleitenden Übergängen von einem Laut zum andern oder an der Abruptheit, mit der Laute einander gegenübergestellt werden, am Sprechtempo, das ruhig und behäbig oder aufgeregt schnell ist, kann die *momentane Stimmungslage* des Partners erkannt werden. Und diese stimmlichen und lautübergreifenden Merkmale der Sprechweise sind immer vorhanden. Man braucht nur sein Ohr darauf zu richten. Paradoxerweise fassen wir solche Merkmale der Sprechweise auch dann auf, wenn wir der Sprache nicht mächtig sind, so im Ausland. Wir erliegen der Gewalt der Emotionen in der Sprechweise auch gelegentlich in unserer Muttersprache, wenn uns ein Vertreter eine Versicherung aufschwatzt, deren Klauseln wir nicht durchschauen.

Die Emotionen in der Sprechweise bilden übrigens die früheste kommunikative Brücke zwischen der Mutter und ihrem Kleinkind. (RUBINSTEIN 1958, 510) Dieses reagiert, auch wieder emotional, auf die Zusprache der Mutter, obwohl es längst noch nicht ihre Worte versteht. Unbewußt spricht auch die Mutter zu ihrem Kind so, daß die emotionalen Merkmale besonders deutlich hervortreten. (ZIMMER 1986, 61) Und das Kind spürt die Zuwendung, fühlt sich geborgen und strahlt.

Man kann also sagen, daß im Sprachschall bei der Kommunikation rational-verstandesmäßige Elemente, die sich auf den Inhalt der Mitteilung beziehen, und emotionale Elemente, die aus der langfristigen oder augenblicklichen Stimmungslage herrühren, und sich in Merkmalen der Sprechweise äußern, zu einer *unlösbaren Einheit verbunden* sind.

Ob eine solche unlösbare Einheit bei der Nachgestaltung gut oder schlecht realisiert wird, kann man bei Schauspielern beobachten. Ein schlechter Schauspieler sagt seinen Text auf; ein guter Schauspieler gestaltet ihn und *verkörpert seine Rolle*.

Das Wort »verkörpert« bringt so recht zum Ausdruck, daß an der Gestaltung eines Textes und der Interpretation eines sprachlichen Inhalts nicht nur die Sprechorgane beteiligt sind, sondern daß der *ganze Körper mitbeteiligt* ist. In der Wissenschaft hat man dies als »Ausdrucksbewegungen« bezeichnet. (WUNDT 1909, 232) Die Ausdrucksbewegungen wurden schon um die Jahrhundertwende untersucht und dokumentiert, gerieten dann aber, wohl unter dem Eindruck der raschen technischen Entwicklung in der Massenkommunikation durch den Rundfunk und das Telefon wieder in den Hintergrund. Die akustische Komponente wurde zur beherrschenden Komponente der lautsprachlichen Kommunikation.

In den letzten Jahrzehnten hat sich aber die Sichtweise unter der technischen Weiterentwicklung des Fernsehens wieder stark der visuellen Komponente zugewandt, wenn auch unter einem anderen Schlagwort, der »Körpersprache«. (QUILLIAM 1995) Die wesentlichen Merkmale der Körpersprache sind aber mit den Ausdrucksbewegungen identisch.

Wägt man die Merkmale bei der Kommunikation gegeneinander ab, kann man sagen, daß die rational-verstandesmäßigen Elemente vorwiegend durch das akustische Signal, das wir hören, zum Ausdruck kommen, die emotionalen Elemente sich sowohl hören als auch sehr gut am Partner beobachten lassen. Nur haben wir uns angewöhnt, die Aufmerksamkeit allein auf das Hören zu verlagern. Dem kommt entgegen, daß der sprechende Partner auch zu verstehen ist, wenn wir ihn nicht anschauen, daß wir die emotionale Komponente kaum beachten, weil sie längst nicht die Präzision und den Reichtum des rational-verstandesmäßigen Inhalts hat und daß sie in hohem Grade *mehrdeutig* ist.

Und doch enthüllt der aufmerksame Blick in das Gesicht des Partners recht gut, ob eine Mitteilung ehrlich gemeint und ohne Hintergedanken ist und welche Emotionen eine eigene Entgegnung beim Partner auslöst. Das kann für die Weiterführung des Gesprächs sehr wichtig sein.

Durch die Körpersprache, vornehmlich des Gesichts, enthüllt uns der Partner noch mehr: Er offenbart uns die wechselnden Stimmungen während eines Gesprächs und seine Haltung zu uns. Wir sollten uns bemühen und uns angewöhnen, den *Blick auf den Partner* in die *Kommunikationshandlung einzubeziehen*; denn es ist auch zu sehen, wenn sich der Partner krampfhaft bemüht, uns seine Gefühle zu verbergen und verschlossen zu sein.

Vor allem im spontanen Alltagsgespräch, wenn nicht eingelernte und schon oft geäußerte Floskeln abgespult, sondern Gedanken entwickelt werden, zeigt sich dies im *ganzkörperlichen Ausdruck*.

Gewiß ist das Gesicht der Teil des Körpers, der die momentanen Stimmungen am deutlichsten zum Ausdruck bringt, aber auch die gesamte Körperhaltung gibt Informationen über die Grundstimmung, vor allem über länger anhaltende Gefühlslagen. Bei gedrückter Stimmung ist der Rumpf zusammengesunken, bei Hochstimmung stark aufgerichtet. Auch die *Hände* verraten viel: Bei innerer Ruhe sind sie unbeweglich oder werden zur Verdeutlichung von Sachverhalten *untermalend* einbezogen. Bei innerer Spannung sind sie unruhig; die Finger der einen werden von der anderen Hand umfaßt, gedrückt.

Diese Körpersignale begleiten die Kommunikation *in vielfältiger Weise*. Aber im Gegensatz zum rational-verstandesmäßigen Inhalt einer Mitteilung sind sie nicht sprachgebunden und konventionell festgelegt. Sie sind zwar ausdrucksstark, bedürfen aber immer der *Deutung*. Ein Lexikon für die Körpersprache kann es nicht geben, weil sich dabei Elemente auf drei Ebenen miteinander vereinigen und durchdringen:

- Erlernte und angeboren-spontane Elemente,
- Rational-verstandesmäßige und emotionale Elemente und
- Sprachgebundene und personell-individuelle Elemente.

So bleibt nichts anderes übrig, als die Information, die vom Partner geäußert worden ist, zu analysieren, den sprachlichen Sinn zu extrahieren, den Kommunikationsinhalt zu verstehen und wieder *in die Wirklichkeit einzuordnen*. Aber gerade bei der letzten Stufe, der Einordnung einer Äußerung in die Wirklichkeit, kann die visuelle Komponente, die Beobachtung des Partners und der realen Situation, in der die Kommunikation stattfindet, sehr hilfreich sein.

1.3 Struktur der Äußerungen

Die Kommunikation ist ein recht vielgestaltiger Vorgang, bei dem Informationen zwischen Partnern ausgetauscht werden. Um ihn exakt beschreiben zu können, ist er in der wissenschaftlichen Betrachtung auf die *einfachste Form* zurückgeführt worden. (LINDNER 1969, 14) Dabei erzeugt einer der Partner Informationen, und ein anderer faßt sie auf.

Bei dieser einfachsten Form ist eingeschlossen, daß die beiden Partner im nächsten Augenblick ihre *Rollen tauschen* können, was ja beim Gespräch der Fall ist. Dann bezieht sich das Modell auf einen momentanen Ausschnitt. Es ist ebenso möglich, daß dem

Erzeuger von Informationen nicht nur *ein* Partner, sondern *viele* zuhören können, sofern er Lautsprache als Kommunikationsmittel verwendet. Das Modell abstrahiert auch von dem Kommunikationsmittel; denn es ist im Grunde gleichgültig, ob für den Informationsaustausch Lautsprache, Schrift, Gebärden, Morsezeichen oder Flaggensignale verwendet werden. An dem Grundprinzip der Informationsübermittlung ändert sich dabei nichts.

Um auf dieser hohen Abstraktionsstufe das Modell aussagefähig zu halten, wird der Erzeuger von Informationen als *Expedient* bezeichnet, der Empfänger und Verarbeiter von Informationen als *Perzipient*. Im Grunde muß aber die Informationsübermittlung als dreigliedriger Vorgang gesehen werden; denn damit diese gelingt, müssen die Informationen durch einen *Kanal* übermittelt werden. Das ist bei Lautsprache selbstverständlich; denn als Träger dient die Luft, die alle Lebewesen atmen müssen, um zu existieren. Wo Leben ist, ist auch Luft.

Daß ein Kanal manchmal eine Information nicht transportiert, kennen wir, wenn Schrift als Kommunikationsmittel verwendet wird. Wenn ein Brief verlorengeht, kommt die Information nicht an. Wenn das Licht ausgeht, ist bei Gehörlosen die Kommunikation mit Gebärden unterbrochen.

So ist in ganz groben Zügen der Vorgang der Informationsübermittlung *dreigliedrig*, wobei die Tätigkeiten als Expedient und als Perzipient von jedem der beiden Kommunikationspartner beherrscht werden müssen, damit ein wechselseitiger Informationsaustausch stattfinden kann. Und eigentlich sollte der Kanal, wenn von Kommunikation die Rede ist, in beiden Richtungen durchlässig sein. Im Alltag, wo die Luft zur Weiterleitung der Informationen dient, ist er es zweifellos. In der Massenkommunikation, die mit technischen Mitteln über Fernsehen und Radio vollzogen wird, ist er es allerdings nur in einer Richtung. Eigentlich sollte man überlegen, ob hierfür der Ausdruck »Kommunikation« angebracht ist. Wer Widerspruch erheben oder seine abweichende Meinung kundtun will, kann es ja notfalls schriftlich tun. Aber der Sprachgebrauch hat sich so eingebürgert, daß kaum jemand diese unvollständige Art der Massenkommunikation als Einschränkung erlebt.

Was ein *Expedient leisten* muß, um ein Signal zu erzeugen, das vom Perzipienten im beabsichtigten Sinne aufgefaßt und verstanden wird, ist uns so selbstverständlich und läuft mit so großer Sicherheit und in hohem Grade *automatisiert* ab, daß sich der normale Mensch kaum darüber Gedanken macht, wie kompliziert im Grunde dieser Vorgang ist. Sofern Lautsprache als Kommunikationsmittel dient, wird dieser Vorgang von der Phonetik und der Sprechwissenschaft untersucht und dargestellt. (STELZIG 1978)

Die Vorgänge, die sich bei der Lautsprachübermittlung im Kanal abspielen, das untersuchen und dokumentieren die Sprachakustik und die Nachrichtentechnik.

Die Leistungen, die der *Perzipient* vollbringen muß, werden bei Lautsprachkommunikation durch die Hörphysiologie, die Hör- und Sprachpsychologie beschrieben. (HÖRMANN 1977, 178ff.) Damit wird deutlich, daß sich die Wissenschaft von verschiedenen Ausgangspositionen aus an den komplizierten Vorgang der Kommunikation herangetastet hat. Es zeigt aber auch, daß es ein Vorgang von *hoher Komplexität* ist, der, wenn man mit den Betrachtungen ins einzelne gehen muß, vieler Erkenntnisse bedarf, die aus den einzelnen Disziplinen zu einem mosaikartigen Gesamtbild zusammengefügt werden müssen.

Dieses Gesamtbild darzustellen ist deshalb nicht ganz einfach, weil in den einzelnen Wissenschaftsdisziplinen teilweise ein eigenes und besonderes Begriffsinventar entwickelt worden ist, das mit dem anderer Disziplinen nicht übereinstimmt.

Was das Signal enthält, das der Expedient erzeugt und wie dieses vom Perzipienten aufgefaßt und verarbeitet wird, das soll, soweit es das Akustische betrifft, im zweiten und soweit die Anteile sichtbar sind, im dritten Kapitel ausführlich dargestellt werden. Hier geht es zunächst darum, welche physischen und psychischen *Leistungen* der Expedient *vollbringen* muß, um ein Signal zu erzeugen, das in der Lage ist, seine Gedanken und Gefühle durch den Kanal zum Perzipienten zu übermitteln.

Dabei soll der Schwerpunkt der Darstellung auf der lautsprachlichen Kommunikation liegen. Aber grundsätzlich steht ein Mensch, der seinem Partner etwas mitteilen will, immer vor der Entscheidung, welches Kommunikationsmittel er verwenden will. Und in manchen Situationen ist die Schrift wirkungsvoller als die Lautsprache, vor allem, wenn es gilt, die Schranken von Raum und Zeit zu überwinden und aus der unmittelbaren Gegenwart herauszutreten. Gerade bei der Kommunikation mit Personen, die nicht über die volle Hörfähigkeit verfügen, ist es günstig, in manchen Situationen sogar unumgänglich, die mündliche Kommunikation durch eine kurze schriftliche Notiz zu ergänzen. Man braucht dazu keine vollständigen Sätze zu schreiben; das *Aufschreiben eines Schlüsselwortes* genügt.

Die lautsprachliche ist die ursprüngliche Form der Kommunikation der Menschheit. Auch heute, in der Zeit der Massenkommunikation, in der es mit technischen Hilfsmitteln möglich ist, das akustische Sprachsignal zu speichern, über große Entfernungen zu transportieren, sichtbar zu machen, zu manipulieren, ja sogar synthetisch zu erzeugen, auch heute ist die lautsprachliche die im Alltag am häufigsten gebrauchte Form der Kommunikation. Sie ist dadurch besonders wirksam, weil sie *unmittelbar* wirkt.

Ein ganz wesentliches Merkmal des Alltagsgesprächs ist, daß Sprecher und Hörer beide anwesend sind und sich *in der gleichen Umgebung* und in der gleichen *Situation* befinden. Das ist bei der Telekommunikation schon ganz anders. Die räumliche Trennung bewirkt, daß sowohl der Sprecher als auch der Hörer sich in einer eigenen Umgebung befinden, die dem Partner nicht in allen Einzelheiten bekannt ist. Bei der schriftlichen Kommunikation kommt noch die zeitliche Trennung hinzu. Über die Schrift können wir mit den Gedanken von Personen konfrontiert werden, die längst tot sind. Wir können wohl ihre Ansichten erfahren, aber zurückfragen, wie dies oder jenes gemeint war, das können wir nicht.

Deshalb muß die schriftliche Informationsübermittlung *vollständig* sein, so sicher und so reich an Einzelheiten, daß Rückfragen überflüssig werden. Für die schriftliche Informationsübermittlung gibt es die bekannten Regeln: Abgeschlossene Gedanken müssen in einem *Satz* formuliert sein, wobei sich die Satzteile aufeinander beziehen. Die verwendeten Wörter müssen eindeutig sein, Mehrdeutigkeiten sind zu vermeiden. In Form von Sätzen wird der Aufbau längerer Inhalte dargestellt.

Alle notwendigen Einzelheiten müssen aufgeführt und *logisch miteinander verknüpft* sein. Damit gewinnt die schriftliche Darstellung eine gewisse Schwerfälligkeit, aber es ist eine sichere und vollständige Art der Informationsübermittlung.

In der Schule wird diese Art der Formulierung jahrelang geübt und schrittweise zu immer komplizierteren Formen erweitert, damit auch zeitliche, logische, kausale und konditionale Über- und Unterordnungen dargestellt werden können. Das ganze hierfür notwendige Wissen wird in der *Grammatik* in Regeln gefaßt, die die Schüler verinnerlichen müssen. Sicher ist das richtig. Aber die Schule läßt mit dem Grundsatz: »Wir lernen für das Leben« die Schüler in dem Glauben, *jede* Art der sprachlichen Kommunikation vollziehe sich nach den erlernten Gesetzen und Regeln, die von alters her aus der schriftlichen Art der Darstellung abgeleitet worden und als fester Besitz von einer Generation zur nächsten, wie die Sprache selbst auch, überliefert worden sind.

Gewiß, es ist möglich, auch in der Alltagskommunikation so, wie es für die schriftliche Darstellung notwendig ist, in ganzen und aufeinander bezogenen Sätzen seine Gedanken zum Ausdruck zu bringen. Doch wirkt eine solche Redeweise seltsam gestelzt und *langatmig*. Wenn man die Regeln für die Formulierung schriftlicher Texte einfach auf das Alltagsgespräch überträgt, wird übersehen, daß bei diesem Sprecher und Hörer unmittelbar miteinander in Kontakt stehen. Es gibt keine räumliche oder zeitliche Trennung, beide befinden sich *in der gleichen Situation*, der gleichen Umgebung, sind den gleichen Störungen ausgesetzt und müssen mit ihnen fertig werden.

Gerade wegen dieser Unmittelbarkeit verläuft die Alltagskommunikation *verkürzt*. Da beide Partner die Umgebungssituation unmittelbar erleben, weil sie sich in ihr befinden, wird diese Situation *in die Kommunikation einbezogen*. Was in der Umgebung offenbar ist, braucht nicht gesagt zu werden. Und mit kurzen Hinweisen wird die Situation in die Kommunikation einbezogen. Ein *Fingerzeig*, im wahrsten Sinne des Wortes, kann eine langatmige Erklärung sehr gut ersetzen. Und dieser Hinweis auf ein Detail der Situation braucht nicht einmal mit der Hand oder mit Worten zu erfolgen. *Auch das Auge kann zeigen* oder ein Augenzwinkern vermitteln, ob eine Aussage bierernst oder scherzhaft gemeint ist. Alle diese aus der Unmittelbarkeit entnommenen Hilfen werden im Alltagsgespräch genutzt.

Regeln für die Führung eines Alltagsgesprächs gibt es nicht. Sie sind in keinem Duden nachzulesen. Es ist aber möglich, Erfahrungen zu bündeln, wenn man sich erinnert oder genau beobachtet.

Das ist das gleiche Verfahren, das schon Martin LUTHER angewendet hat, indem er bei der Bibelübersetzung »den Leuten auf's Maul« schaute.

Beim Alltagsgespräch wird die Situation, in der sich beide Partner gemeinsam befinden, einbezogen. Das kann durch einen direkten, aber auch einen verbalen Hinweis geschehen. Im Alltagsgespräch ist es klar, *wer* spricht und sich als »ich« bezeichnet, und es ist damit auch sichtbar und klar, wie er steht, was für ihn »vorn« und »hinten« ist. Wenn sich beide gegenüberstehen, muß mit dem Sprecherwechsel ein Standpunktwechsel stattfinden. Wir vollziehen ihn automatisch, ohne groß darüber nachzudenken.

In hervorragender Weise hat GOETHE diesen Standpunktwechsel in seinem Gedicht ausgenutzt, wo sich zwei Seelenwesen in der Unendlichkeit des Weltalls begegnen. »Steh, Du segelst umsonst. Vor Dir Unendlichkeit.« »Steh, Du segelst umsonst, Pilger, auch hinter mir.«

Da beide Partner gleichzeitig anwesend sind, ist auch die *Zeitlichkeit* eindeutig bestimmt. Das Gespräch findet in der Gegenwart statt. Von da aus sind Vergangenheit und Zukunft eindeutig festgelegt. In der schriftlichen Darstellung muß über den Zeitpunkt, zu dem ein Ereignis stattfand oder stattfinden wird, etwas ausgesagt werden. Das bedeutet, wenn die Gesprächssituation als Basis dient, kann viel weggelassen werden.

Gerade deshalb ist das Alltagsgespräch von Auslassungen geprägt. Es scheint so, als ob es nach der Hauptregel geführt wird: »Was offensichtlich ist, braucht nicht gesagt zu werden.« Dabei ist das Wort »offensichtlich« im wahrsten Sinne des Wortes gemeint, indem es einerseits die Situation einbezieht. Was »offen sichtbar« ist, das sieht auch der Partner, und es ist ihm daher klar, wenn er nur seine Augen gebraucht. Auch das bereits Bekannte kann durch vorangegangene verbale Kommunikation klar sein und braucht daher nicht noch einmal gesagt zu werden.

Das ist ganz deutlich bei der Beantwortung von Fragen. Es wird nur auf das noch Unbekannte reagiert. Frage: »Wo warst Du?« Antwort: »Im Kino.« Die Frage ist noch ein grammatisch vollständiger Satz. Die Antwort ist es nicht mehr, aber sie braucht es in der eindeutigen Situation auch nicht zu sein, und trotzdem ist sie im Alltagsgespräch treffend und *kommunikativ vollständig*.

Für manche Äußerungen im Alltagsgespräch ist die grammatische Vollständigkeit aufgehoben. Kommunikative und grammatische Vollständigkeit sind nicht deckungsgleich. Die grammatische Vollständigkeit von Sätzen ist aus der Schriftform abgeleitet und gilt deshalb auch nur in diesem Bereich. Für die Äußerungen im Alltagsgespräch ist nur die kommunikative Vollständigkeit erforderlich, weil Situation, Sprecherpersönlichkeit und unmittelbar Geäußertes in die Kommunikation einbezogen werden.

Gewiß steht bei einer Äußerung die *rationale Komponente* im Vordergrund. Der Expedient beschränkt sich dabei auf das, was in der augenblicklichen Situation das Wichtigste ist. Alles andere wird weggelassen. Aber wenn auch die Äußerung lautsprachlich erfolgt, so ist sie doch eine *ganzheitliche Reaktion*. Der Expedient bezieht in seine kommunikative Tätigkeit seinen ganzen Körper mit ein, und zwar um so stärker, je größer die emotionale Beteiligung ist.

Es ist für einen Außenstehenden höchst interessant, zwei weibliche Personen zu beobachten, die sich über Mode unterhalten, ein Thema, dessen emotionale Beteiligung durchaus überdurchschnittlich ist. Dabei wird der eigene Körper zum Demonstrationsobjekt, und mit Armen und Händen wird angezeigt, wie lang das Kleid ist, wie die Haare frisiert sind oder wie tief der Ausschnitt geht. Und die Augen sagen, ob diese Modedetails als nachahmenswert empfunden oder als anstößig verabscheut werden.

Bei einer Äußerung hat der Expedient das Ziel, seinem Partner eine *eindeutige Information* zukommen zu lassen, genau eingepaßt in die Situation. Aber diese gedankliche Konzeption muß als akustisches Signal so geformt werden, daß sie beim Partner dieses Ziel erreicht. Ein Teil dieser absichtlichen Reaktion wird als akustisches Element übermittelt, aber ein Teil auch als ganzkörperliche Reaktion, die dann sichtbar wird. Sowohl die beabsichtigte akustische Komponente als auch die meist unbeabsichtigt und unkontrolliert entstehende körpermotorische Komponente sind nicht bei allen Menschen gleich. Sie werden aktuell modifiziert

- durch die Persönlichkeit,
- durch deren Temperament,
- durch länger- oder kürzerfristige Emotionen und
- durch die situativen Elemente.

Gebrochen durch die Persönlichkeit erhält die zielgerichtet erzeugte Äußerung eine unverwechselbare Eigenheit. Jeder Perzipient, der den Sprecher kennt, kann ihn dadurch identifizieren. Man braucht den Sprecher nicht zu sehen; man erkennt ihn an seinen individuellen *Klangeigentümlichkeiten*.

Daß das Temperament die Äußerung beeinflußt, ist bekannt. Das Sprechen ist eine Handlung, wie andere auch, selbst wenn sie sich im Akustischen manifestiert. Jede Äußerung, die akustisch zum Perzipienten übermittelt wird, entsteht in einem gesteuerten, komplizierten motorischen Prozeß der Sprechorgane. Darauf wird im 5. Abschnitt dieses Kapitels noch genauer einzugehen sein.

Die Äußerung wird ganz besonders durch die länger- oder kürzerdauernden Emotionen modifiziert. Leider gibt es noch keine allgemein akzeptierte Terminologie der emotionalen Vorgänge und Regungen. (TÖLLE 1995, 16) Aber schon beim Kleinkind, bei dem sich emotionale Regungen gut beobachten lassen, wird klar, daß sich dabei verschiedene Schichten überlagern und es solche gibt, die längerfristig wirken. Sie sollen hier als Stimmung bezeichnet werden. Eine Stimmung bleibt über längere Zeit erhalten.

Daneben existieren Gefühle, die sich schnell verändern können. Beim Kleinkind lassen sich solche Gefühlsumschwünge gut beobachten und verfolgen. Aber manchmal bleibt die Ursache, die einen solchen Umschwung ausgelöst haben könnte, im Verborgenen.

Während die gedanklich-rationale Komponente einer Äußerung durch sprachliche Bedingungen festgelegt ist und der Konvention folgen muß, sind die *motorischen Äußerungsformen* variabel. Durch sie wird kein eindeutig festgelegter, sprachlich relevanter Sinn übermittelt. Diese motorischen Komponenten sind daher *vieldeutig*, nicht an einen bestimmten Sinn gebunden und müssen jeweils in bezug auf die Situation gedeutet werden. Doch vermitteln sie für einen aufmerksamen Beobachter Informationen, aus denen auf die emotionale Beteiligung des Expedienten, vor allem aber auf die Ernsthaftigkeit und den Wahrheitsgehalt der Äußerung geschlossen werden kann, und das mit erstaunlicher Sicherheit.

Die Äußerung hat vordergründig das Ziel, die *Lautfolge* zu realisieren, die den gedanklich-rationalen Inhalt fixiert und als akustisches Signal zum Partner übermittelt. Dazu muß der Sprecher die im Wortschatz einer Sprache enthaltenen Wörter auswählen, und zwar auf einer Ebene, von der er annimmt, daß sie auch der Partner kennt und identifizieren kann. Zu Kindern spricht man anders als zu Fachkollegen. Und er muß die Lautfolge dieser Wörter so realisieren, daß sie trotz der akustischen Störungen, die meist in unserer Umwelt vorhanden sind, den Partner erreichen.

So wie der Sprecher in der Alltagskommunikation das *Wesentliche* in den Vordergrund rückt und das Offensichtliche wegläßt, weil es der Perzipient schon weiß oder aus der Situation entnehmen kann, so wird auch das akustische Signal nach Vordergrund- und Hintergrundinformation *differenziert*. Was wesentlich ist, wird mit vielen Einzelheiten und *akustisch deutlich* dargestellt. Was nebensächlich oder entbehrlich ist, wird akustisch nur angedeutet oder ganz weggelassen. Ein akustisches Lautsprachsignal gleicht so einem Plakat, wo das Wesentliche als Blickfang vordergründig dargestellt ist und Nebensächliches, das dazu dient, die Gesamtinformation *einordnen* zu können, in den Hintergrund gerückt wird. Gerade in der Alltagskommunikation ist diese Differenzierung stark ausgeprägt.

Sie steht damit in einem grundsätzlichen Gegensatz zur Schrift, die eine solche Differenzierung nicht kennt und wo alle Details ohne Differenzierung in gleicher Weise dargestellt werden, gleichgültig, ob sie wesentlich oder unwesentlich sind. Gerade dieser grundlegende Unterschied ist ein Grund dafür, daß es bisher noch nicht gelungen ist, einen Computer zu entwickeln, der in der Lage wäre, eine *beliebige Sprechweise*, die wir im Alltag sehr gut verstehen, in Schrift umzusetzen.

Um die Lautfolge bei einer Äußerung zu gestalten, muß der Sprecher zu jedem einzelnen Laut eines Wortes die Sprechorgane, vor allem Lippen und Zunge, aber auch den Unterkiefer und das Gaumensegel in die Positionen bringen, mit denen die jeweils *lauttypischen akustischen Effekte* erzeugt werden. Dazu muß bei stimmhaften Lauten die Stimme treten; bei stimmlosen Lauten darf sie nicht vorhanden sein. Die Phonetik hat im letzten Jahrhundert herausgefunden, wie die Sprechorgane bei jedem einzelnen Laut eingestellt sein müssen. Zu jedem unterscheidbaren Lautklang gehört eine bestimmte, eben lauttypische, *Position der Sprechorgane*. (STÖTZER 1982, 31ff.; WÄNGLER 1981)

Die wichtigsten Sprachlaute, die das Signal vom Sprecher zum Hörer tragen, sind Vokale und Konsonanten. Alle *Vokale* sind stimmhaft. Sie sind deshalb einerseits für die Tragfähigkeit des akustischen Signals grundlegend, und andererseits wird durch sie in Verbindung mit den stimmhaften Konsonanten die *Melodie* der Äußerung gebildet. Die Sprechmelodie ist in Verbindung mit Sprechtempo und Lautstärke Ausdruck des emotionalen Gehalts eines Ausspruchs.

Die *Konsonanten*, von denen es stimmhafte und stimmlose gibt, *gliedern* das melodische Geschehen und geben dem akustischen Signal *Prägnanz* und *Deutlichkeit*. Manchmal, vor allem, wenn die Kommunikation durch Störlärm arg beeinträchtigt wird, hilft es, um den Kommunikationserfolg zu erhöhen, die Konsonanten bewußt mit höherer Präzision zu bilden. Ihre besonderen akustischen Kriterien liegen oft in anderen Frequenzgebieten als beim Störlärm, so daß sie neben diesem doch noch perzipiert werden können.

Das ganz Erstaunliche an der Bildung der Lautfolge, die vom Sprecher aus den Weg zum Hörer findet, ist das *Tempo*, mit dem sie normalerweise realisiert ist. Wenn jeder Laut eine ganz bestimmte Position der beweglichen Sprechorgane zur Voraussetzung hat, so ist doch die Tatsache einigermaßen erstaunlich, daß wir bei normalem Sprechtempo zwischen 15 und 20 Lauten pro Sekunde produzieren. Das bedeutet aber, daß die Sprechorgane dann auch in einer Sekunde nacheinander 15 bis 20 Positionen einnehmen müssen, und es bedeutet auch, daß der Hörer die Folge von 15 bis 20 Klängen pro Sekunde *identifizieren* muß. Aber die zwischenmenschliche Kommunikation funktioniert, und sie vollzieht sich mit hoher Präzision und Sicherheit, ein Zeichen dafür, daß die Kommunikationspartner diese hohen Leistungen erbringen.

1.4 Das Sprechen als erlernte Leistung

In jeder Sekunde, in der man schnell spricht, eine Folge von 15 bis 20 Lauten als Träger für einen gedanklichen Inhalt zu produzieren, ist eine hohe Leistung, die außer dem Menschen sonst kein Lebewesen dieser Erde vollbringt. Diese Laute haben jeweils einen unterschiedlichen akustischen Effekt, an dem der Partner die Laute erkennen und identifizieren kann.

Aber dem Menschen ist diese einzigartige Leistung nicht in die Wiege gelegt; er muß sie sich *in einer langen Entwicklung aneignen.* Uns selbst ist aber nichts über diesen wichtigen Lernprozeß bewußt, weil er in einer Phase erfolgt ist, wo weder unser Bewußtsein entwickelt, noch unser Gedächtnis so weit differenziert war, daß es solch komplizierte und komplexe Sachverhalte hätte bewahren können.

Wie ein Mensch in den Gebrauch der Sprache hineinwächst und sie sich aneignet, kann daher nur durch *Fremdbeobachtung* geklärt werden. Selbstbesinnung auf diese wichtige Phase oder Selbsterkenntnis sind unmöglich.

Seit den bahnbrechenden Untersuchungen von Clara und William STERN (1920) über die Sprachentwicklung ihrer Kinder zu Anfang unseres Jahrhunderts ist sehr viel Material über die Sprachentwicklung von Neugeborenen, Säuglingen, Klein-, Vorschul- und Schulkindern zusammengetragen und systematisiert worden, handelt es sich doch um eine komplexe und auch widersprüchliche Entwicklung.

Wenn ein Kind geboren worden ist, wächst es in der Regel in einer Gemeinschaft auf, die zu ihm, aber auch untereinander die *Lautsprache gebraucht*, und es wächst in diese Sprachgemeinschaft hinein, indem es sich den Gebrauch der Sprache aneignet. (HÖRMANN 1977, 156ff.) Wahrscheinlich bringt das Neugeborene schon Anlagen mit, die ihm das Hineinwachsen in die lautsprachliche Kommunikation erleichtern.

Die Sprache ist eine große und von einer Generation zur nächsten tradierte und bewahrte *Gemeinschaftsleistung* der Menschheit. Sie dient in ihrer konkreten Ausprägung in der Form einer Nationalsprache als *Kommunikationsmittel einer Sprachgemeinschaft.* Der einzelne Mensch nutzt das in dieser Form vorhandene Potential und spricht. Die Gemeinschaft bewahrt dieses Potential und überträgt es von einer Generation zur nächsten. Aber die Gemeinschaft spricht nicht; nur der Einzelne kann sprechen. Mit der Sprache wird der gesamte Reichtum der Gedanken des Einzelnen ausdrückbar, er wird von allen denen verstanden, die dieser Sprache mächtig sind.

Den Gebrauch der Sprache muß sich das Neugeborene in einem langwierigen, teilweise auch widersprüchlichen Prozeß *aneignen*, muß lernen, mit der Sprache in der Form, wie sie in seiner Umgebung gesprochen und gebraucht wird, umzugehen, um dann in der Lage zu sein, eigene Gedanken durch sie anderen mitzuteilen.

Bei diesem *individuellen Entwicklungsgang* gibt es Stufen, die sich, unabhängig davon, um welche konkrete Nationalsprache es sich handelt, in etwa der gleichen Weise beobachten lassen. Mit der Sprache oder wahrscheinlich in enger Verbindung mit ihr, entwickeln sich auch das Selbstbewußtsein des Kindes und seine Fähigkeiten, eigene Gedanken, Wünsche, Gefühle und Erkenntnisse auszudrücken.

Das Neugeborene wird mit vollständig *entwickelten Sprechorganen geboren*, die zwar noch nicht zum Sprechen, wohl aber zu den biologischen Grundfunktionen tauglich sind, die ihm das Überleben ermöglichen. Es kann *atmen* und *schreien*, es kann saugen, also Nahrung aufnehmen, und es kann *hören*, was alles in seiner Umwelt geschieht.

Vor allem kann das Neugeborene schreien, und es erlebt, daß es mit dem Schreien auf seine Umwelt *wirken* kann. So entwickelt sich das Schreien als ein erstes Mittel des sozialen Kontaktes. Und es erlebt, daß es in seiner Umwelt verschiedene Klänge und Geräusche gibt, die mit bestimmten Ereignissen zusammenfallen. Schon zu Ende des ersten Vierteljahres beginnt es, seine beiden höchstentwickelten und paarig angelegten Sinnesorgane, Auge und Ohr, zu *koordinieren*. Aus dem einfachen Sehen wird das Fixieren und Beobachten, und aus der Koordination der beiden Augen entwickelt sich das räumliche oder Tiefensehen, die Erschließung des Raumes der Umgebung. In diese Erschließung des Raumes werden dann die Hände als hochdifferenzierte *Tastorgane* mit einbezogen.

Weniger bekannt ist, daß sich etwa zur gleichen Zeit auch das *räumliche Hören* zu entwickeln beginnt, das auf dem Zusammenwirken der beiden Ohren basiert. Gerade dieses Zusammenwirken ist dann auch die Grundlage für die *höheren Hörleistungen*, die wir als Richtungserkennung und als *die richtungsabhängige Störschallunterdrückung* bezeichnen.

In dieser wichtigen Entwicklungsphase beginnt das Kind auch, einen erheblichen Gedächtnisbesitz anzulegen, mit dem es ihm möglich ist, vertraute Objekte oder akustische Geschehnisse *wiederzuerkennen*. Gerade dieses Wiedererleben ist dann die Grundlage dafür, die sichtbare, hörbare und tastbare Umgebung als schon einmal erlebt und vertraut zu empfinden und sich darin sicher, geborgen und wohl zu fühlen.

In dieser Phase sammelt das Kind auch Erfahrungen, daß vertraute Bilder, vor allem des lächelnden Gesichts der Mutter, mit bestimmten akustischen, emotional stimulierenden Melodien aus deren Mund verknüpft sind. Auch diese Melodien, auf die das Kind schon sehr früh emotional reagiert, empfindet das Kind als angenehm. Und es erlebt, daß durch sein Schreien das Gesicht der Mutter herbeigerufen werden kann. Wenn die Eltern nicht aufpassen und nicht um die Zusammenhänge wissen, kann diese Phase dazu führen, daß das Kind zum Tyrannen der Familie wird.

Das Kind entwickelt beim Hören und Sehen auch eine Eigendynamik. Es wählt aus, lernt auf das zu achten, was es interessiert, und das zu übersehen oder *zu überhören*, was es nicht mag, was schon bekannt oder uninteressant ist oder was als störend empfunden wird. Und mit dem räumlichen Hören lernt es rasch, den Schall unterschiedlicher Schallquellen zu unterscheiden und sich derjenigen zuzuwenden, die es *interessiert*.

Besonderes Interesse erregen natürlich solche Klänge und Geräusche, die mit dem Ausgleich von Defiziten in den Grundbedürfnissen zu tun haben: *Nahrungsaufnahme* und *sozialer Kontakt*. Schon wenn die Flasche vorbereitet wird, entsteht eine Erwartungshaltung, die sich in erhöhter motorischer Erregtheit äußert. Und wenn das Kind die Stimme der Mutter hört, freut es sich. Es erkennt diese Stimme und hört sie unter vielen anderen heraus.

Wenn dann die Motorik so weit entwickelt ist, daß das Kind frei sitzen und sich kriechend fortbewegen kann, setzt eine intensive Phase der *aktiven Erkundung* seiner Umgebung ein. Was erreichbar ist, wird mit allen Sinnen erkundet, nicht nur mit Auge und Ohr, sondern auch mit dem Tastsinn, wird auf Geschmack und Geruch, auf Formveränderung und darauf geprüft, ob es akustisch etwas erzeugt. Es ist eine Phase, wo *alle Sinnesdaten aufeinander bezogen* und miteinander *integriert* werden. (AYRES 1984) Sie führt zum Gegenstandsbewußtsein und zum Erkennen von Eigenschaften der Dinge, die sich aus der Umwelt herauslösen lassen.

Von den Sprechorganen sind von Anfang an in das Schreien Atmung und Stimme einbezogen. Das reflektorische Schreien differenziert sich schon bald, so daß die Mutter (oder die Person, die das Kind betreut) erkennen kann, was wohl die Ursache sein könnte. Das hohe und aufgeregte, in hoher emotionaler Spannung erzeugte Schreien wird bald tiefer und auch modulationsreicher. In Situationen ausgeglichener Stimmung, wenn sich das Kind selbst überlassen ist, beginnt es, wie mit anderen Organen auch, zu spielen und deren *Bewegungsmöglichkeiten auszuprobieren*. Es beginnt zu lallen und in die Stimmproduktion die Aktivität weiterer Sprechorgane einzubeziehen, zunächst des Unterkiefers und der Lippen, aber auch des Gaumensegels. Dann hören die Betreuungspersonen undifferenzierte Vokale im Wechsel mit Verschluß- und Nasallauten.

Natürlich bildet das Kind keine Laute bewußt. Aber wie sollten diese Öffnungs- und Schließbewegungen des Artikulationstraktes anders als mit Lauten beschrieben werden? In diese *Lallmonologe* sind natürlicherweise auch die Atmung und die Stimme einbezogen, und wenn man genau hinhört, spiegeln sich im späteren Stadium auch ähnliche *Melodien* wider, wie sie das Kind in der stark emotional gefärbten Zusprache erlebt. Ist doch das Emotionale die erste Brücke für die Kommunikation.

Wenn der Säugling dann mit Brei gefüttert wird, muß er mit der Zunge *neue Bewegungen* erlernen. Das ist zunächst schwierig, wird aber bald beherrscht; dann aber wird diese neue Bewegung auch ins Spiel mit den Sprechorganen einbezogen. Die undifferenzierten Öffnungslaute werden nun auch *im Klang differenziert*. Klanglich unterscheidbare Vokale werden in die Lallmonologe einbezogen. Das ist die Phase, wo Sprechmotorik und Klang aufeinander bezogen werden. Das Kind tritt in die Phase der *Selbstnachahmung* ein. Man kann dann beobachten, wie es verschiedene Bewegungsabläufe mit den Sprechorganen ausprobiert, anhält und gleichsam dem erzeugten Effekt hinterherlauscht.

Das leitet über zu der Phase der *Fremdnachahmung*, die auf der Einsicht beruht, daß das Kind mit seinen Sprechorganen ähnliche klanglich gegliederte Effekte erzeugen kann wie die Betreuungspersonen. In dieser Entwicklungsphase ist ein starkes Interesse vorhanden, zu erfahren, wie das die anderen machen. Spricht die Mutter mit dem Kind, kleben seine Augen förmlich an deren Gesicht.

Das Kind, das jetzt schon gut in der Lage ist, sprachliche Äußerungen *aus dem Umweltschall herauszulösen*, erkennt dann auch, daß ganz bestimmte Handlungen oder Ereignisse, vor allem solche, die sich täglich wiederholen, mit ganz bestimmten Klang- und Geräuschfolgen verbunden sind. So ist es nicht verwunderlich, daß es diese nachzuahmen versucht, sicher am Anfang noch unvollkommen und kindlich entstellt, aber doch so, daß die Betreuungspersonen darin *die ersten Wörter* erkennen, ein Moment, auf den die Eltern sehnlich gewartet haben. Diese ersten Wörter tauchen gewöhnlich um den ersten Geburtstag auf.

Bei dieser Entwicklungsstufe setzen viele Schilderungen der Kindersprachentwicklung ein, wie bei STERN (1920). Dabei wird aber manches übersehen, so vor allem, daß diese Leistung auf einer Reihe von *Vorstufen* aufbaut, daß das Verstehen von Sprache der eigenen Produktion *voraufgeht* und daß das Sprechen ohne die im Lallen erworbenen und differenzierten motorischen Vollzüge gar nicht möglich wäre. Bei den ersten Wörtern ist das Kind bereits in der Lage, motorische Ablaufmuster zu realisieren, die, wenn auch oft sehr einfache und oft nur eine Silbe umfassende Lautfolgen enthalten, die dann zum kommunikativen Gebrauch wiederholt werden, aber zur Kommunikation tauglich sind (z. B. »Mama, Papa, Wauwau«).

Von diesem Zeitpunkt ab geht die *aktive Sprachentwicklung* des Kindes stürmisch voran. Es scheint, als ob das Kind verstanden hätte, daß alle Dinge und Ereignisse Namen haben. Dabei werden zunächst *komplexe Situationen*, Erlebnisse, herauslösbare Dinge oder Eigenschaften mit Namen belegt, die dann auch generalisiert und auf ähnliche Situationen übertragen werden. Der Transfer folgt dabei zunächst nicht logischen Gesetzen, so wie wir sie gewöhnt sind, sondern oft nach nur einem herausragenden, prägnanten und für das Kind dominierenden Merkmal.

Die sprachlichen Reaktionen erfolgen in *Einwortsätzen*, kommunikativ *in die Situation eingefügten* Äußerungen, die aus einem Wort bestehen und zunächst nur in Verbindung mit der Situation bedeutungsvoll und aus ihr nicht lösbar sind. Aber bezogen auf die Situation sind sie kommunikativ vollständig und können Feststellungen, Aufforderungen, Wünsche, Begierden oder Gefühle ausdrücken. Die verwendeten Wörter sind *vieldeutig*, können aber durch die Sprechmelodie, Lautstärke und vor *allem als Bestandteil der Situation* relativ eindeutig werden.

Das Kind gebraucht anfangs solche Bezeichnungen, die es in seiner Umgebung hört und versucht sie nachzusprechen. Dabei gerät es auch an *sprechmotorische Schwierigkeiten*, die es mit seinem Repertoire an artikulatorischen Fertigkeiten noch nicht bewältigen kann. Das Bedürfnis zur Kommunikation ist aber größer; daher *vereinfacht* das Kind die eigentlich notwendigen Bewegungsfolgen (LINDNER 1969), läßt Schwieriges weg, verkürzt längere Wörter und lernt, in der Kommunikation auf die Fähigkeiten des Perzipienten zum »Zurechthören« zu vertrauen. Die Eltern verstehen das Kind, auch wenn es stammelt. Gelegentlich nehmen die Erwachsenen diese gestammelten Formen auf und verwenden sie in der Kommunikation, nehmen dem Kind aber dadurch den Anreiz, sich artikulatorisch zu vervollkommnen.

Durch Aneinanderfügen zweier Äußerungen kommt das Kind zu den Zweiwortsätzen und von da später zu ganzen Sätzen, wobei diese Äußerungen zwar kommunikativ vollständig sind, aber durchaus nicht Sätze im Sinne der Grammatik zu sein brauchen.

Das, was dem Kind an Bezeichnungen im Gespräch oder aus Unterhaltungen der Betreuungspersonen untereinander zugängig wird, reicht ihm bald darauf nicht mehr aus. Es beginnt zu *fragen* (»isn das?«), um für das, was in seinem Interessenkreis liegt, die Bezeichnung zu erfahren. In diesem ersten Fragealter wächst der Wortschatz des Kindes ganz erheblich an, vor allem auch deshalb, weil es das erfragt, was sein Interesse erregt. Sein Bedürfnis nach Wissen wird durch die Antwort befriedigt.

In dieser Zeit werden auch die *sprechmotorischen Fertigkeiten* immer mehr vervollständigt und die Lücken, die wir Erwachsenen dabei bemerken, immer weiter geschlossen. Etwa mit dem Schuleintritt werden auch die größten artikulatorischen Schwierigkeiten gemeistert. (SCHMIDT/SCHNEEWEIß 1985) Noch bestehende Restunfertigkeiten werden durch den Anfangsunterricht beseitigt.

Das Hineinwachsen des Kindes in die Sprache ist ein Prozeß, der sich in einem Zeitraum von *einigen Jahren* vollzieht. Die wieitere Entwicklung wird in hohem Maße durch die Schule beeinflußt, bei der es vorwiegend darum geht, das zweite Kommunikationsmittel, *die Schrift, beherrschen* zu lernen. Heute geht man davon aus, daß in einer Kulturnation jeder mit beiden Kommunikationsmitteln umgehen kann. Das ändert aber nichts an der Tatsache, daß die Beherrschung der Sprache, sowohl in der mündlichen wie der schriftlichen Form eine in einem langwierigen Lernprozeß erworbene Leistung ist, einschließlich der Fähigkeiten, sie in der Kommunikation zielgerichtet und effektiv anzuwenden.

1.5 Der Bewegungsvorgang beim Sprechen

Bei der Kommunikation ist es das Ziel, seinem Partner etwas mitzuteilen. Wenn sie, was im Alltag am häufigsten vorkommt, in lautsprachlicher Form erfolgen soll, müssen die Sprechorgane bewegt werden. Dabei überlegt der Sprecher wohl, was er sagen will, und sicher auch, mit welchen Worten. Schon weniger Gedanken macht sich der Sprecher darüber, *wie* seine Mitteilung in die Situation eingepaßt werden soll.

Wenn der Störpegel im Raum gering ist, spricht er relativ leise, sind die Störungen groß, entsprechend lauter, aber so, daß die lautsprachliche Information gerade über dem Störpegel liegt. Dabei bezieht er seine *Erfahrungen* ein. Aber diese Gestaltungsmerkmale, die auf vielfachen Erfahrungen beruhen, werden automatisch, das heißt, ohne besondere Kontrolle durch das Bewußtsein ausgeführt.

Solch unbewußte Vorgänge spielen sich auch bei der Wort- und Stilwahl der Information ab. Nur in ganz seltenen Fällen, wenn es wirklich darauf ankommt, versucht der Sprecher, die Haupt- und Nebenbedeutungen seiner Worte abzuwägen, wie im politischen Gespräch. Sonst wird die Wort- und Stilwahl zumeist vom sozialen Verhältnis in der aktuellen Situation von Sprecher und Hörer bestimmt. Im Amtszimmer spricht man den Bürgermeister anders an, als wenn man ihm abends am Biertisch begegnet.

Die Notwendigkeit, die Erfahrungen in Form des Unbewußten einzubeziehen, ist schon deshalb gegeben und notwendig, weil die *Kapazität des Bewußtseins eingeschränkt* ist. (KEIDEL 1968, 19) Sie ist klein, verglichen mit dem um mehrere Zehnerpotenzen größeren Informationsgehalt des lautsprachlichen Signals, das beim Sprechen erzeugt wird. (KALLENBACH 1964, 103ff.; KLAUS 1966,

173) Deshalb muß sich die Steuerung der vielschichtigen und komplizierten Prozesse, die beim Alltagsgespräch ablaufen, auf das beschränken, was für den *Erfolg der Übermittlung* einer Information wichtig ist. Alles andere muß automatisierten Abläufen überlassen werden, die durch vielfache Erfahrungen erworben und eingeübt worden sind und deshalb der Kontrolle durch das Bewußtsein nicht mehr bedürfen.

Dem Lichtkegel einer Taschenlampe oder eines Scheinwerfers gleich huscht das Bewußtsein über die komplizierten Vorgänge beim Sprechen hinweg und hebt nur das ins helle Licht, was im Augenblick für den Erfolg der Kommunikation wichtig ist und überläßt gleichzeitig alles unbewußten *Automatismen*, was im Moment durch Erfahrungen und Gewohnheiten abgedeckt ist. Das bedeutet aber nicht, daß solche zumeist unbewußt ablaufenden Prozesse nicht in besonderen Situationen ins Bewußtsein geholt werden könnten.

Zu den Vorgängen beim Sprechen, die völlig automatisiert sind und über die im Normalfall kaum bewußte Reflexionen möglich sind, gehören die *Bewegungen der Sprechorgane*. Sie sind bereits in einer Lebensperiode erlernt und automatisiert worden, in der ihre bewußte Verfolgung noch nicht möglich war, in der frühen Kindheit. Dort wurden die Bewegungsverläufe der Sprechorgane miteinander und mit den Höreindrücken aus Fremd- und Eigenproduktion koordiniert und zu einem gut und sicher verfügbaren Reservoir zusammengefügt, aus dem das für das Sprechen Notwendige abgerufen werden kann, wenn es gebraucht wird und das dem Sprecher immer zur Verfügung steht, sofern er seine Muttersprache zur Kommunikation verwendet.

Diese in der frühen Kindheit erlernten und bis zu erstaunlicher Höhe differenzierten Bewegungsvorgänge der Sprechorgane bilden ein sicheres Fundament an Automatismen, auf das sich der Sprecher absolut verlassen kann und zu dem er die Kontrolle des Bewußtseins nicht braucht. Gerade deshalb ist es auch so schwer, sich diese Bewegungen der Sprechorgane ins Bewußtsein zu rufen oder sich *vorzustellen*. Und doch sind es die Bewegungen, durch die das akustische Signal entsteht, das, mit allen notwendigen Merkmalen für die Wiedererkennung ausgestattet, den Weg zum Hörer antritt. Aus den akustischen Merkmalen entnimmt dieser dann die gedanklichen Inhalte der Information und erschließt die emotionalen.

Selbst in der heutigen Zeit, wo mit technischen Mitteln das akustische Signal der Lautsprache gespeichert, übertragen, manipuliert, ja sogar synthetisch erzeugt werden kann, gilt das Fundamentalgesetz: *Ohne den komplizierten, komplexen und wohlkoordinierten Bewegungsvorgang der Sprechorgane existiert kein natürlich erzeugtes lautsprachliches Signal.*

Die Sprechorgane, mit denen wir so mühelos das lautsprachliche Signal erzeugen, sind im Laufe der Evolution herausgebildet und erst im letzten Stadium der Menschwerdung für die Kommunikation verwendet worden. Sie haben biologische Funktionen, die für die Aufrechterhaltung des Lebens wichtiger und grundlegender als das Sprechen sind. Ihre Verwendung für die Kommunikation ist erst später hinzugekommen. Deshalb sind sie auch im menschlichen Körper *dezentralisiert* und werden durch ganz verschiedene Nervenbahnen zu ihrer motorischen Reaktion aktiviert.

Die Organe lassen sich in drei Gruppen einteilen: Organe zur *Atmung*, zur *Stimmgebung* und zur *Artikulation* oder *Lautbildung*. Die Lunge als Organ für die Atmung dient primär als das Organ, das den menschlichen Organismus mit dem lebensnotwendigen Sauerstoff versorgt. Die Muskeln, die diesen Bewegungsvorgang bewirken, sind als Zwischenrippenmuskeln und im Zwerchfell aktiv. Um den Sauerstoffbedarf des Organismus zu decken, erfolgen in Ruhe etwa 15 gleichmäßige Atemzüge pro Minute. Bei Anstrengung ist der Sauerstoffbedarf größer; die Atemzüge werden tiefer und erfolgen häufiger.

Beim Sprechen, Singen oder Rufen liefert die Atmung die Energie, um die *Stimme* zu erzeugen. Dabei wird ein gleichmäßiger Ausatmungsluftstrom gebraucht, der längere Zeit anhält. Daher ist der Atmungsvorgang beim Sprechen vom Rhythmus her anders als in Ruhe. Eine tiefe, schnelle Einatmung stellt für die langdauernde Ausatmungsphase die Anregungsenergie für die Stimmbildung zur Verfügung. Die Atmung sollte ausreichen, einen Satz oder eine kommuniktiv vollständige Äußerung zu bilden. Beim Kunstgesang kann sie sogar 20 bis 30 Sekunden erfordern, wenn dies von der Partitur verlangt wird.

Das Organ für die Stimmerzeugung ist der *Kehlkopf.* Er ist das obere Ende der Luftröhre und liegt an der wichtigen Kreuzung zwischen dem Weg für die Atmung und dem Weg für die Nahrungsaufnahme. Er hat biologisch die wichtige Aufgabe, die beiden lebenswichtigen Wege zu trennen und *auseinanderzuhalten*. Wir wissen aus eigener Erfahrung, mit welchen heftigen Aktionen sich der Körper gegen eingedrungene Nahrungspartikel wehrt und sie aus dem Atemweg entfernt, wenn wir »uns verschluckt« haben. Dann ist Sprechen oder Weitersprechen unmöglich. Die biologische Grundfunktion hat absoluten Vorrang.

Aber wenn der Kehlkopf biologisch nicht gebraucht wird, steht er in Verbindung mit einer gut dosierten Ausatmung für die Stimmbildung zur Verfügung. Der erste Schrei ist das Ergebnis. Durch den Ausatmungsluftstrom werden die Stimmlippen in *Vibrationen* versetzt. Dabei öffnen und schließen sie sich periodisch mehr als Hundertmal pro Sekunde. Durch den Verschluß wird der Luftstrom unterbrochen und erzeugt damit einen hörbaren *akustischen Effekt*, den stimmlichen *Primärklang*. Dieser ist in bezug auf Höhe und Stärke variierbar. Um diese Variation zu erzeugen und sprachlich verwenden zu können, müssen der Ausatmungsdruck und die Spannungen in den Stimmlippen gut aufeinander abgestimmt und miteinander koordiniert sein.

Die individuellen Leistungsparameter der Stimme sind von den anatomischen Verhältnissen abhängig. Kinder haben kurze Stimmlippen und erzeugen daher sehr hohe Stimmklänge. Frauen haben kürzere Stimmlippen als Männer. Daher ist die *Frauenstimme* höher als die der Männer. Beim Sprechen entsteht die *Melodie* vorwiegend durch einen abgestimmten Wechsel von Spannung und Entspannung der Atmung und der Muskeln im Kehlkopf. Durch ein Mißverhältnis der Spannungen kann es zum Kreischen oder zum Überschlagen der Stimme, der Fistelstimme, kommen.

Mit Hilfe der Artikulationsorgane werden die Laute gebildet. Dabei werden die *beweglichen Organe* (Lippen, Unterkiefer, Zunge, Gaumensegel) mit den unbeweglich vorhandenen, aber zum Sprechen notwendigen Organen (Zähne des Ober- und Unterkiefers, harter und weicher Gaumen, Wangen, Nasenraum, hintere Rachenwand) zu einer gut koordinierten Einheit verbunden.

Diese Organe dienen biologisch der Prüfung, der Aufbereitung und der Aufnahme der *Nahrung*. Die Bewegungen, die dabei vollführt werden müssen, bilden ein reichhaltiges Inventar. Und sie sind eng mit der Geruchsprüfung verbunden, die für das Sprechen völlig bedeutunglos ist. Für das Sprechen werden aus dem reichhaltigen Inventar nur bestimmte, für die jeweilige Nationalsprache typische, Bewegungen ausgewählt, spezifiziert und koordiniert. Diese Bewegungen dienen dazu, in jeder Sekunde, wo schnell gesprochen wird, eine Folge von 15 bis 20 lauttypischen und deutbaren Klängen zu erzeugen, die als lautsprachliches Signal den rational-emotionalen Kommunikationsinhalt vom Sprecher zum Hörer zu übermitteln in der Lage ist. Die Bewegungen der Artikulationsorgane sind dabei *hervorragend koordiniert* auf diese Aufgabe ausgerichtet. (MENZERATH/de LACERDA 1933)

Die Lippen dienen zum Verschließen und Öffnen des Mundraumes und können durch *Rundung* die Ausgangsöffnung verkleinern, durch *Vorstülpung* den artikulatorischen Hohlraum verlängern, durch Breitspannung verkürzen.

Die Bewegungen der Lippen werden noch dadurch besonders kompliziert, daß die Oberlippe mit dem unbeweglichen Oberkiefer, die Unterlippe mit dem Unterkiefer verbunden ist. Dadurch entstehen Bewegungen, die als Lippenbewegungen *gesehen* werden, deren Effekt aber durch eine *Unterkieferbewegung* bewirkt wird. Infolge dieser doppelten Steuerung ist das Lippenbild sehr vielgestaltig und differenziert.

Die Unterkieferbewegung kann nur als Öffnung und Schließung beschrieben werden. Beim Kauen wird mitunter der Bewegung des Unterkiefers ein großer Krafteinsatz abverlangt. Beim Sprechen ist ein solcher überflüssig. Es darf in der Regel nur so viel Kraft aufgewendet werden, daß sich der Öffnungsgrad verändert. Bei jeder Bewegung des Unterkiefers wird zwangsläufig die Unterlippe mitgeführt. Solche Bewegungen sind zu sehen; aber die Lippen brauchen dabei nicht selbst aktiv zu sein.

Tief im Inneren des Mundraumes liegt das *Gaumensegel*, das auch als der weiche Gaumen bezeichnet wird. Es hat sowohl bei der Nahrungsaufnahme als auch beim Sprechen die Aufgabe, einerseits den Mund- vom Nasenraum zu trennen und so zu verhindern, daß beim Schlucken ein Teil der Nahrung in den Nasenraum gelangt, andererseits beim Atmen mit geschlossenem Mund und vor allem beim intensiven Riechen dafür zu sorgen, daß Nasen- und Rachenraum miteinander verbunden sind. Die Bewegung des Gaumensegels erfolgt seit der Neugeborenenphase reflektorisch und ist, da sie nicht zu sehen ist, einer bewußten Einflußnahme weitgehend entzogen.

Der beweglichste Teil des Mundraumes ist die *Zunge*. Sie ist sowohl bei der Nahrungsaufnahme als auch beim Sprechen außerordentlich aktiv und zu zahlreichen Formveränderungen in der Lage. Bei der Nahrungsaufnahme prüft sie mit ihrer Spitze Temperatur und Weichheit der zugeführten Nahrung und führt mit seitlichen oder leichten Vor-Rück-Bewegungen die Nahrung an die Zähne heran, durch deren Arbeit sie dann zerkleinert wird. Diese Bewegungen erfolgen mit so hoher Präzision, daß man sich nur ganz selten einmal auf die Zunge beißt. Und wenn dann genug gekaut ist, hat die Zunge die Aufgabe, durch eine gezielte Rückbewegung den Speisebrei oder auch die Flüssigkeit nach hinten zu verlagern und den *Schluckakt* einzuleiten.

Auch beim Sprechen gibt es differenzierte Zungenbewegungen. Aber sie haben andere Aufgaben. Bei der Bildung der Vokale dienen Mund- und Rachenraum als *Resonanzkörper* und filtern aus dem obertonreichen Stimmklang die Klanganteile heraus, die vokaltypisch sind. Je nach der Verteilung enger und weiterer Stellen im oralen Hohlraum entstehen verschiedene Klänge, die sich typisch und prägnant voneinander unterscheiden und den Vokalen zugeordnet werden können. Durch die Phonetik sind im vergangenen Jahrhundert die Einstellungen ermittelt worden, die die Sprechorgane einnehmen müssen, um den Klang zu bilden, der einem bestimmten Vokal entspricht. Die wesentlichen Einstellungen werden durch Lippen, Unterkiefer sowie dem Ort und dem Grad der Zungenhebung vorgenommen.

Alle Vokale sind *stimmhafte Laute*, und bei allen deutschen Vokalen ist das Gaumensegel gehoben. Durch die Lippen kann der wirksame Resonanzraum etwas verlängert werden, wie beim Vokal »u«, oder verkürzt werden, wie beim Vokal »i«. Auch durch die Hebung des Kehlkopfes wird der Resonanzraum verkürzt, durch seine Senkung verlängert. Nur entstehen dadurch keine neuen Laute, sondern solche Veränderungen tragen dazu bei, das lautsprachliche Signal emotional zu färben, wie auch durch Sprechrhythmus und Sprechmelodie, zu der die Vokale als stimmhafte Laute einen erheblichen Teil beisteuern.

Bei den Konsonanten wird eine völlig andere Bildungsweise angewendet. Der Luftstrom, der bei den stimmhaften Lauten schon die Stimmlippen ins Schwingen gebracht hat, aber weiterströmen muß, wird im Mundraum durch einen *Verschluß*, durch eine *Enge* oder durch Umlenkung in den *Nasenraum* modifiziert. Dadurch entstehen unterschiedliche akustische Effekte, die den Klang der Konsonanten bewirken. Durch die Konsonanten wird das akustische Signal *prägnant gegliedert*. Die exakte Formung der Hemmstellen bei der Bildung der Konsonanten verleiht der Lautsprache Deutlichkeit, während die Vokale deren Tragfähigkeit bewirken.

Die Bildung der einzelnen Laute ist nicht das Problematische, wohl aber die *Geschwindigkeit*, mit der die einzelnen lauttypischen Positionen ineinander übergeführt oder durchlaufen werden müssen. 15 bis 20 solcher lauttypischen Positionen in jeder Sekunde einer lautsprachlichen Mitteilung zu bilden, ist eine hohe Leistung, die die Wissenschaft erst heute aufzuarbeiten beginnt. Richtig ist, daß dazu eine *komplexe Steuerung der Sprechorgane* gehört. Denn die Bewegungsimpulse müssen jedes einzelne Organ genau zu dem Zeitpunkt erreicht haben, wo sie gebraucht werden, damit es seinen Beitrag zu dem erstrebten akustischen Effekt im Gesamtsignal beisteuert. Diese neuronalen Impulse werden vom motorischen Sprachzentrum im Großhirn ausgesandt, und zwar bereits als *koordinierte Ablaufmuster*, die auch als *kinetische Melodien* bezeichnet werden. (LURIJA 1992, 177)

Der komplizierte Erzeugungvorgang bei einer Äußerung wird auch als *gesteuerte Synkinese* bezeichnet, vor allem, weil sich die Sprechorgane gleichzeitig, aber genau aufeinander abgestimmt bewegen. Es bewegt sich niemals eines der Sprechorgane allein, sondern es bewegen sich mehrere gleichzeitig, aber *harmonisch aufeinander abgestimmt*. Uns werden diese komplizierten Bewegungsvorgänge nicht bewußt, weil sie von früher Kindheit an gut miteinander koordiniert sind und als abrufbare Ablaufmuster bereitstehen, wenn wir sie brauchen, zumindest in der Muttersprache, und weil wir uns beim Sprechen auf sie stützen und verlassen können.

Im Bereich einer Fremdsprache ist das alles etwas anders. Weil dabei auch andere Ablaufmuster realisiert werden müßten, die nicht automatisiert sind, versucht der Sprecher diese mit seinem gespeicherten Inventar an Automatismen zu bewältigen. Er spricht dann »mit Akzent«.

Als Ergebnis dieses von der Inhaltsebene initiierten und auf der Grundlage einer breiten Schicht von Automatismen ablaufenden komplexen Bewegungsvorganges entsteht das lautsprachliche Signal, das sowohl inhaltlich-rationale als auch emotionale Merkmale hat. Das Produkt ist sowohl *hörbar* als auch *sichtbar*, wenn auch nicht alle Bewegungen, die vollzogen werden müssen, sichtbar werden.

Dieses Signal gelangt sowohl über den akustischen als auch über den optischen Kanal zu dem Partner, auf den es wirken soll, wobei wir uns heute abgewöhnt haben, die ganze Kompliziertheit der Erzeugung der Lautsprache zu beachten, sondern diesen Vorgang auf den rationalen Inhalt und das Akustische einzuschränken. Wir achten beim Sprechen nur auf das, was uns dabei bewußt wird. So ist die heute übliche Einschränkung auf den rationalen Inhalt zu erklären. Damit aber schließt man aber wesentliche Merkmale aus, die herangezogen werden können, wenn die auditive Perzeption irgendwie eingeschränkt oder behindert ist.

2 Sprachperzeption durch den auditiven Kanal

2.1 Die Bedingungen der natürlichen Schallausbreitung

Wegen der Vorteile, die die Luft für die Kommunikation bietet, hat sich die akustische Signalübermittlung im Verlauf der Evolution durchgesetzt und unter den Kommunikationsmitteln die führende Position eingenommen. Die anderen Kommunikationsmittel, die sie noch heute begleiten, sind längst nicht so differenziert und leistungsstark.

Heute finden wir die Lautsprache als leistungsstarkes, kompliziertes und differenziertes akustisches Signal vor. Sie hat sich bis zu ihrer heutigen Leistungsstärke ständig höherentwickelt. Aber wenn der Sprachschall den Mund des Sprechers verlassen hat, ist es ein *akustisches Signal* wie jedes andere auch. Es gehorcht den gleichen akustischen Gesetzen ebenso wie jeder andere Schall, mit all seinen Vor- und Nachteilen, wobei natürlich vor allem die Vorteile für die zwischenmenschliche Kommunikation ausgenutzt worden sind.

Als vor einigen hundert Millionen Jahren sich die ersten Pflanzen und Tiere auf das Land wagten, fanden sie eine mit *Sauerstoff angereicherte* Atmosphäre vor, die neben dem Hauptbestandteil Stickstoff vor allem den aggressiven Sauerstoff enthielt. Er ermöglichte, daß vor allem die Tiere durch die Luftatmung einen intensiveren Stoffwechsel entwickeln konnten.

In dieser für den intensiven Stoffwechsel geeigneten Atmosphäre fanden sie aber auch ein in höchstem Maße *für die Kommunikation geeignetes Medium* vor, und es ist keine Besonderheit der Menschheit, sondern das Ergebnis einer langdauernden Entwicklung, daß die Lebewesen auch Organe entwickelten, mit denen sich die Eigenschaften der zum Atmen notwendigen Luft mit dem Energiespender Sauerstoff hervorragend für die Kommunikation ausnutzen ließen: Organe zur Produktion und zur Perzeption von Schallwellen.

Was wir Menschen mit den Sprechorganen und mit dem auditiven Analysator besitzen und in hervorragender Weise für die lautsprachliche Kommunikation ausnutzen können, ist der heutige Endpunkt einer langen evolutionären Entwicklung. Auf der anderen Seite ist der Vorgang der lautsprachlichen Kommunikation so kompliziert, daß die Befähigung der menschlichen Sprechorgane dazu in einem mehrjährigen Lernprozeß in der frühkindlichen Phase erworben werden muß.

So kann man guten Gewissens feststellen, daß unsere Form der lautsprachlichen Kommunikation in hervorragender Weise an die Bedingungen der *natürlichen Schallausbreitung*, vor allem ihre Vorteile, angepaßt ist. Wo Leben ist, muß auch Luft sein. Und wo Luft ist, können sich auch Schallwellen ausbreiten.

Schallwellen breiten sich zwar im Verhältnis zu elektromagnetischen Wellen langsam aus. Die *Geschwindigkeit von Schallwellen* mit etwa 340 Meter pro Sekunde ist kläglich klein, verglichen mit der Lichtgeschwindigkeit von rund 300.000 km/s. Aber die Schallwellen sind schnell im Verhältnis zu allen Geschwindigkeiten, die ein Lebewesen auf natürlichem Wege erreichen kann. Der genaue Wert der Schallgeschwindigkeit ist etwas variabel und abhängig von der Temperatur der Luft und ihrem Anteil an Wasserdampf. (TRENDELENBURG 1930, 133)

Erst in unserer technisierten Zivilisation ist es möglich geworden, Geschwindigkeiten zu erreichen, die die des Schalles übertreffen. Selbst der Propellerantrieb von Flugzeugen reicht dafür nicht aus. Es muß schon ein Düsenantrieb sein, beträgt die Schallgeschwindigkeit doch, in einem anderen Maß ausgedrückt, 1.200 Stundenkilometer.

So sind die Schallwellen *schneller* als jedes Lebewesen, künden von seinem Kommen, bevor es uns erreicht. Das ist ein Vorteil, der *Gefahren signalisiert*. Auch in der Reichweite sind die Schallwellen dem Licht unterlegen. Während uns das Licht Kunde selbst aus kosmischen Entfernungen zuleitet, ist die Reichweite von Schallereignissen beschränkt. Aber auch sie übertrifft die Größe des animalischen *Aktionsraumes* beträchtlich, auch die des Menschen, wenn wir die technische Transformation von Schallereignissen einmal unberücksichtigt lassen In der Evolution war das ein erheblicher Vorteil.

Die *Intensität* der Schallwellen nimmt mit der Entfernung ab; sie werden leiser. Das kann in besonderen Fällen ein Nachteil sein. Nur ganz intensive Schallereignisse werden über weite Strecken übermittelt, wie das Grollen des Donners oder der Knall einer Explosion. Auf der anderen Seite stehen die erheblichen Vorteile. Schallereignisse sind hörbar, solange sie im eigenen Aktionsraum liegen. Die weiter entfernten werden *unhörbar* und stören damit nicht die eigenen Handlungen. Jedes Lebewesen führt gleichsam seinen eigenen akustischen Raum mit sich. Was in anderen akustischen Räumen geschieht, bleibt unter normalen Bedingungen unhörbar. Diese anderen akustischen Räume können aber unter gewissen Umständen visuell erreicht werden, sofern nicht die Sicht versperrt ist.

Schall breitet sich in Form von *Wellen* aus. Je nachdem, ob nur wenige Wellenberge auf die Ausbreitungsgeschwindigkeit von 340 m/s kommen oder sehr viele, sind diese Wellen lang oder sehr kurz. Bei einer mittleren Frequenz, der Anzahl der Schwingungen pro Sekunde, von 1.000 beträgt die *Wellenlänge* 34 cm. Die Schallwellen können sich in einfachen, aber auch in sehr komplizierten Schwingungsformen ausbreiten, die dann unterschiedliche Frequenzen enthalten.

Schallwellen breiten sich *nach allen Richtungen* gleichmäßig aus und können aus allen Richtungen empfangen werden. Das ist gegenüber dem Sehen ein Vorteil; denn nur die Objekte direkt vor uns liegen im Sehbereich. Schallwellen können wir hören, auch wenn die Schallquelle hinter, über oder unter uns ist. Wir sind über den Schall ständig mit dem *gesamten uns umgebenden Raum* verbunden. Das gibt uns Sicherheit im täglichen Leben, vor allem, da wir über ein gutes Richtungsempfinden für Schallquellen verfügen.

Wie wichtig die Erkennung des Ortes für eine Schallquelle, die *Lokalisation*, für das tägliche Leben und die Vermeidung von dessen Gefahren in der Evolution bewertet wurde, wird dadurch besonders deutlich, daß sich die Fähigkeit zur Lokalisation von Schallquellen beim Säugling *weit früher entwickelt* als das Verstehen von Sprache, schon gegen Ende des ersten Lebensvierteljahres. Zu dieser Zeit werden auch unsere beiden Fernsinne Sehen und Hören so koordiniert, daß Schallquellen *Reflexe auslösen*, die das Sehen auf die Schallquelle richten und so wichtige oder gefährliche Umweltereignisse *in den Sehbereich* rücken.

Schallwellen breiten sich aber nur dann nach allen Richtungen hin gleichmäßig aus, wenn sie nicht daran gehindert werden. Das vermögen große, massereiche Objekte, wie der Erdboden, aber auch die Wände, der Fußboden und die Decke unserer Räume. Von diesen festen Körpern werden die Schallwellen, ähnlich den Lichtwellen von einem Spiegel, *reflektiert*. So kommt es, daß das gesprochene Wort oder ein musikalischer Klang durch Reflexion unter Umständen nicht nur einmal als *Direktschall*, sondern auch als *Reflexionsschall* unsere Ohren erreicht. Wir nennen dies *Nachhall*. Bei großen Räumen, wie in dem mächtigen Raum einer Kirche, kann der Nachhall für das Sprachverstehen durchaus hinderlich sein. Moderne Konzertsäle werden deshalb so gebaut, daß die Nachhallzeiten relativ kurz sind.

Allerdings werden Schallwellen nur dann reflektiert, wenn die Objekte hart und gegenüber den Schallwellen groß sind. So ist es durchaus möglich, daß bei einem aus verschiedenen Frequenzen zusammengesetzten Schall wohl die höheren Frequenzen reflektiert werden, die tieferen dagegen nicht. Wenn die reflektierenden Objekte groß und weit entfernt sind, wie bei einem Bergrücken, wird die Laufzeit des Schalles deutlich bemerkbar. Wir hören den Schall dann ein zweites Mal, als *Echo*.

Objekte, die gegenüber den Schallwellen klein sind, werden von diesen *umgangen*. Die Wellen laufen dann um diese Objekte herum. Das ist bei einer Säule im Theater oder im Konzertsaal der Fall. Man braucht das Orchester nicht unbedingt zu sehen, um es hören zu können.

Ein solches Objekt, bei dem die Größe eine Rolle spielt, ist auch der *menschliche Kopf*. Tiefe und mittlere Frequenzen werden um ihn herumgeleitet, so daß ein beidohriges Hören, das für das Richtungsempfinden die Grundlage bildet, möglich wird; denn meist ist ein Ohr der Schallquelle zu-, das andere abgewandt.

Die Schallwellen hatten in der Evolution erhebliche Vorteile gegenüber dem Licht. Sie breiten sich auch im Dickicht oder durch lockere Hindernisse aus, die die Sicht versperren. Dadurch ist die lautsprachliche Kommunikation auch hinter einem Wandschirm oder durch eine Tür hindurch möglich. Das kann in leichtgebauten Häusern zum Nachteil werden, wo man den Streit aus der Nachbarwohnung mit anhören muß, oder Musik, die nicht auf Zimmerlautstärke eingestellt ist.

Die Luft, die uns umgibt, leitet in der Regel den Schall nach allen Richtungen weiter. Gewöhnlich gibt es viele Schallquellen im Raum, und von jeder gehen Schallwellen aus. Wenn man einen Stein auf eine ruhige Wasseroberfläche wirft, sieht man, wie sich die Wellen *kreisförmig ausbreiten*. Wirft man gleichzeitig zwei Steine, entstehen zwei Zentren mit Wellen, die sich *durchdringen*, aber nach der Kreuzung ihren Lauf fortsetzen. Auf die gleiche Weise können sich auch die Schallwellen durchdringen, und sie setzen danach ihre Ausbreitung durch den Raum fort. So ist die Erkennung der *Richtung*, aus der die Wellenfront kommt, auch nach der Durchdringung möglich.

Das ist für unser tägliches Leben außerordentlich wichtig; denn die Luft des Raumes, in dem wir leben, wird von vielen Schallquellen angeregt. Unsere Räume sind gewöhnlich von Störschall erfüllt, und wir können, da wir ihn ja mit beiden Ohren aufnehmen, uns auf diejenige Schallquelle konzentrieren, die wir hören möchten, die *anderen aber unbeachtet lassen*. Auch dies ist ein Vorteil für die Kommunikation.

Schallwellen können in luftgefüllten Hohlkörpern durch Resonanz einen Eigenton erzeugen. Das ist in der Evolution verschiedentlich ausgenutzt worden, in erster Linie, um die Schallintensität zu vergrößern und damit die Reichweite erzeugter Signale zu erhöhen, wie beim Quaken der Frösche.

In der Kultur hat die Ausnutzung der Resonanz besonders in der *Musik* eine hohe Bedeutung erlangt, vor allem bei den Blasinstrumenten, aber auch beim Schlagzeug und in gewisser Weise bei den Streichinstrumenten. Bei den Blasinstrumenten, wie der Blockflöte, kann man sehen und gleichzeitig hören, wie der erzeugte Ton durch Abdecken der Löcher immer tiefer wird. Je länger die Luftsäule, desto tiefer der durch die *Resonanz* erzeugte Eigenton.

Durch die Form der Luftsäule in den Instrumenten entstehen verschiedene *Klangfarben*, typisch für ein Instrument. Das Saxophon hat einen anderen Klang als die Flöte oder die Trompete. Die *Orgelpfeifen* verschiedener Register, die sich im Klang hörbar unterscheiden, haben unterschiedliche Form, nur daß man sie gewöhnlich nur dann einmal betrachten kann, wenn man einen Blick in das Innere der Orgel werfen darf.

Ein luftgefüllter Hohlraum, der resonanzfähig ist, ist auch das *menschliche Ansatzrohr*, das im Rachenraum über dem Kehlkopf beginnt und an den Lippen endet, nachdem die Schallwellen die Mundhöhle durchlaufen haben. Durch die Bewegungen von Unterkiefer, Gaumensegel und Lippen, vor allem aber durch Hebung und Senkung sowie Vor- oder Rückverlagerung der *Zunge* kann man die Form des Hohlraumes und damit seine Resonanzbedingungen erheblich verändern. Dadurch entstehen Klänge unterschiedlicher Klangfarbe.

Mit ihrem Ansatzrohr erzeugen die Menschen den ganzen *Klangreichtum* unterschiedlicher *Vokale*. Das menschliche Ansatzrohr hat eine Länge von etwa 17 cm. Diese Länge ist individuell, vor allem aber geschlechtsspezifisch und beim Kind altersbedingt verschieden, weil beim Kind der Gesichtsschädel noch erheblich wächst. Die Länge des Ansatzrohres kann durch Hebung oder Senkung des Kehlkopfes sowie durch Vorstülpung oder Zurückziehen der Lippen geringfügig *verändert* werden. Diese Längenvariation ist für die menschliche Kommunikation unerheblich. In höchstem Maße bedeutungsvoll sind dagegen die *Klangveränderungen*, die durch unterschiedliche *Hohlraumformen* bewirkt werden.

Durch den obertonreichen Klang, der im Kehlkopf entsteht, wird das Ansatzrohr nicht nur in bezug auf den Grundton, sondern vor allem in bezug auf die Obertöne zur Resonanz angeregt, und durch Hohlraumveränderungen können auch kurzzeitig Klangveränderungen erzeugt werden. Somit steht dem Menschen ein einzigartiges Organensemble zur Verfügung, mit dem sich nicht nur die verschiedenen Vokalklänge einer Sprache bilden lassen, sondern auch emotionale Stimmungen in einer feinabgestuften Reichhaltigkeit zum Ausdruck kommen und individuell charakteristische Klangmerkmale erzeugt werden.

Der Mensch ist das einzige Lebewesen, das die Resonanzbedingungen des Schalles in dieser Weise nutzen kann (LINDNER 1987), weil er über ein Ansatzrohr verfügt, dessen Länge unter den Bedingungen seiner Individualität einigermaßen konstant bleibt und sich nicht, wie bei den meisten Säugetieren, mit der Kieferöffnung entscheidend verändert. Wenn der Hund beim Bellen das Maul aufreißt, wird sein Ansatzrohr erheblich kürzer.

Der im menschlichen Ansatzrohr erzeugbare *Klangreichtum* ist so bedeutend, daß er nicht nur für die Vokalbildung einer Sprache geeignet ist, sondern für alle der mehr als tausend Sprachen, die es auf unserer Erde gibt.

Auch das ist ein Grund dafür, daß sich die Lautsprache in der Entwicklungsgeschichte der Menschheit zum führenden Kommunikationsmittel entwickelt hat.

Seit reichlich einem Jahrhundert läßt sich das akustische Sprachsignal mit Hilfe technischer Hilfsmittel, wie beim Telefonieren, über weite Strecken übertragen. Es ist eine technische Entwicklung, die sich gegenwärtig mit erstaunlicher Geschwindigkeit weitervollzieht. Mit dieser Entwicklung sind die ursprünglichen Grenzen der Bindung der mündlichen Kommunikation an Raum und Zeit überschreitbar geworden. Am Charakter und den Bedingungen der mündlichen Kommunikation hat dies noch wenig geändert; denn es ist eine Entwicklung, die sich erst in einem Zeitraum von drei oder vier Generationen vollzogen hat.

2.2 Der auditive Analysator – ein leistungsfähiges Organ

Lautsprache, die mit unseren Sprechorganen erzeugt wird, ist Schall. Aber es ist eine Art von Schall ganz besonderer Art. Lautsprache ist außerordentlich reich an Ausdrucksmöglichkeiten. Gewöhnlich denken wir daran, daß wir über die Folge der Laute sprachliche Informationen übermitteln, geistige Inhalte, die der Sprecher formuliert.

Das ist aber längst nicht alles. Jedes lautsprachliche Signal übermittelt auch Informationen über den *Sprecher*. Sie sind in dem Signal ebenso enthalten wie die Lautfolge, und selbst dann, wenn der Sprecher nur einen Seufzer produziert. Diese für den Individualklang typischen Merkmale dienen normalerweise dazu, den Sprecher zu *erkennen* oder *wiederzuerkennen*, wenn er bereits bekannt ist. Die Individualmerkmale können mit modernen Geräten auch objektiviert und dazu verwendet werden, einen Sprecher zu identifizieren oder einen Verdächtigen auszuschließen, wenn bei einer Straftat etwas Gesprochenes aufgezeichnet wurde.

Die *Individualmerkmale* des lautsprachlichen Zeichens werden beim Hören bewußt und können als Merkmale des Stimmklangs, dem Timbre, der höheren bzw. tieferen Stimmlage und der Art zu sprechen, ausgedrückt werden. Allerdings begnügen wir uns im Alltag meist damit, den Sprecher zu identifizieren. Dann können wir ihn anschauen, erleben und brauchen uns nicht mit der Aufgabe zu belasten, seine individuellen Eigenheiten, die auch seine regionale Herkunft verraten, beim Sprechen zu beschreiben.

Damit ist aber der Reichtum an Merkmalen, die das akustische Sprachsignal übermittelt, noch nicht erschöpft. Einen großen Teil seiner Reichhaltigkeit macht aus, in welchem emotionalen Zustand das lautsprachliche Signal produziert worden ist. Der jeweilige emotionale Zustand drückt sich in der *Sprechweise* aus, vor allem in der Melodie und dem Rhythmus des Sprechens, in der Lautstärke, in dem Wechsel von betonten und unbetonten Silben und Wörtern, in Dehnung und Raffung der Lautfolge, die das Gedankengerüst trägt.

In diesen emotionalen Merkmalen der Lautsprache kommt zum Ausdruck, wie sich der Sprecher im Augenblick fühlt, aber auch seine emotionale Stellung zum Hörer, ob er sich ihm zu- oder von ihm abwendet oder ob er ihm völlig gleichgültig ist, was sich durch Abkehr oder Distanziertheit ausdrückt. Die Lautsprache übermittelt uns auch Informationen über die Umschwünge der momentanen Stimmung. Der emotionale Gehalt kann auch Ausdruck der geistigen Mühe sein, mit der Gedanken formuliert werden. Sicher ist es nicht einfach, diese Vielzahl von emotionalen Nuancen zu beschreiben, vor allem auch deshalb, weil sie aus einem *mehrdimensionalen Geschehen* erwachsen, graduell abgestuft sind und sich miteinander vermischen können.

Hier geht es auch nicht darum, der Ausdrucksforschung vorzugreifen, sondern nur darum, die vielfältigen Möglichkeiten des lautsprachlichen Signals zu erwähnen, um aufzuzeigen, welche übergroße Menge an deutbaren Informationen es enthält.

Zusammenfassend kann man also sagen, daß das lautsprachliche

Signal bei seiner Einspeisung in den akustischen Kanal eine *Vielzahl von Informationen* enthält, die sich in drei große Gruppen einteilen lassen:

- rational-informative Merkmale,
- individuell-sprechertypische Merkmale und
- emotionale Merkmale.

Dadurch, daß alle diese drei Merkmalsebenen gleichzeitig und miteinander verbunden den Weg zum Hörer antreten, steht der Hörer vor der Aufgabe, das komplexe akustische Signal aufzubrechen und in seine Merkmalsebenen zu zerlegen.

Wenn das lautsprachliche Signal den Hörer erreicht, erzeugt es Wirkungen, die einerseits als *verstandesmäßig-analytische* Leistungen gekennzeichnet werden können. Sie können uns bewußt werden. Sie sind dann vorwiegend dadurch gekennzeichnet, daß die *Lautfolge* im Signal gesucht wird. Hinter der individuell und regional typischen Verschlüsselung der Klänge, die einen Laut bezeichnen sollen, wird sie mehr oder weniger deutlich erkennbar.

Andererseits übt das lautsprachliche Signal aber auch *unbewußte Wirkungen* auf den Hörer aus, die uns oft nur im Nachhinein bewußt werden und die wir nur undifferenziert erschließen, wenn wir der Überredungskunst unseres Partners erlegen sind, und das manchmal sogar gegen verstandesmäßige Kriterien. Das läßt sich auf unbewußte Wirkungen *emotionaler Merkmale* zurückführen, eine Wirkung, die das Sprachsignal auch auf das Kleinkind ausübt, das den rationalen Inhalt sprachlicher Informationen überhaupt noch nicht zu erfassen in der Lage ist. (RUBINSTEIN 1958, 510)

Um diese Vielzahl von miteinander verbundenen Informationen aufzufassen und zu verarbeiten, verfügt der Mensch über ein sehr leistungsfähiges Organ, den *auditiven Analysator*. Er ist nicht nur vorhanden, damit der Mensch Lautsprache wahrnehmen und verstehen kann, sondern er dient der *Schallaufnahme* ganz allgemein. Über den auditiven Analysator ist der Mensch mit dem akustischen Geschehen in unserer Umwelt generell und ständig verbunden.

Die Fähigkeit, Schall wahrzunehmen, hat der Mensch mit den höheren Tieren gemeinsam. Aber den Komplex des Sprachschalls entschlüsseln und die in ihm enthaltenen Informationen verstehen kann nur der Mensch.

Wie der auditive Analysator, das leistungsfähige Organ für die

Aufnahme und Verarbeitung akustischer Signale, anatomisch aufgebaut ist und wie er die in der Umwelt objektiv vorhandenen Schallwellen *in körpereigene Signale* umwandelt und so verarbeitet, daß sie uns bewußt werden, kann am besten erläutert werden, indem in Gedanken der Weg, den die Impulse durch die Organkette des auditiven Analysators nehmen, verfolgt wird.

Der auditive Analysator ist eine leistungsfähige *funktionelle Einheit*, die aus Organen besteht, die zum Zweck der Schallaufnahme und -verarbeitung zusammengeschlossen sind. Es lassen sich dabei die beiden *Ohren*, die peripheren Organe für die Schallaufnahme, die *Hörbahn* und das *Hörzentrum* im Großhirn unterscheiden. Alle drei Bereiche arbeiten bei der Hörwahrnehmung zusammen. (RANKE 1953, 33 ff.)

Die beiden Ohren nehmen die Schallwellen jeweils über die Ohrmuschel auf und leiten sie über den Gehörgang weiter, an dessen Ende sie auf das *Trommelfell* stoßen. Dieses ist so beweglich, daß es im Rhythmus der Schallschwingungen mitschwingt. Dadurch werden die Schallschwingungen in *mechanische Schwingungen* umgewandelt.

Hinter dem Trommelfell ist die Paukenhöhle des Ohres, die über die Eustachische Röhre mit dem Rachenraum verbunden ist, so daß im Normalfall auf beiden Seiten des Trommelfells der gleiche Luftdruck herrscht und das Trommelfell gut schwingen kann.

Vom Trommelfell aus werden die Schwingungen über eine Kette von drei kleinen Knöchelchen, den *Gehörknöchelchen*, auf die Lymphe des *Innenohres* übertragen.

Der wichtigste Teil des Innenohres ist die *Schnecke*, ein spiralig aufgewundener Schlauch, die nicht viel größer als eine Erbse ist und, vielfach vergrößert, mit einer mehrstöckigen Wendeltreppe verglichen werden kann, die sich nach oben zu verjüngt. Vom Ende der Gehörknöchelchen-Kette werden die Schwingungen auf die Lymphe des Innenohres übertragen, und es entstehen *Schwingungen in Flüssigkeit*. Dies ist die zweite Umwandlung der ursprünglichen Schallschwingungen.

Jedesmal, wenn, stark verlangsamt gedacht, das dritte der Gehörknöchelchen, der Steigbügel, nach innen schwingt, wird ein Druck auf die Lymphe ausgeübt, der sich ausbreiten möchte. Der in der Schnecke aufgewundene Schlauch ist aber so gebaut, daß sich die Druckwelle nur in der Richtung auf die Schneckenkuppel ausbreiten kann. Es entsteht eine *Wanderwelle*, die am oberen Ende auf den anderen Schneckengang übergeht und dort die Wendeltreppe gleichsam wieder abwärts läuft. Hat sie dessen Ende erreicht, kann sich der Druck über ein elastisches Häutchen ausgleichen.

Die beiden Schneckengänge, auch Scalen genannt, sind über einen dritten Schneckengang elastisch miteinander verbunden. Wenn die Schwingungen so rasch erfolgen, daß die nächste Wanderwelle schon loszulaufen beginnt, ehe die vorangegangene ihren Endpunkt erreicht hat, erfolgt der Ausgleich unterwegs, und der Druckberg wechselt auf die andere Scala über. Der Ort, wo dieser Ausgleich erfolgt, ist abhängig von der Frequenz. Ist die Frequenz niedrig, also der Ton tief, so erfolgt der Ausgleich in der Nähe der Schneckenkuppel, ist die Frequenz sehr hoch, also bei den höchsten Tönen, so erfolgt er in der Nähe der Schneckenbasis.

Durch diesen Mechanismus der Wanderwellen wird der *Frequenzcode* der Schallwellen in einen *Ortscode* umgewandelt. Man könnte dies schon als die dritte Umwandlung ansehen. Zwischen den beiden Scalen der Schnecke befindet sich der innere Schneckengang, der die ganz empfindlichen *Haarzellen* auf der *Basilarmembran* enthält. Je nachdem, an welcher Stelle der Ausgleich zwischen den beiden Schneckenscalen erfolgt, werden die Haarzellen dort aktiviert, und sie erzeugen die *Nervenimpulse*, die dann über die Hörbahn dem primären Hörzentrum im Gehirn zugeleitet werden. Das wäre dann die vierte Umcodierung der ursprünglichen Schallschwingungen.

In der Hörbahn werden die in den Haarzellen entstandenen Nervenimpulse mehrmals auf Neuronen höherer Ordnung umcodiert, wenn sie zentralwärts weitergeleitet werden. Bei dieser Gelegenheit werden diese neuronalen Impulse mehrfach zwischen rechts und links *verglichen*, ausgetauscht und die Tonhöhenerkennung optimiert. Die Impulse durchlaufen im Hirnstamm auch Reflexzentren, in denen die akustischen Signale reflektorische Bewegungen anderer Organe auslösen, wie Bewegungen der Augen, des Kopfes oder des ganzen Körpers. In der Hörbahn gibt es auch *rückläufige Fasern*, die die Weiterleitung von Impulsen fördern oder drosseln können.

Wenn die im Innenohr entstandenen Nervenimpulse das Großhirn erreicht haben, werden uns die Schallereignisse bewußt: Wir haben den Eindruck, daß wir etwas gehört haben und, wenn es andauert, noch hören. Die *Höreindrücke* sind außerordentlich vielgestaltig. Aber es gibt auch Grenzen, zunächst in bezug auf die Frequenz der Schallwellen. Wenn die Frequenz immer weiter sinkt, ist bei 16 Hertz (Hz), d. h. 16 Schwingungen pro Sekunde, die *untere Hörgrenze* erreicht. Auf langsamere Schwingungen reagiert unser auditiver Analysator nicht. Unter 16 Hz beginnt dann bereits der *Infraschall*.

In Richtung auf steigende Frequenzen liegt dann der Bereich des Hörschalls. Wenn die Frequenzen immer weiter steigen, ist dann bei 20.000 Hz die *obere Hörgrenze* für ohrgesunde jugendliche Menschen erreicht. Darüber liegt der Bereich des *Ultraschalles*, in dem Hunde noch hören können und mit dem Fledermäuse ihre Beute jagen. Der Hörschallbereich ist folglich mit Werten definiert, die nur für den Menschen gelten.

Auch in bezug auf die Stärke ist der menschliche Hörbereich eingegrenzt. Nur der Schall, der die *Hörschwelle* übersteigt, ist für den Menschen hörbar. Was in bezug auf ganz große Intensitäten einen Grenzwert übersteigt, löst nicht nur eine Hör-, sondern vor allem eine *Schmerzempfindung* aus. Es werden dann Reflexhandlungen ausgelöst, indem wir uns die Ohren zuhalten oder uns von der Schallquelle fluchtartig entfernen.

Menschen können *Schalleindrücke* nach verschiedenen Qualitäten *differenzieren*, eine sehr große Menge von Klängen und Geräuschen unterscheiden, sie im Gedächtnis bewahren und am Klang, unabhängig von ihrer objektiven Lautstärke, wiedererkennen. Und wir sind zu noch komplizierteren Leistungen fähig. Schon das Kleinkind lernt, den Ort der Schallquelle zu bestimmen. Man sagt dazu: den Schall zu *lokalisieren*. Dazu wird ausgenutzt, daß wir den Schall mit beiden Ohren aufnehmen und daß er, trotz der relativ großen Ausbreitungsgeschwindigkeit, die beiden Ohren zu unterschiedlichen Zeitpunkten erreicht. Diese ganz geringen zeitlichen Differenzen werden beim Vergleich der Eindrücke beider Ohren in der Hörbahn erkannt und für Augen- oder Kopfstellreflexe verwendet. Wenn es keine Laufzeitdifferenz mehr gibt, liegt die Schallquelle genau vor dem Kopf und damit *im Gesichtsfeld*.

Dieser Mechanismus, der für das Leben in der Umwelt äußerst

wichtig ist, wird auch verwendet, um das, was wir hören wollen, den Nutzschall, von dem, was uns an Schallsignalen aus der Umwelt noch erreicht, was aber zu hören unnötig, überflüssig oder störend ist, dem Störschall, zu trennen. Das geschieht über die *rückläufigen Nervenfasern* der Hörbahn. So wird alles zu den höheren Zentren durchgelassen, was die Zeitdifferenz des Nutzschalls hat, aber alles bei der Weiterleitung eliminiert oder zumindest in seiner subjektiven Lautstärke vermindert, was andere Zeitdifferenzen hat. So sind wir in der Lage, das zu hören, was uns hörenswert erscheint und das andere zu ignorieren.

Da Sprache vielfach in einem mit Störschall erfüllten Raum für die Kommunikation verwendet wird, ist die subjektive Eliminierung des Störschalls äußerst wichtig. Beim Kind geht die Erlernung der Fähigkeit zur Schallokalisation dem Spracherwerb voraus.

2.3 Sprachperzeption als Aufgabe und Tätigkeit

Wenn muttersprachliche Äußerungen aufgefaßt und verstanden werden sollen, sieht von außen alles so einfach aus: Man hört, was gesprochen wurde, versteht es im gleichen Moment und weiß auch, ob diese Äußerung ernst, scherzhaft oder ironisch, ob sie vorder- oder hintergründig gemeint ist. Alles verläuft schnell, absolut sicher und ohne jede Störung.

Deshalb ist es auch kaum möglich, den komplizierten Prozeß des Sprachverstehens am Normalfall, wenn alles stimmt und glatt verläuft, vollständig zu untersuchen. Dann ist nämlich kaum zu erkennen, daß es sich beim Verstehen von Sprache um eine *komplizierte Aufgabe* handelt, die erlernt worden ist und nun, von einer Vielzahl von automatisierten Prozessen getragen, reibungs- und störungsfrei abläuft und zu einem tauglichen Ergebnis führt.

Einsichten lassen sich viel leichter dort und ins Detail gehend gewinnen, wenn in diesem Prozeß *Störungen* auftreten, wenn also das angestrebte und erwartete Ziel des Verstehens der Äußerung nicht eintritt, wenn folglich *Mißverständnisse* die Kommunikation trüben, wenn *Nachfragen* notwendig werden oder wenn der ganze Kommunikationsakt mißlingt. Dann lassen sich die Ursachen analysieren, die zum Scheitern geführt haben, und es lassen sich die

Bedingungen erkennen und beschreiben, an die eine reibungslose Kommunikation gebunden ist.

Zunächst ist festzustellen, daß das akustische Sprachsignal *laut genug* sein muß, um vom Partner wahrgenommen zu werden. Wenn es zu leise ist, gehen wichtige Teilinformationen verloren, oder es wird, wenn die Entfernung zu groß ist oder zu leise gesprochen wurde, überhaupt nicht gehört. Der Perzipient sieht dann eventuell nur an den Mundbewegungen, daß ihm sein Partner etwas sagen möchte.

Generell ist festzustellen, daß das Sprachverstehen einer *aktiven Zuwendung* bedarf. In dem Augenblick, wo der Perzipient verstehen will, was sein Partner sagt, geht das Hören zum *Zuhören* über, was man auch als *Hinhören* oder *Horchen* bezeichnen kann. Die Aufmerksamkeit wendet sich dabei dem Partner zu. Man kann ja auch hören, *daß* jemand spricht, ohne sich überhaupt die Mühe zu geben, ihn verstehen zu wollen. Mit einer aktiven Zuwendung setzt der Prozeß des Sprachverstehens ein.

Das nächste ist die Aufgabe, den Sprachschall aus dem Umgebungsschall herauszufiltern. Ist diese Aufgabe mit Anstrengung verbunden, wird meist von Störschall gesprochen. Es ist ganz selten im täglichen Leben, daß wir den Sprachschall störungsfrei erleben können. Meist ist das nur in einem Studio der Fall. Im Alltag ist der akustische Kanal offen für alles Akustische, auch für andere Schallquellen. Schon hier ist klar, daß das akustische Sprachsignal nicht nur laut genug sein muß, um gehört zu werden, sondern daß es *lauter* sein muß als der *Störschall*, daß es aus diesem gleichsam herausragt.

Um dieses Herausragen zu sichern, nutzt der Perzipient aus, daß der Störschall meist aus einer anderen Richtung kommt (oder aus anderen Richtungen), der Sprachschall nur aus einer. Die Aufmerksamkeit muß also in Richtung auf die Sprachschallquelle optimiert werden. Das *Richtungshören* ist keine spezifisch menschliche Errungenschaft. Bei unseren Haustieren, Katze und Hund vor allem, kann man beobachten, wie sie die Ohren auf eine interessante Schallquelle richten oder aber den gesamten Raum abhorchen. Beim Menschen ist diese *Schallquellenlokalisation* nach innen verlagert; die menschlichen Ohrmuscheln sind im Verlauf der Evolution unbeweglich geworden.

Bei der Lokalisation von Schallquellen nutzt der Mensch aus, daß das akustische Signal mit beiden Ohren gehört wird und daß der Schall das abgewandte Ohr um Bruchteile einer Tausendstelsekunde später erreicht. Wendet er seinen Kopf der Schallquelle zu, verschwindet die Zeitdifferenz.

Da die anderen Schallquellen den menschlichen Kopf aus anderen Richtungen erreichen, können in der Hörbahn Impulse mit der ausgewählten Zeitdifferenz ungehindert weitergeleitet, solche mit anderen Zeitdifferenzen aber gehemmt werden. Man nennt diesen neuronalen Vorgang in der Hörbahn die *binaurale Störschallunterdrückung* (KEIDEL 1968, 21f.).

Schon hierbei ist erkennbar, wie wichtig die erste Bedingung für die Sprachperzeption ist, daß das Sprachsignal den Störschall an Stärke übertrifft. Geht das Sprachsignal im Störschall unter, ist auch die Bestimmung der optimalen Zeitdifferenz nicht möglich. Außerdem ist es notwendig, daß der Perzipient über *zwei leistungsfähige Ohren* verfügt. Bei einseitiger Taubheit kann die binaurale Störschallunterdrückung nicht mehr funktionieren. Es ist aber nicht unbedingt notwendig, daß beide Ohren gleichgut hören. Eine vorhandene einseitige, aber konstante Leistungsminderung wird zentral ausgeglichen.

Was beim Hörer ankommt, wenn es aus dem Störschall ausgefiltert ist, ist ein *kontinuierlicher* und *differenzierter Signalstrom*, der zerlegt werden muß. Wahrscheinlich zuerst werden leicht erkennbare und markante Stellen aus dem Signalstrom herausgelöst, die relativ leicht, aber sicher Lauten zugeordnet werden können. Es sind dies *Schlüssellaute*.

Das ist ein Vorgang, bei dem es notwendig wird, in dem aktuellen akustischen Gebilde Invarianten zu erkennen. Die *Invariantenerkennung* und -zuordnung ist ein Prozeß, der sich leichter an der visuellen Wahrnehmung erklären läßt. Sie beruht darauf, daß der Mensch über *Erfahrungen* verfügt und diese bei der Identifizierung einer aktuellen Wahrnehmung einfließen läßt, um sie zu deuten. (RITTER 1987)

Tische haben meist eine rechteckige Tischplatte. Wir wissen das, obwohl wir kaum jemals diese Tischplatte als Rechteck, sondern meist perspektivisch verkürzt sehen. Das Wissen dominiert gegenüber dem aktuellen Seheindruck. Wir empfinden es als ganz natürlich, daß sich der Seheindruck von der Tischplatte verändert, wenn wir um den Tisch herumgehen und daß sie kleiner wird, wenn wir uns von dem Tisch entfernen. Das wird so ausgedrückt, daß man sagt, die Wahrnehmung eines Rechtecks ist invariant gegenüber der Größe und der Lage.

Sie ist auch invariant gegenüber einer teilweisen Verdeckung. Man braucht nur einen kleinen Teil der Kante zu sehen und weiß, dort befindet sich der Tisch mit der rechteckigen Platte, und diese Invarianz ist auch vorhanden, wenn in der Dämmerung der Kontrast zum Hintergrund schwach oder unscharf wird.

Obwohl die *Invarianzmerkmale bei Sprachlauten* im Experiment schwer zu ermitteln sind, lassen sie sich als Analogie gut aus den Alltagsbedingungen ableiten. Ein Sprachlaut ist invariant gegenüber der *Intensität*; denn es ist gleichgültig, ob die Kommunikationsdistanz groß oder klein ist. Sprachlaute wie auch Instrumentalklänge sind invariant gegenüber der *Dauer*. Das Tempo beim Sprechen ist in weiten Grenzen veränderbar. Stimmhafte Sprachlaute sind invariant gegenüber der Grundfrequenz. Die Klangqualität ist in der Stimmlage der Männerstimme ebenso erkennbar wie die von Frauen und Kindern.

Ein Sprachlaut mit seiner sprachtypischen Klangeigenart ist auch invariant gegenüber *kontextbedingten Veränderungen*, wie sie vor allem in unbetonten Redeteilen auftreten, wo sie gegenüber der Vollform, die in betonter Stellung erreicht wird, merkmalsärmer sind. (LINDNER 1981, 202f.) In der aktuellen Kommunikation sind sie invariant gegenüber *Individualität*, *Emotionalität* und dialektaler Färbung, sowie *teilweiser Verdeckung* durch Umwelt- und Hintergrundgeräusche.

Bei den Schlüssellauten werden einige der Invarianzmerkmale, die sich in der aktuellen Kommunikation nicht mehr wesentlich verändern, wie *Sprecherindividualität*, *Dialekteinschlag*, *Verdeckung* durch das Hintergrundgeräusch und *Stimmlage* festgestellt und bei der Erkennung der anderen Sprachlaute einbezogen. Dazu gehört aber ein ganz erhebliches Maß an sprachlicher Erfahrung, und Können, um eine solche *Transferleistung* zu erbringen. In der Muttersprache haben wir sie, bei einer mühsam beherrschen Fremdsprache aber nicht.

Wo es notwendig wird, wie bei neuen oder wenig geläufigen

Wörtern, die ins Schriftbild umzusetzen sind, dringt die Analyse bis zu den einzelnen Lauten vor. In der Kommunikation des Alltags genügen oft schon wenige Merkmale, um den kommunikativen Inhalt zu erfassen und zu verstehen, zumal auch die Situation, in der das Gespräch stattfindet, *Ergänzungshilfe* bietet. Die Analyse dringt nur so weit bis zu den lautlichen Einzelheiten vor, als es nötig ist, Doppel- oder Mehrdeutigkeiten auszuschließen.

Bei der Erschließung des Kommunikationsinhalts mit Hilfe der Ergänzung spielen auch akustische Merkmale höherer Ebenen, wie der *Silbengipfel*, der Dehnung oder Raffung des kontinuierlichen Signalflusses, des Wechsels von betonten und unbetonten Silben, oder von *Sprechrhythmus und -melodie* eine Rolle, wenn es darum geht, ein häufig gebrauchtes Signalmuster wiederzuerkennen. Gelingt diese *komplexe Wiedererkennung*, dann ist eine eingehende Analyse des Signalstromes bis auf die unterste Ebene, die der Laute, gar nicht mehr nötig. (McCRONE 1992, 80f.)

Allerdings kann das *Wiedererkennen* nur dann vollzogen werden, wenn der Perzipient das vollständige Signal aus seinem Gedächtnis auch dann abrufen kann, wenn er es unvollständig wahrnimmt und die fehlenden oder unvollständigen Teile ergänzen kann. Für eine Lernsituation reicht das Wiedererkennen nicht aus. In einer solchen ist es nötig, daß das Signal mit vielen seiner Einzelheiten analysiert und erkannt wird. Auch hierbei ist nicht immer eine vollständige Analyse auf der Lautebene notwendig, weil einzelne Teile, die verinnerlicht sind, zur Ergänzung herangezogen werden können.

Es kommt also bei der auditiven Perzeption von Sprache darauf an, wie groß das Inventar zur *Erkennung von kommunikativen Einheiten* ist, über das der Perzipient verfügt. Das für das Erkennen nötige Inventar ist sowohl von der Situation abhängig, in der die Kommunikation erfolgt, als auch von dem Gegenstand, über den man gerade spricht. Es muß für ein Problemgespräch wesentlich größer sein, als wenn bei einer Begegnung nur Begrüßungsformeln ausgetauscht werden. Dann genügt es schon, zu bemerken, *daß* gesprochen worden ist.

Wenn aus dem Signalstrom ganze Komplexe wiedererkannt werden können, dann ist es leicht möglich, die bedeutungstragenden Teile zu erkennen und ihnen eben diese *Bedeutungen* zuzuordnen. Das ist eine Aufgabe, die jeder Perzipient beim Verstehen des ankommenden Signalstromes zu meistern hat. Grundsätzlich ist die Bedeutung an das Wort oder die Wortgruppe gebunden. Diese Unterscheidung ist nötig, weil in manchen Fällen die Bedeutung einer Wortgruppe nicht aus den Bedeutungen der Einzelwörter erschließbar, sondern an die Wortgruppe gebunden ist (z. B. weiche Birne, schwedische Gardinen).

Viele Wörter im Deutschen sind *mehrdeutig*. In manchen Wörterbüchern (AGRICOLA 1962) sind mehr als 8.000 Wörter aufgeführt, die mehr als eine Bedeutung haben. Um den Sinn des Ausspruchs verstehen zu können, ist es aber notwendig, die im gegebenen Zusammenhang *zutreffende* zu finden. Dazu ist es aber notwendig, die anderen möglichen Bedeutungen wenigstens andeutungsweise so lange *präsent* zu halten, bis der Akt des *Verstehens abgeschlossen* ist. Sie dürfen nicht vollständig hinter dem Zuordnungshorizont untergehen.

Von Kommunikationssituation und -gegenstand her sind allerdings manche Bedeutungen nicht sehr wahrscheinlich, so daß sie keiner Präsenz bedürfen. Dies wird bei Witzen oftmals ausgenutzt, indem Bedeutungen, die unwahrscheinlich sind, durch den Kontext doch aktiviert werden.

Wenn wir den Wortschatz analysieren, der in der Alltagskommunikation verwendet wird, so finden wir dort häufig Wörter mit *unscharfen Bedeutungen* und vielen Zuordnungsmöglichkeiten. Der Sprecher vertraut darauf, daß die Situation die Unklarheit beseitigt und daß der Partner mitdenkt und in der Lage ist, diese situativen Hilfen auszunutzen.

Voraussetzung für die richtige Bedeutungsauswahl und -zuordnung ist, daß der Perzipient alle diese verschiedenen *Bedeutungen* kennt und in dem Augenblick, wo er sie braucht, auch *zuordnen* kann. Auch hierbei ist die unterschiedliche Qualität der Perzeptionssituation zu beachten. Wenn der Prozeß des Sprachverstehens »eingefahren« und mit voll verfügbaren Automatismen untersetzt ist, geht diese Zuordnung schnell und reibungslos. In einer *Lernsituation* mit unsicheren oder gar neuen Zuordnungen wird das Sprachverstehen erschwert. Dann benötigt der Perzipient mehr Zeit. Und wenn eine Bedeutung zu einem Wort noch nicht erlernt ist, gibt es massive Störungen, und das Verstehen kommt überhaupt nicht zustande. Das ist uns Normalen aus dem Fremdsprachen- oder Hochschulmilieu wohl bekannt. Auch aus dem Schulunterricht gibt es genügend Beispiele, vor allem, wenn ein an sich bekanntes Wort in einer neuen, fachspezifischen Bedeutung eingeführt wird.

Die ankommende Information wird dem Perzipienten in einem kontinuierlichen Strom ohne Pausen zugeführt. *Wortabstände*, wie sie in der Schrift üblich und wie sie zur Bedeutungszuordnung nötig sind, gibt es beim Sprechen nicht. Die Unterteilung des lautsprachlichen Kontinuums muß von der höheren Ebene aus erfolgen. Beim Lesen von Schrift braucht der Perzipient diese Wortgrenzen nur zu beachten. Da es in der mündlichen Rede diese Abgrenzung der Wörter nicht gibt, muß der Hörer diese *Grenzen selbst setzen*. Das ist ein aktiver Vorgang, der ein gründliches Sprachwissen voraussetzt.

Und doch muß das Sprechen, das mit der Ausatmungsluft erfolgt, unterbrochen werden, weil zwangsläufig zwischendurch eingeatmet werden muß. Aus diesem Grunde muß der kontinuierliche Signalstrom mit *Pausen* versetzt werden. Diese Atempausen sollten beim guten Sprechen nur an solchen Stellen liegen, wo ein *Gedanke zu Ende* gegangen ist. Dann sind sie für den Angesprochenen Denk- und Zuordnungspausen. Sie können für die schnelle inhaltliche Überprüfung des Gehörten genutzt werden und dienen der Kontrolle des Wirklichkeitsbezuges und des Wahrheitsgehaltes der Mitteilung. Pausen sind demzufolge ein wichtiges *Gestaltungsmerkmal* des zusammenhängenden Sprechens. Vor allem in der Lernsituation sind solche Pausen am *Ende einer Sinneinheit*, eines Satzes oder Abschnittes, außerordentlich wichtig. Falsch gesetzte Pausen, auch solche die eingelegt werden müssen, weil der Atemvorrat zu Ende ist, führen das Verstehen in die Irre.

Beim Vortrag in der Regel, bei der Alltagskommunikation aber selten, werden komplexe Sinneinheiten, wie sie sich als Syntagmen oder auch als Haupt- und Nebensätze darstellen lassen, zu einem sinnhaften *Beziehungsgeflecht* verbunden. Wenn es sich um einen konkreten Inhalt handelt, kann er einfach an der Realität überprüft werden. Dann kommt es auf den Wahrheitsgehalt an und wie genau die Aussage die Wirklichkeit trifft. Schwieriger ist es mit abstrakten Äußerungen, wie Glaubenssätzen oder Gesetzestexten, wo es oftmals darauf ankommt, den *Wortlaut* genau zu wiederholen und unverändert zu bewahren.

Dabei lassen sich Mehrdeutigkeiten von Sinneinheiten (Wörtern und Wortgruppen) weder durch den Wirklichkeitsbezug noch durch die Situation ausschließen. Das Verstehen abstrakter Äußerungen setzt einen größeren Sprachschatz und einen größeren Beziehungsreichtum voraus, als bei der Alltagskommunikation, wo der *unmittelbare*, direkte Bezug zur Wirklichkeit, oft sogar zur gemeinsamen Umgebung, als *Verstehenshilfe* dienen kann.

Das akustische Signal, das der Perzipient auffassen und verstehen muß, ist nicht starr. Es wird gebrochen und modifiziert durch die *Individualität*, durch regionale Eigenheiten der Sprechweise oder des Sprachgebrauchs und durch die momentane Emotionalität des Sprechers und die ihm eigentümlichen Gewohnheiten zu sprechen. Im Augenblick der Äußerung geht auch die *subjektive Bewertung* des Inhalts in die Gestaltung einer Äußerung mit ein. Der Sprecher entscheidet, was für ihn wichtig ist und hebt es durch *die Akzentuierung hervor*.

Der Perzipient kann an dieser artikulatorischen Differenzierung in Akzentuiertes und Nichtakzentuiertes erkennen, was dem Sprecher wesentlich ist und was ihm unwichtig erscheint. Gerade durch diese Merkmale der *sprecherischen Gestaltung* wird die Äußerung transparent und für den Perzipienten leichter auffaßbar. Er braucht nur den durch Akzentuierung und Rhythmus vorgegebenen Strukturen zu *folgen*, um die Sinneinheiten richtig aufeinander zu beziehen; er muß die Strukturmerkmale nicht selbst *finden*. Das macht das Verstehen gut strukturierter Äußerungen in der Regel leicht. Es kann aber auch dazu führen, daß sich der Perzipient selbst vom kritischen Durchdenken der Äußerung ablenkt, wenn er ausschließlich den vorgegeben Strukturen folgt.

Die emotionalen, personalen und situativen Merkmale, die in einer realen Äußerung enthalten sind, werden allerdings vielfach wenig beachtet, auch nicht in der wissenschaftlichen Darstellung. (HARTUNG 1974, 191ff.) Das geschieht, weil die Sprachperzeption oft zu stark unter dem Gesichtspunkt betrachtet wird, wie sie in die *Schriftform umgesetzt* werden muß.

Dabei wird von diesen Merkmalen der Gestaltung abstrahiert. Auch die artikulatorische Differenzierung wird wenig beachtet, sofern sie nicht für die Interpunktion eine Rolle spielt. In vielen Beschreibungen wird der Vorgang der Zerlegung und Analyse des lautsprachlichen Signals bis auf die Lautebene verfolgt. Das wird für einen *Schüler* wichtig, der es lernen muß, den kontinuierlichen akustischen Strom in die einzelnen Laute zu zerlegen, um sie in Buchstaben umzusetzen. Für ihn ist eine solche bis auf die unterste Ebene gehende Analyse wichtig. Für den, der die Muttersprache zur Kommunikation verwendet, ist eine solch eingehende Analyse vielfach unnötig.

Wer den Analysevorgang beherrscht, wie ein Erwachsener in der Muttersprache, hört bei der Erfassung von Schlüssellauten auf, die identifizierbare Sinneinheiten tragen. Die Lücken, die zwischen ihnen bleiben, werden *aus der Erinnerung* ergänzt. Die Analyse des ankommenden Signalstromes geht nur so weit, daß eine *Sinnzuordnung möglich* wird. Alles Unnötige wird dabei vermieden.

2.4 Der Sprecher verfolgt ein Kommunikationsziel

Das Verstehen einer Äußerung oder einer längeren Ausführung wie bei einem Vortrag ist ein komplizierter und komplexer Vorgang. Dabei wird die Information aus dem akustischen Signal entnommen, was im eingefahrenen Zustand relativ problemlos abläuft.

Zunächst aber muß vom Sprecher dieses gut gegliederte und die Information tragende akustische Signal in den akustischen Kanal *eingebracht* werden. Wird es nur undeutlich, unvollkommen und nicht der Umgebungssituation entsprechend, vor allem bei Nichtberücksichtigung der Hintergrundgeräusche, auf den Weg gebracht, so ist das Verstehen eingeschränkt oder gänzlich unmöglich.

Wird die lautsprachliche Äußerung dagegen deutlich, mit vielen charakteristischen Einzelheiten und hoher Präzision produziert, so kann der Sprecher dem Perzipienten *helfen*, den Inhalt trotz vermindertem Hörvermögen gut zu perzipieren, weil sie sich gut aus dem Hintergrundgeräusch herauslösen läßt. Schon hieran wird deutlich, daß die Kommunikation ein Vorgang ist, der von *partnerschaftlichen Beziehungen* getragen wird.

Wenn der Sprecher seinem Partner, vor allem im Alltagsgespräch, etwas mitteilen möchte, steht am Anfang vielfach ein ungeformter Gedanke, der zunächst für eine Übermittlung aufbereitet werden muß. Vielleicht gibt es für diesen Gedanken eine geläufige, *stehende Redewendung*. Dann ist die gedankliche Arbeit, die der Sprecher aufwenden muß, gering. Er braucht nur diese Formel zu realisieren, wie beim Gruß.

Wenn er aber etwas Neues mitteilen möchte, dann muß er den Gedanken so aufbereiten, daß er für eine Übermittlung geeignet wird. Ein etwas umfangreicherer Gedanke ist komplex, ein Gebilde mit Einzelheiten, unter Umständen sogar vielen Einzelheiten, die durch vielfältige Beziehungen miteinander verbunden sind und die bei der Realisierung *transparent verbunden* werden müssen.

Der Sprecher kann diesen gedanklichen Komplex aber nur übermitteln, wenn er die Einzelheiten wohlgeordnet *nacheinander* produziert und in den Kanal einspeist. Der ursprünglich amorphe, noch ungegliederte, wenn auch komplexe Gedanke muß also in eine *Reihung* gebracht werden. Nur als *Nacheinander* kann er den Weg zum Partner antreten.

Diese notwendige gedankliche Arbeit läuft beim Sprechen meist so schnell und der Selbstbeobachtung entzogen ab, daß es schwer ist, diese Umformung der Information vom ungestalteten Komplex mit vielfältigen Beziehungen zur Reihung zu verfolgen. Aber eine solche *Umformung* ist auch notwendig, wenn wir eine Mitteilung schriftlich formulieren. Und beim Schreiben ist sie viel deutlicher nachvollziehbar, weil das Schreiben viel *langsamer* abläuft und weil dort auch die Möglichkeit besteht, an den Formulierungen zu *feilen*, eventuell auch ein vorläufiges Wort oder eine Wendung durch eine treffendere Formulierung zu *ersetzen*.

Das lange Suchen nach dem treffenden Wort und vor allem das Streichen ist beim spontanen Sprechen nicht möglich. Das einmal ausgesprochene Wort tritt den Weg zum Partner an. Es läßt sich nicht mehr *zurückholen*. Weil die gedankliche Arbeit beim Gespräch mit großer Geschwindigkeit ablaufen muß, versuchen manche Sprecher durch eingeschobene nichtssagende Floskeln (»wie ich meine«, »und das sage ich mit voller Überzeugung«) oder Lautungen ohne jeden Sinn (äh ..., mm ...) Zeit für die nötige Formung des innersprachlichen Konzepts zu gewinnen, ohne dem Partner durch eine Pause die Gelegenheit zu geben, das bereits Gesagte zu überdenken oder gar die Initiative im Gespräch an sich zu reißen.

Ist der ursprüngliche gedankliche Komplex zerlegt, so ist es nötig, für die sinntragenden Einzelheiten die Wörter auszusuchen. Auch das ist nicht immer ganz einfach, weil in vielen Sprachen für ein Objekt oder einen Vorgang mehrere Bezeichnungen vorhanden sind. Vielfach haben verschiedene Bezeichnungen auch eine unterschiedliche *emotionale Sphäre*. Es muß die treffende Bezeichnung ausgewählt werden.

So wäre es nicht angemessen, die Neuerrungenschaft im Salon des Gastgebers mit der Bemerkung abzutun: »Ein nettes Bildchen«, wenn es sich um ein herrliches Originalgemälde handelt. Die Diplomaten fahren in ihren »Wagen« vor, nicht einfach mit dem »Auto« oder gar mit der »Karre«.

In vielen Situationen des Lebens ist die Wertung, die in den Nebenbedeutungen oder der emotionalen Sphäre mitschwingt, die sich um das Wort traditionsgemäß entwickelt hat, außerordentlich wichtig. Sie charakterisiert auch die Beziehungen zwischen Sprecher und Hörer. Ist der Hörer ein Untergebener, so kann der Chef durch eine abwertende Wortwahl den sozialen Unterschied auch nach außen hin dokumentieren, aber er kann auch durch die Wahl anderer Wörter zeigen, daß er seinen Partner schätzt.

Die Wahl der Bezeichnungen ist dann besonders bedeutsam, wenn der Sprecher weiß, daß der *Wortschatz* seiner Zuhörer noch *unentwickelt, beschränkt und klein* ist, wie der Unterstufenlehrer bei Schulanfängern. Dabei muß er auch den unterschiedlichen Entwicklungsstand seiner Schüler berücksichtigen. Das ist keine leichte Aufgabe, aber eine, durch die sich ein guter Lehrer von einem weniger guten unterscheidet.

Die einzelnen Wörter müssen im nächsten Schritt der Realisation zueinander *in Beziehung gesetzt* werden. Diese Beziehungen werden durch die grammatischen Regeln ausgedrückt, durch die es möglich ist, die einzelnen Begriffe in eine zeitliche, örtliche, kausale, personale, finale oder eine andere Beziehung zu bringen. Vor allem für die zeitlichen Beziehungen gibt es in den meisten Sprachen ein reichhaltiges Inventar an sprachlichen Mitteln, um diese Verhältnisse zum Ausdruck zu bringen, machen doch die realen, erwünschten oder fiktiven Handlungen einen großen Teil sprachlicher Mitteilungen aus. Um gerade die *Zeitverhältnisse* als Realität, Wunsch oder Möglichkeit auszudrücken, verfügt die

Sprache über ein großes und differenziertes Inventar, das eine schon lange Gebrauchszeit verrät; denn die Beugungsformen der Verben sind gerade im Deutschen sehr vielgestaltig. Deshalb sind Analogiebildungen der Wortbeugung, wie sie jedes Kind im Verlauf seiner Sprachentwicklung anwendet, manchmal nicht korrekt (»laufte« statt »lief«; »eßte« statt »aß«).

Diese Beziehungen müssen in Reihung umgesetzt werden, wobei die Flexionen der Verben, der Substantive und der Adjektive in diese Reihung einbezogen werden und dem Zuhörer verdeutlichen, wie die Beziehungen zu verstehen sind: vorausgreifend, hinweisend auf etwas Zukünftiges, das noch gesprochen werden wird, das verdeutlichend, was soeben gesagt wurde oder rückverweisend auf etwas, das schon früher, vielleicht sogar in länger zurückliegenden gedanklichen Einheiten geäußert worden ist. Je komplexer das entwickelte Gedankengebilde ist, desto schwieriger ist es, dieses *Geflecht von Beziehungen* so zu gestalten, daß es der Hörer oder Zuhörer bei einem Vortrag schnell und leicht rekonstruieren kann.

In der *Alltagskommunikation* ist die Aufgabe einfacher, weil die Äußerungen *weniger komplex* sind. Dafür entsteht eine andere Aufgabe: Die Einpassung der Äußerung in die Realität der Situation. Wie schon früher dargestellt, gilt im Alltagsgespräch der Grundsatz: Was offensichtlich ist, braucht nicht gesagt zu werden. Dabei ist das Wort »offensichtlich« sowohl in seiner ursprünglichen (offen sichtbar) als auch in der übertragenen Bedeutung (ohnehin klar) gemeint.

Die Beachtung der grammatischen Regeln ist aber auch in solchen Äußerungen außerordentlich wichtig; sie sind für die Sinnzuordnung bedeutsam. Die Verdeutlichung von Beziehungen ist auch in dem Fall wichtig und unerläßlich, wenn, wie im Alltagsgespräch häufig, einzelne Teile, auf die sich eine Äußerung bezieht, einfach *weggelassen* werden. Durch die Grammatik wird klar, auf welche fehlenden Teile sich die Äußerung bezieht.

Auf die Frage: »Wo warst du?« kann die Antwort lauten: »Im Kino.« Aber auf die Frage: »Wohin gehst du?« kann sie entsprechend nur lauten: »Ins Kino.« Die Beziehung zur Frage steckt in der Antwort. Man kann die Antworten nicht vertauschen oder die Wörter weglassen, die die Beziehungen tragen.

Ganz deutlich kommen solche weggelassenen Beziehungen in

den üblichen Grußformeln zum Ausdruck. Daß sie Beziehungen zu Weggelassenem darstellen, ist uns vielfach nicht bewußt. Wir grüßen: »Guten Morgen«, gebrauchen die Formel im Akkusativ. Das deutet darauf hin, daß »Ich wünsche Dir (Ihnen) einen ...« weggelassen worden ist. Warum sonst sollte man den Akkusativ gebrauchen?

Ist der Gedanke im innersprachlichen Konzept in eine Reihung gebracht worden, muß er realisiert werden. Damit er vom Partner gut aufgefaßt werden kann, ist es üblich, die *Wichtigkeit* der einzelnen Teile gegeneinander abzustufen. Das Wichtige wird durch den Akzent hervorgehoben, das Unwichtige durch Nicht-Akzentuierung im Hintergrund gelassen. In der Kommunikation des Alltags, wo die Sinneinheiten relativ kurz sind, genügt diese Zweiteilung.

Beim Vortrag, wo die Sinneinheiten komplexer und umfangreicher sind, wird oft eine Abstufung angewendet, die mehrere Ebenen enthält und mit *Haupt-* und *Nebenakzent* arbeitet, wodurch die Über-und Unterordnung größerer Sinneinheiten verdeutlicht wird. In bezug auf die Wichtigkeit gibt es keine allgemeinen Regeln. Der *Sprecher* muß *entscheiden*, was er für wichtig oder unwichtig hält.

Mit der Akzentuierung erhält eine längere Äußerung Transparenz, weil für den Zuhörer klar wird, was der Sprecher für wesentlich und was er für unwesentlich hält.

Die Akzentuierung beim Sprechen und ihre Abstufung wird durch die *Intensität*, die *artikulatorische Präzision*, durch den *Sprechrhythmus* und die *Melodie* bewirkt. (v. ESSEN 1966, 178) So wird die Akzentsilbe im allgemeinen lauter, etwas langsamer und mit höherer Präzision der Sprechbewegungen zum Ausdruck gebracht. Die Sprechmelodie dient neben der Hervorhebung auch noch dazu, die einzelnen Gedanken miteinander zu *verbinden*.

Manchmal müssen in umfangreicheren Komplexen Erläuterungen eingefügt werden. Das wird in der schriftlichen Darstellung oft als Relativsätze dargestellt. Sie werden häufig mit höheren *Sprechtempo* gesprochen.

Vielfach sind bereits diese Formen, mit denen ein umfangreicher gedanklicher Komplexe gestaltet wird, automatisiert, so daß der Sprecher nur entscheiden muß, was für ihn wichtig ist und herausgehoben werden muß. Wenn aber diese Gestaltungsmerkmale sinngemäß realisiert sind, erhält die Äußerung eine abgewogene

Struktur; der Hörer braucht ihr nur zu *folgen*, braucht sie nicht selbst zu finden. Äußerungen mit hoher Transparenz machen einen guten Redner oder Vortragenden aus.

Wenn dann der Hörer schon Einzelheiten aufgefaßt und die Bedeutungen zugeordnet hat, kann er der vorgegebenen Struktur folgen und durch *Mitdenken* das, was noch kommen kann, *erschließen*. In der Literatur wird dies als die »Modellierung des Zukünftigen« bezeichnet. (LEONTJEV 1975, 168) Wenn diese Modellierung des Zukünftigen gelingt, braucht das, was der Sprecher noch sagen wird, nicht mehr analysiert, sondern nur noch *kontrolliert* zu werden. Das Mit- und Vorausdenken ist auch ein Mittel, um geistige Energie zu sparen. Bei dieser Modellierung des Zukünftigen spielen Situation, Kontext, Vertrautheit mit dem Sprecher und seinen Denkgewohnheiten sowie die emotionalen Elemente des Vortrages eine große Rolle.

2.5 Die Abbildung der Sprechmotorik im Akustischen

Hat der Sprecher seinen Kommunikationsinhalt im innersprachlichen Konzept festgelegt, muß er ihn mit Hilfe der *Bewegungen der Sprechorgane* so umsetzen, daß ein wohlstrukturiertes akustisches Signal beim Hörer ankommt, aus dem dieser die notwendigen Informationen entnehmen und den übermittelten gedanklichen Inhalt verstehen kann.

Die Zielstellung ist leicht einzusehen. Dagegen ist die *Art und Weise*, wie dies geschieht, schwer bewußt zu verfolgen, weil die Realisierung dieser Zielsetzung fast vollständig dem Bewußtwerden entzogen ist. Was bei der Umsetzung des Kommunikationsinhalts in ein zunächst sprechmotorisches Äquivalent und dann in ein akustisches Signal geschieht, wird leider nicht bewußt erlebt. Es wird von einer Schicht von Automatismen getragen, die sich jeder Mensch in der Frühperiode der Sprachentwicklung angeeignet hat.

Deshalb werden noch heute solch irreführenden Ansichten veröffentlicht: »Wir wissen, was wir denken und was wir ausdrücken wollen. Die Sprachproduktion besteht einfach nur in der mechanischen Umsetzung unserer Gedanken in Sprachlaute.« (CALVIN 1998, 117) So einfach ist es eben nicht.

Durch objektive Beobachtungen, die die Sprachforschung im letzten Jahrhundert geleistet hat, sind die Zusammenhänge zwischen *Lautbildung* und *akustischem Signal* im Prinzip aufgeklärt worden. Da es durch die rasche Entwicklung der Technik möglich geworden ist, das akustische Signal aufzunehmen und dauerhaft zu bewahren, an einen anderen Ort zu übertragen, zu speichern und wiederzugeben, sogar sichtbar zu machen oder synthetisch zu erzeugen, hat man die Möglichkeiten, das akustische Sprachsignal bis auf seine *Entstehung* hin zurückzuverfolgen, in den Hintergrund treten lassen. Man übersieht, auch in der heutigen Sprachforschung, die Möglichkeiten, die darin liegen, das entstehende akustische Signal auf die *Sprechmotorik* zurückzuführen. Und doch: Bei der natürlichen Kommunikation existiert kein akustisches Sprachsignal, das nicht von einem Menschen durch die koordinierten Bewegungen seiner Sprechorgane erzeugt worden wäre.

Damit der Sprecher sein innersprachliches Konzept dem Partner übermitteln kann, muß er es in den akustischen Kanal einspeisen, und zwar so, mit allen charakteristischen Einzelheiten, daß der Partner den Sinn entnehmen und verstehen kann. Dazu dienen die Bewegungen der Sprechorgane. Sie führen dazu einen komplexen und *gut miteinander koordinierten Bewegungsvorgang* aus.

Die Erforschung dieses Bewegungsvorgangs ging dabei von den Lauten aus, die den kleinsten unterscheidbaren und sprachtypischen Qualitäten entsprechen, die der Mensch hören und identifizieren kann. Die Fragestellung für diese Analyse lautete, wie die beweglichen Sprechorgane eingestellt sein müssen, damit der Eindruck, der einem Laut entspricht, als akustischer Effekt entsteht.

In den heutigen Lehrbüchern der Phonetik oder der Sprechwissenschaft sind *diese Ergebnisse* dargestellt, auch mit vielen guten Abbildungen. (WÄNGLER 1981, STÖTZER 1982) Dabei sind diese Ergebnisse auf die Laute bezogen, die wir zur Umsetzung eines akustischen Signals in die Schrift brauchen. Dafür werden die Laute als abstrakte, konstante, nicht modifizierbare Einheiten angesehen, die als Reihe dargestellt, die Bedeutung eines Wortes tragen.

In den Lautbeschreibungen werden die Positionen der beweglichen Sprechorgane (des Unterkiefers, der Lippen, des Gaumensegels, der Zunge in allen ihren Teilen [-spitze, -rücken, -ränder] und die Einstellung der Stimmritze, der Glottis) bis ins kleinste Detail vollständig dargestellt. Nur wird bei diesen guten Abbildungen, der Tradition folgend, außer acht gelassen, daß beim Sprechen eine *Folge von Lauten* produziert wird, die dann über den akustischen Kanal den Weg vom Sprecher zum Hörer antritt.

Zunächst aber ist es möglich, die traditionellen Zusammenhänge zwischen den Einstellungen, den *Positionen* der beweglichen Sprechorgane und dem akustischen Effekt, der dabei entsteht, zu nutzen und darzustellen.

Seitdem sich die Menschen mit der Sprache und dem Sprechen befassen, werden bei den Lauten zwei Gruppen unterschieden, Vokale und Konsonanten. Bei den Vokalen dient der gesamte von der Stimmgebung angeregte und von Ausatmungsluft durchströmte Hohlraum von Rachen-, Mund- und Nasenhöhle, das *Ansatzrohr*, als *Resonator*. Bei den Konsonanten wird durch die Sprechorgane eine Hemmstelle für den Ausatmungs-Luftstrom gebildet, bei der ein akustischer Effekt entsteht, der hörend perzipiert werden kann.

Die Klänge der verschiedenen Vokale entstehen durch unterschiedliche Positionen von Unterkiefer, Lippen und vor allem der Zunge. Der Nasenraum, der auch zum Ansatzrohr gerechnet werden muß, ist bei allen deutschen Vokalen durch Hebung des Gaumensegels ausgeschaltet. Im Deutschen werden, im Gegensatz beispielsweise zum Französischen, das auch Nasalvokale hat, die Vokale rein oral, also *nur mit den Mundorganen* produziert. Durch differenzierte Einstellungen von Unterkiefer, Lippen und Zunge nimmt der luftdurchströmte *Hohlraum* des Ansatzrohres *verschiedene Gestalt* an, und es entstehen für die Resonanz unterschiedliche, aber eben vokaltypische Bedingungen.

Sich den Hohlraum des Ansatzrohres vorzustellen, ist mit Schwierigkeiten verbunden, weil er *unsichtbar* und nur ein Luftgebilde ist. Seine Begrenzungen aber (das Gaumendach [der harte und der weiche Gaumen], die hintere Rachenwand, die Wangen) und die Zähne, die in diesen Hohlraum hineinragen, sind sichtbar und tastbar und daher unseren gegenständlich orientierten Vorstellungen viel leichter zugänglich. Daher werden die *beweglichen Sprechorgane* üblicherweise auch benutzt, um die Bedingungen der Erzeugung unterschiedlicher vokalischer Klänge zu beschreiben.

Der luftgefüllte orale Hohlraum des Ansatzrohres besteht, grob gesagt, aus zwei Teilen, dem senkrecht aufsteigenden *Rachenraum* und dem eher waagerecht verlaufenden *Mundraum*. Beide sind an der Verbindungsstelle mit einem etwa rechtwinkligen Knick verbunden. Beide Räume sind etwa gleich lang und haben insgesamt eine Länge von etwa 17 cm, beim Mann etwas mehr, bei Frauen und vor allem bei Kindern etwas weniger. Während die Rachenhöhle in ihrer Gestalt nur wenig verändert werden kann, ist die *Mundhöhle* eben durch die Bewegungen von Zunge, Lippen und Unterkiefer stark in ihrer Form *veränderbar*. Akustisch wirkt das Ansatzrohr als einheitlicher Resonanzkörper. (UNGEHEUER 1962)

Beim Sprechen wird es durch den tönenden Luftstrom angeregt, der von den Stimmlippen erzeugt wird. Das ist ein Klang, der sehr viele Obertöne enthält. In der Stimmlage der Männer hat er einige Dutzend *Obertöne*. Wenn er das Ansatzrohr durchströmt, können je nach dessen Hohlraumgestalt unterschiedliche Obertöne durch Resonanz verstärkt und so zu den *bestimmenden Merkmalen* des Vokalklanges werden. Durch diese Klangunterschiede unterscheiden sich die Vokale einer Sprache. Die den Klang formenden Resonanzzonen wurden von dem Königsberger Physiologen HERMANN, dem Zeitgenossen und Gegenspieler von HELMHOLTZ, *Formanten* genannt. Durch genaue Messungen der akustischen Struktur vokalischer Klänge geht man heute davon aus, daß die Vokale Klänge mit vier Formanten sind, von denen aber nur die zwei (bei den hellen Vokalen drei) unteren für die *sprachtypische Eigenart* der Vokale Bedeutung haben. Die höheren Formanten charakterisieren mehr die *sprechertypischen* Merkmale. (FANT 1970)

Der Mensch ist das einzige Lebewesen, das die differenzierte Resonanzfähigkeit des Ansatzrohres für die Kommunikation nutzt. Die Bildung unterschiedlicher Klänge im Ansatzrohr ist ein System mit gleitenden Übergängen. Für sprachtypische Merkmale, an die die Bedeutung geknüpft werden kann, werden in jeder Sprache typische Klangvarianten, akustische Fixpunkte sozusagen, aus dem mehrdimensionalen Klangkontinuum als *Normlaute* verwendet, die nicht zwangsläufig mit denen anderer Sprachen übereinzustimmen brauchen. Auch die Meßdaten der Vokale einzelner Dialekte in einem Sprachraum stimmen nicht absolut überein. Im kommunikativen Gebrauch bildet der Hörer über diese Verschiedenheiten hinweg *Invarianten*, die ihm die Spracherkennung ermöglichen und diese sichern.

Das deutsche Vokalsystem ist relativ einfach. Es läßt sich von den Vokalen mit *großem Kieferwinkel* und, da die Unterlippe mit diesem verbunden ist, auch mit großer Lippenöffnung, dem langen und dem kurzen »a« ausgehend, bis zu den Vokalen mit *engem* Kieferwinkel »i« und »u« verfolgen. Beim »a« liegt die Zunge flach im Mund. Beim »i« ist die Zungenmasse nach vorn verlagert und dort stark gehoben, beim »u« ist sie nach hinten in Richtung auf die Abknickung verlagert.

So ergibt sich, wenn sich der Kieferwinkel verengt, bei Rückverlagerung der Zunge die *dunkle Vokalreihe* »a«, »o«, »u«, und wenn sich die Zunge nach vorn verlagert, die *helle Vokalreihe* »a«, »e«, »i«. Diese Veränderungen im Mundraum werden durch typische Lippeneinstellungen unterstützt. Bei der dunklen Vokalreihe werden die Lippen gerundet und vorgestülpt, bei der hellen immer mehr in die Breite gespannt.

Bei den Umlauten »ö« und »ü« sind die Zungenpositionen der hellen Vokalreihe mit den Lippenstellungen der dunklen verbunden, so daß sie auch in Sprechwissenschaft und Phonetik als *gerundete Vorderzungenvokale* bezeichnet werden.

Bei den drei Zwielauten oder Diphthongen, die wir im Deutschen gebrauchen, »au«, »ei« und »eu«, wird ganz deutlich, daß eine andere Einstellung der beweglichen Sprechorgane zu einem anderen Klang führt. Die *Diphthonge* sind Vokale, die mit dem Klang eines Vokals *beginnen* und dem eines anderen *enden*. Demzufolge verändern sich auch die Positionen der Sprechorgane; sie bewegen sich, und es entsteht ein sich kontinuierlich verändernder Klang. Deshalb werden die Diphthonge auch als *Gleitvokale* bezeichnet.

Bei den Konsonanten wird ein anderes Prinzip angewendet, durch das ein akustischer Effekt erzeugt wird, die Bildung einer *Hemmstelle*. Auch hierbei sind die beweglichen Sprechorgane gefordert; denn die Positionen, die zu dem Effekt führen, müssen recht präzis eingenommen werden. Die erzeugten akustischen Effekte, die als *Verschluß* des Oraltraktes, als *Geräusch*, als Umlenkung des Tonstromes durch die Nase oder als Schwingen eines leichtbeweglichen Organs erkannt werden können, sind nicht so intensiv und laut wie die Klänge der Vokale.

Deshalb bekommt die menschliche Sprache durch die Vokale Tragfähigkeit, durch die Konsonanten aber Präzision und wird durch sie gegliedert. Gerade dieser *Gliederungsaspekt* ist vielleicht die Ursache dafür, daß in der Frühzeit der Schriftentwicklung nur die Konsonanten aufgezeichnet wurden; die Vokale kamen erst in einer späteren Etappe der Buchstabenschrift hinzu. (KUCKENBURG 1998, 284; KLIX 1985, 199)

Die Erzeugung von Geräuschen mit den Sprechorganen ist phylogenetisch älter als die Verwendung des Vokaltraktes zur Klanggestaltung. Auch die Primaten können *Zischen* und *Schmatzen* zur Signalisation verwenden.

Die Stellen, an denen im Mundraum ein akustischer Effekt erzeugt wird, sind

a) die beiden Lippen oder zwischen Unterlippe und den oberen Schneidezähnen,
b) zwischen der Zungenspitze und den Zähnen, dem Zahnfleischrand oder dem vordersten Teil des harten Gaumens,
c) zwischen dem vorderen oder hinteren Zungenrücken und dem Gaumen.

Sogar der Kehlkopf kann zur Geräuscherzeugung dienen, vor allem beim *Flüstern* oder beim *Hauchen*. Die Positionen für die Erzeugung eines hörbaren akustischen Effekts müssen sehr präzis eingenommen werden. Deshalb gibt es hierbei viele Fehlformen, die bei der Stammlerbehandlung beseitigt werden. (WEINERT 1982)

Damit ein sprachtypischer akustischer Effekt entsteht, müssen zwei Organe sehr nahe aneinandergeführt werden oder sich, wie bei den Verschlußlauten kurzzeitig berühren, um den Oraltrakt völlig zu verschließen, um ihn dann wieder zu öffnen, wobei die inzwischen angestaute Luft dann den Effekt bewirkt. Man kann somit sagen, daß das Prinzip der Konsonantenbildung auf der nahen Aneinanderführung zweier Artikulationsorgane beruht.

Vokale dagegen sind *Öffnungslaute*. Da sich in jeder der vielen Sprachen ständig Vokale und Konsonanten abwechseln, kennzeichnet die Aussage von MENZERATH (1933) das Sprechen treffend:

Das Sprechen ist eine unaufhörliche *Folge von Öffnungs- und Schließbewegungen.*

Wenn man bedenkt, daß in einer Sekunde 15 bis 20 Laute produziert werden, kann man ermessen, wie kompliziert die Bewegungen sein müssen, die notwendig sind, ein bedeutungsübermittelndes akustisches Signal zu erzeugen. Die Bewegungen, die vom Unterkiefer, den Lippen und dem Gaumensegel und vor allem von der Zunge mit ihren Teilen, von Zungenspitze, ihren Rändern, dem vorderen, mittleren und dem hinteren Zungenrücken ausgeführt werden müssen, bilden ein wirksam *koordiniertes Geflecht von Bewegungsabläufen*, das eben nur in langer Übung erlernt werden kann. Das zeigt schon die Sprachentwicklung des Kindes. In diesen komplizierten und komplexen Bewegungsablauf ist auch die Stimmerzeugung mit einbezogen.

Alle Vokale sind stimmhaft, aber nicht alle Konsonanten. So muß an der Übergangsstelle von einem Vokal zu einem stimmlosen Konsonanten die Stimmerzeugung aus- und im umgekehrten Fall wieder eingeschaltet werden.

Auch muß die Stimmerzeugung in den Fällen ausgeschaltet bleiben, wo sich Bewegungen gleichsam »im Dunkel« vollziehen, um nach einer Stimmpause mit einem neuen Klang wieder einzusetzen. Das ist im Deutschen an den Stellen der Rede der Fall, wo zwei Vokale aufeinanderfolgen, die *nicht als Diphthong* perzipiert werden sollen (z. B. »Theater«).

Die Bewegungen, die die Sprechorgane vollziehen, müssen schnell und vor allem *treffsicher* erfolgen, damit die akustischen Effekte der Konsonanten genau an der beabsichtigten Stelle ihren gliedernden Beitrag beisteuern können. Das bedeutet aber auch, daß die Klangwirkungen bei den Vokalen keine stationären, lang ausgehaltenen Klänge sein können. Das sind sie allenfalls beim *Singen*, nicht aber beim Sprechen. Die Bewegungen von den voraufgehenden und zu den folgenden Konsonanten erfordern, daß sich die stimmhaften Abschnitte der Vokale im Klang verändern, weil sich die Sprechorgane in einer *harmonischen Dauerbewegung* befinden. Vor allem bei den kurzen Vokalen bedeutet dies, daß die typische Vokalposition überhaupt nicht gehalten, sondern nur kurz *durchlaufen* wird.

Der Hörer hat die Aufgabe, aus dem An- und Abgleiten des Klanges die für den Vokal typische *Invariante* zu identifizieren. Die miteinander verbundenen, ineinander gefügten Bewegungen der beweglichen Sprechorgane werden im Akustischen als kontinuierlich gleitendes akustisches Signal abgebildet.

2.6 Modifizierung durch Akzentuierung und Reduzierung

Durch die Akzentuierung lenkt der Sprecher die Aufmerksamkeit des Hörers auf das *Wichtige* seiner Äußerung. Der Akzent ist von der Phonetik gut untersucht und dokumentiert worden. (v. ESSEN 1966, 178ff.) Sowohl beim Wort- als vielmehr noch beim Satzakzent wirken mehrere Merkmale zusammen, die gemeinsam auftreten können, aber nicht unbedingt *alle* vorhanden sein müssen.

Die Heraushebung erfolgt meist durch *größere Lautstärke*, wobei sich diese auf die ganze Silbe bezieht. Vielfach ist damit auch eine *höhere Tonlage* verbunden; der Tonhöhenakzent ist aber nicht obligatorisch, weil durch die Sprechmelodie auch andere Merkmale, wie die Verbindung von Sätzen, zum Ausdruck kommen. Im allgemeinen werden die Akzentsilben mit *langsameren Sprechtempo* wie auch mit *größerer Präzision* produziert.

Wenn man das Sprechen als kontinuierlichen Bewegungsablauf auffaßt, dann ist es möglich, alle diese unterschiedlichen Merkmale, durch die der Akzent gekennzeichnet ist, auf eine einzige Ursache zurückzuführen, nämlich auf eine *erhöhte Intensität der Innervation*. Die Sprechorgane werden ja durch Nervenimpulse zur Bewegung angeregt, wenn diese Impulse auch auf unterschiedlichen Nervenbahnen an die ausführenden Organe gelangen. Das wiederum ist eine Folge der Evolution, wird doch zum Sprechen ein Ensemble von Organen benutzt, das in unterschiedlichen Epochen der Entwicklung entstanden ist, aber zum Sprechen in einer neuen, *zentral gesteuerten* Funktion verwendet wird.

Eine erhöhte Innervationsintensität in der Atmung und der Spannung der Stimmlippen führt zu größerer Lautstärke und auch zu einer höheren Stimmlage. Die stärkere Innervation bewirkt bei den beweglichen Sprechorganen, daß deren Bewegungen mit höherer Exaktheit und größerer Präzision ausgeführt werden, was dann aber auch etwas mehr Zeit beansprucht.

Trotzdem wird im Akzent der Bewegungsablauf immer noch mit so hohem Tempo vollzogen, daß *Vereinfachungen* bei den koordinierten Bewegungen genutzt werden, wenn das möglich ist. Eine dieser Möglichkeiten liegt darin, daß sich die Sprechorgane gleichzeitig bewegen. Eine andere Möglichkeit läßt sich darauf zurückführen, daß an der Bildung eines Lautes meist nicht alle beweglichen Sprechorgane beteiligt sind, um den akustischen Effekt zu erzeugen. Die anderen Organe sind an der Bildung dieses speziellen Lautes nicht beteiligt. Dann aber können sie sich bereits in die Position begeben, wo sie später gebraucht werden.

Solche *vorausgreifenden Bewegungen* können gut mit einem Spiegel beobachtet werden, wenn es die Lippen sind. Sie sind z. B. nicht beim »l« beteiligt. Also stellen sie sich bereits auf den Vokal ein, der dem »l« folgt, wie bei »los«, wo sie bereits gerundet sind, wenn das »l« gesprochen wird. Wenn dagegen »lieb« gesprochen wird, sind sie bereits breit gespannt. Dieses Prinzip läßt sich verallgemeinert so formulieren: Die an der aktuellen Lautbildung nicht beteiligten Organe begeben sich bereits in die Position, wo sie *zukünftig gebraucht* werden. Sie führen vorausgreifende Bewegungen aus. Das führt dazu, daß beim zusammenhängenden Sprechen die Bewegungen zur Lautbildung miteinander verschränkt, gleichsam ineinander gefügt sind. MENZERATH hat dafür den treffenden Ausdruck »Bewegungsgefüge« geprägt.

Wenn durch den Akzent die Aufmerksamkeit des Hörers auf das Wichtige einer Äußerung gelenkt werden soll, so muß das weniger Wichtige im *Hintergrund* bleiben, wie bei einem guten Bild. Der Hintergrund muß da sein, damit der Vordergrund richtig bewertet und eingeordnet werden kann.

Bei einem Vortrag gibt es sogar mehrere Abstufungen für die Herausarbeitung des Wichtigen: Hauptakzent, Nebenakzent, Hintergrund. In der Alltagskommunikation werden zumeist nur zwei Ebenen unterschieden: Akzent und Hintergrund; das für die Kommunikation Entbehrliche wird *weggelassen*, weil es sich aus der Situation ergibt, weil es unmittelbar vorher schon gesagt wurde oder weil es beim Partner als bekannt vorausgesetzt werden kann.

Daher kann man die Sprechweise in der alltäglichen Situation mit einer zweigeteilten Betrachtungsebene gut charakterisieren: Die Ebene der Akzentuierung und der Nicht-Akzentuierung. Im Gegensatz zur Akzentuierung ist aber die sprecherische Realisation auf der Hintergrundebene weit weniger gut untersucht und dokumentiert. In den akzentuierten Redeteilen sind *alle Merkmale*, die einen Laut ausmachen, vorhanden und kommen vordergründig zum Ausdruck. Der Merkmalssatz für jeden akzentuierten Laut ist *vollständig*.

Die nicht-akzentuierten Redeteile sind zwar, wie der Hintergrund auf einem Bild, vorhanden, aber sie werden mit geringerer Intensität der Innervation realisiert, wodurch sie einige der typischen Lautmerkmale verlieren und damit undeutlicher werden. Eigentlich müßten sie Merkmale aufweisen, die denen des Akzents gerade entgegengesetzt sind.

Die Intensität für Atmung und *Stimmerzeugung* ist *geringer*. Das bedeutet, daß diese Redeteile leiser sind und weniger gut aus dem Störschall herausragen. In bezug auf die Sprechmelodie werden sie eben nicht herausgehoben, sondern in größere Verläufe unauffällig *eingeordnet*.

Die größten Unterschiede zeigen sich in ihrer artikulatorischen Präzision; sie ist geringer. Die Bewegungen, die ausgeführt werden, damit der Laut seine typischen Merkmale für seine Erkennung bekommt, werden schneller und nur *oberflächlich* ausgeführt, teilweise nur *angedeutet*. Das bedeutet für das Sprachverstehen aber keine Minderung, weil es sich um Redeteile handelt, die der Partner gut kennt und wo er das Fehlende oder Undeutliche *aus der Erinnerung* ergänzen kann. Die Ergänzung ist bei den nicht-akzentuierten Redeteilen auch deshalb wichtiger, weil diese Teile manchmal vom Umgebungs- oder Störlärm verschluckt werden. Außerdem ist der Hörer ohnehin gewöhnt, seine Aufmerksamkeit auf das Wesentliche zu richten und das Nebensächliche unbeachtet zu lassen, wie manchmal auch das Kleingedruckte in Verträgen.

Man bezeichnet diese Bildungsweise der Laute bei der Nicht-Akzentuierung auch als *Reduzierung*. Wenn schnell gesprochen wird, ist in den reduzierten Silben auch das Sprechtempo höher. Die Erhöhung der Lautfolge wird dadurch erreicht, daß das Gefüge der Bewegungen einen höheren Grad an Komplexität dadurch erhält, daß manche der Bewegungen, die eine Zielposition erreichen sollen, nur angefangen, aber nicht bis zum Erreichen des Zieles ausgeführt werden. Sie werden begonnen, dann aber auf ein anderes Ziel *umgelenkt*.

Dieses Umlenken der Bewegungen ist vor allem für die deutschen Kurzvokale typisch. Wenn genügend Zeit für die Ausführung der Bewegungen zur Verfügung steht, werden die angestrebten Positionen auch erreicht: die Verlagerung und Hebung der Zunge, die Verengung des Kieferwinkels, die Rundung oder der Breitzug der Lippen. Bei den Kurzvokalen werden die erforderlichen Impulse für das Einnehmen dieser Positionen zwar gegeben, aber schon vor dem Erreichen der Zielposition umgelenkt. Daher wird die Einengung des Ansatzrohres nur *angedeutet*. Es bleibt offener, als wenn die eigentlich angestrebte Position voll erreicht werden würde. Daher werden die Kurzvokale auch als offene Vokale bezeichnet und haben für das geschulte Ohr des Phonetikers einen eigenen Klang, der sich von dem Klang des langen (oder geschlossenen) Vokals merkbar unterscheidet, wenn er auch nicht anders in die Schrift umzusetzen ist.

In den nicht-akzentuierten Redeteilen gibt es nun eine eigene Klasse von Vokalen, die nur in unbetonten Silben vorkommen und nie in die Akzentposition rücken: das schwachtonige »e« (wie in »bitte«) und das vokalisierte »r« (wie in »bitter«). Beide dieser typischen *Nebensilbenvokale* haben eine unbestimmte Klangfarbe und sind vor allem durch ihre mindere Stimmintensität, die Schwachtonigkeit, charakterisiert.

Wie der Klang von einem vollrealisierten Langvokal über seine Kurzform zum typischen Nebensilbenvokal übergehen kann, sei an einem Beispiel erläutert (nach MEINHOLD 1973): In dem Ausspruch »Das haben *Sie* gesagt« trägt das »Sie« den Akzent. In der Diskussion würde dies mit Kopf- oder Blickzuwendung oder sogar einem hinweisenden Finger unterstrichen. Der Ausspruch könnte aber auch lauten: »Ja, das haben sie gesagt«. Wenn der Akzent auf »... sagt« liegt, dann würde in diesem Beispiel das »i« als Kurzvokal realisiert. Und wenn die Äußerung salopp-umgangssprachlich ganz ohne Akzent realisiert wird: »Das ha'm se gesagt«, dann wird statt des »i« das schwachtonige »e« verwendet, in die Schrift allerdings als »ie« übertragen.

Die reduzierten Redeteile weisen im zusammenhängenden Sprechen die folgenden Merkmale auf (LINDNER 1996):

- *Geringe Intensität*, weswegen sie oft im Störschall untergehen, aus der Erinnerung ergänzt werden müssen und nur geringen Kommunikationswert haben.
- Vereinfachung durch *Spannungsminderung*. Die intendierten Bewegungen werden zwar ausgeführt, aber mit vermindertem artikulatorischen Impuls. Dadurch werden bei den Vokalen die notwendigen Einengungen des Ansatzrohres nur angedeutet.
- Vereinfachung durch Relaxationsbewegungen, durch die die Organe nach einer Spannungsphase wieder in ihre Ruhelage *zurückgeführt* werden.
- Zusammenschieben der Steuerungsimpulse. Wesentliche und notwendige Steuerungsimpulse, die beim deutlichen Sprechen (und im Akzent) nacheinander im Vollzug eines Ablaufmusters gegeben werden, erfolgen *zeitgleich*, schieben sich gleichsam ineinander. Dadurch entstehen besondere Merkmale oder gar neue Laute. (Nachsilbe »ben« in »haben« wird zu »m« in »ha'm«.)
- Einsparen oder völliges Übergehen von Bewegungen, die wieder in die gleiche Ausgangslage *zurückführen* müßten. Man kann dies als Elidieren von Bewegungen eines Organs bezeichnen.

Die hier angegebenen Vereinfachungen betreffen die Organbewegungen auf der Lautebene. Es können aber auch ganze Silben oder Wörter weggelassen werden, wie bei verkürzten Grußformeln. »Guten Abend« wird zu »n'A'md«. Der kommunikativen Wirkung tut das keinen Abbruch, weil aus der Situation ohnehin klar ist, daß es sich um eine Begrüßung handelt, die etwa noch durch eine Blickwendung oder ein Kopfnicken situative Eindeutigkeit erhält.

3 Sprachperzeption durch den visuellen Kanal

3.1 Besonderheiten der Kommunikation im visuellen Kanal

Wenn es um die Perzeption von Sprache geht, denken viele Menschen ausschließlich an das Hören. Die vordergründige Betrachtung der Sprache als akustisches Phänomen wird noch durch die modernen technischen Kommunikationsmittel unterstützt. Wenn jemand zu einem entfernten Partner Kontakt haben und ihm eine Nachricht übermitteln will, greift er zum Telefon oder zum Handy. Ein anderer Weg ist die Schrift, auf die im nächsten Abschnitt eingegangen werden soll.

Die Möglichkeit, die Kommunikation auch trotz räumlicher Distanz durchführen zu können, hat dazu geführt, aus dem Bewußtsein zu verdrängen, daß die Kommunikation auf einer viel breiteren Basis ruht und eben nicht nur auf die akustische Dimension beschränkt ist, obwohl diese natürlich die wichtigste ist.

In der natürlichen Kommunikation hat die *optische Komponente* eine erhebliche Bedeutung. Man muß nur den Blick dafür haben und darf nicht das Bewußtwerden auf das Akustische einengen, wie es oft geschieht. Was vorhanden ist, wird vielfach einfach übersehen, weil dafür keine Grundsensibilisierung vorhanden ist. Deshalb ist es durchaus angebracht, sich mit denjenigen Besonderheiten auseinanderzusetzen, die bei der natürlichen und vor allem der Alltagskommunikation visuell, also durch *Hinsehen*, erfaßbar werden. Das Visuelle ist ein zweiter Zugangsweg für die Sprache.

So wie die Sprache nicht einfach dadurch perzipiert wird, daß man hören kann, sondern *hinhören* muß, so ist das, was bei der Kommunikation sichtbar wird, nicht einfach durch Sehen, sondern durch gezielte Hinwendung, durch *aufmerksames Hinsehen*, zu erfassen. Wer zwar mit offenen Augen, aber nicht mit aneignungsbereiter Aufmerksamkeit durch unsere Welt geht, für den bleiben viele offenbare Möglichkeiten unentdeckt. Es kommt auf die Aufgeschlossenheit dem meist Nichtbeachteten gegenüber an.

Schon früher wurde betont, daß die auditive Verbindung des Lebewesens mit seiner Umwelt dauernd vorhanden ist, auch in der Nacht oder bei dichtem Nebel. Das gibt ihm Sicherheit vor drohenden Gefahren. Visuell ist der Kontakt mit der Umwelt in der Dämmerung eingeschränkt, bei absoluter Finsternis völlig aufgehoben. Im Licht ist dagegen der Blick auf die Umwelt mit ihren vielen Einzelheiten möglich, ein Bild, das sich in seiner Räumlichkeit einprägt und auch aus der Erinnerung wirkt. Auch bei plötzlicher Dunkelheit, wie beim Stromausfall, kann man sich in dem Raum, den man vorher gesehen hat, mit Tastunterstützung bewegen.

Es ist wichtig, diese *Besonderheiten* und vor allem die Unterschiede der visuellen gegenüber der auditiven Perzeption zu kennen und zu beachten.

Das Wichtigste an der Kommunikation ist natürlich der Partner. Er produziert das akustische Sprachsignal. Doch was bei seiner Aktion akustisch entsteht, ist nicht das Einzige. An seiner kommunikativen Aktivität ist sein *ganzer Körper* beteiligt, und weiterhin ist die Kommunikation eingebettet in die Situation, die sich visuell sowohl in ihrer Eigenart als auch in ihren Veränderungen mit einem Blick erfassen läßt, wenn es hell ist. Die *Einordnung* des kommunikativen Inhalts *in die Situation* ist bei der Unterhaltung sehr gut, bei technisch unterstützter Kommunikation, wie beim Ferngespräch, dagegen nicht möglich. Deshalb müssen dann die Informationen näher erläutert werden.

Um den Partner zu beobachten, muß es hell genug sein. Dabei ist die Helligkeit, mit der das *Gesicht* beleuchtet ist, ganz wichtig. Die Beleuchtung des übrigen Körpers und der situativen Umgebung ist dem untergeordnet, muß aber gewährleistet sein. Vielfach enthebt man sich selbst der Möglichkeit, die Perzeption zu verbessern, indem man den *Blickkontakt* zum Partner nicht aufrechterhält oder, aus welchen Gründen auch immer, vermeidet.

Die Beobachtung des Gesichts, vor allem der Lippen, muß ausreichend sein, wenn Einzelheiten erkannt werden sollen. Das ist schon bei Blendung oder im Gegenlicht nicht mehr gegeben, auch wenn es sonst hell ist. Nicht die absolute Helligkeit, sondern die gute *Erkennbarkeit von Einzelheiten* ist nötig.

Der visuelle Kontakt zum Partner kann auf vielfältige Weise unterbrochen oder abgebrochen werden. Schon wenn wir eine im Prinzip vorhandene Möglichkeit zum Blickkontakt nicht nutzen, wird der zweite Perzeptionsweg beiseite gelassen. Kinder reagieren manchmal auffällig auf diese Weise, indem sie absichtlich wegsehen, vor allem, wenn sie sich irgendwie schuldig fühlen. Beim Erwachsenen wird das Ausweichen vor dem Blickkontakt vielfach als Verschlagenheit, Unehrlichkeit oder Hinterhältigkeit ausgelegt.

Der mögliche Sichtkontakt kann schon durch ganz einfache Hilfsmittel unterbrochen werden. Schon ein dünnes Tuch oder ein Blatt Papier erfüllt diesen Zweck. Ein solches Sichthindernis wird im Unterricht der Schwerhörigenschule verwendet, um das Absehen zeitweilig auszuschalten.

Der visuelle Kontakt zum Partner geht auch verloren oder wird unterbrochen, wenn dieser das Gesicht abwendet oder den Blick senkt. Die Möglichkeit zum Beobachten des Partners wird auch vermindert, wenn dieser, manchmal vielleicht sogar in guter Absicht, sein Gesicht während des Sprechens heftig oder ruckweise bewegt. Ganz ruhig bleibt das Gesicht bei natürlicher Sprechweise ohnehin nicht, weil der ganze Körper in das ausdrucksvolle Sprechen, vor allem das Spontansprechen, *einbezogen* ist.

Die Schwierigkeiten oder Einschränkungen des visuellen Kanals gegenüber dem auditiven sind in der Literatur wiederholt dargestellt worden, schon um die Überlegenheit des auditiven Kanals gegenüber dem visuellen in bezug auf die Sprachperzeption zu betonen und entwicklungsgeschichtlich zu begründen. (BREINER 1986; LINDNER 1994) Schließlich hat sich die Lautsprache als akustisches Phänomen gegenüber dem visuellen Anteil in der menschlichen Evolution durchgesetzt.

Bei den Primaten, die wir in Videos betrachten können, ist das noch anders: Der *globale Ausdruck*, der sich sowohl akustisch wie optisch äußert, herrscht vor, in emotional ruhigen Phasen ergänzt durch weitere Sinnesqualitäten, unter denen der unmittelbare Körperkontakt sowie der Geruch eine Rolle spielen.

Wenn wir darauf achten, lassen sich visuell eine ganze Reihe von Eigenheiten für die Kommunikation nutzen. Ganz selbstverständlich wird so der Bezug zur *Situation*, in der die Kommunikation stattfindet, hergestellt und aufrechterhalten. Was mit Worten umständlich oder langwierig zu erläutern wäre, ist durch die Situation klar und wird visuell in Sekundenbruchteilen wahrgenommen. Die Einbeziehung der Situation in die Kommunikation vereinfacht sie erheblich.

Dabei spielt für Richtungsangaben die Stellung der Partner im Raum eine bedeutende Rolle, und diese kann visuell unmittelbar erfaßt werden. Die Situation ist ganz anders, wenn sich die beiden Partner ansehen, als wenn sie nebeneinander auf einer Bank sitzen und zum Beispiel die Natur beobachten oder bewundern.

Vor allem aber können durch einen Blick die *Veränderungen* in der Situation wahrgenommen werden. Darüber braucht man nicht zu reden; alles ist ganz offensichtlich. Sind aber die Partner nicht in der gleichen Situation und es passiert etwas, dann wird es manchmal schwierig, solche Veränderungen zu beschreiben.

Ein Ziel der Kommunikation ist es, die Information in die Realität einzuordnen. Das ist leicht möglich, wenn diese Realität für beide Partner die *gleiche* ist, wie beim *Alltagsgespräch.* Ob die gleiche Situation von verschiedenen Partnern allerdings in gleicher Weise *beurteilt* und gewertet wird, ist eine völlig andere Frage. Sie kann ganz verschieden sein. Aber in vielen Fällen der Kommunikation im Alltag kann man Gleichheit annehmen. Dann ist die gemeinsam erlebte Situation, die visuell erfaßt wird, die gleiche Grundlage für Einordnung der Informationen in die Realität.

Vor allem aber ist es visuell möglich, den Partner zu beobachten. Gewiß ist sein Gesicht das Wichtigste. Der Blickkontakt ist wichtig. Aber wer seinen Partner genau anschaut, erhält noch viel mehr Informationen.

3.2 Die Schrift als abgeleitetes Kommunikationsmittel

Neben den unbestreitbaren Vorteilen der Lautsprache, die sie von der Bindung an die Schallausbreitung übernommen hat, ist sie aber auch mit einem schwerwiegenden Mangel behaftet: Sie ist *flüchtig*, wie aber auch die zusätzlich zur akustischen Form der Lautsprache eingesetzten mimischen und gestischen Ausdrucksbewegungen. Was nicht auf einem dauerhaften Träger aufgezeichnet wird, ist unwiederbringlich verloren.

In der heutigen Zeit ist die Flüchtigkeit der Lautsprache *mit technischen Mitteln* überwindbar. Man muß nur über diese Hilfsmittel verfügen, was aber nicht in jeder Lebenssituation der Fall ist.

Die Vergänglichkeit des gesprochenen Wortes wurde aber bereits in den ersten Hochkulturen als ein Mangel empfunden, vor allem bei Abmachungen und Verträgen. Bei mündlichen Absprachen, auch mit und vor Zeugen, sind Irrtümer möglich, oder das Gedächtnis kann sich täuschen, zumal auch die Bewahrung einer mündlich getroffenen Absprache mit dem Menschen untergeht. (ZIMMER 1986, 181)

Deshalb hat die Menschheit, seit es in den ersten Hochkulturen notwendig wurde, den Inhalt von Absprachen dauerhaft zu fixieren, daran gearbeitet, die Flüchtigkeit des gesprochenen Wortes zu überwinden, und zwar in seiner zeitlichen und räumlichen Begrenzung. Aus diesem Bestreben hat sich in den frühen Hochkulturen in Ägypten, Mesopotamien und Ostasien, später auch in Mittel- und Südamerika, die Schrift entwickelt.

Die Entwicklung der Schrift ist sehr interessant. Ihr Ursprung liegt wahrscheinlich in der Fixierung von Vereinbarungen. (KLIX 1985, 184ff.) So wurden die Gegenstände und Handelsgüter bei deren Übergabe mit Symbolen für die Waren und deren Anzahl festgehalten. Solche Urkunden lassen sich noch heute lesen und entziffern, obwohl die handelnden Personen oder Ort und Zeitpunkt des Geschehens nicht mehr bekannt oder nicht mehr deutbar sind. (KUCKENBURG 1998, 165ff.)

Solche frühen Urkunden, religiöse Rituale und Berichte von Siegen und Schlachten, versuchten, den *begrifflichen Inhalt* als Nachricht festzuhalten. Dabei wurde versucht, eine Situation oder einen Gegenstand zuerst mit einem bildlichen, später mit einem abstrakten Zeichen darzustellen und damit unverwechselbar festzuhalten. Dieser Grundgedanke kennzeichnet die Schrift noch heute. Ihr Ziel ist es, den begrifflichen Inhalt zu fixieren. Die chinesische Schrift ist noch heute eine unmittelbare Begriffsschrift. Allerdings ist bei der Vielzahl der Begriffe, die fixiert werden müssen, das Inventar an Zeichen außerordentlich hoch. Die Schrift wird kompliziert, und zu dem System von Begriffen und Wörtern muß der Schriftkundige ein etwa gleichgroßes System von grafischen Zeichen im Gedächtnis bewahren, wenn nicht gewisse Vereinfachungen vorgenommen werden.

Diesen Weg der *Vereinfachung* ging die Schrift, wie wir sie heute in den meisten Kulturnationen gebrauchen. Sie ist als fixierbares System eng an die Lautsprache gebunden. Die Wörter, die im Bestand einer Nationalsprache enthalten sind, werden *als Buchstabenfolgen* dargestellt. Für diesen Schritt brauchte die Menschheit, als sie die Schrift verwendete, viele Generationen. Auch diese Entwicklung läßt sich heute anhand von steinernen Dokumenten nachvollziehen; sie ging von der Begriffsschrift aus und führte über die Fixierung von Silben bis zu den kleinsten erkennbaren und abstrahierbaren Einheiten der Lautsprache, den Lauten, und zu ihrer Fixierung in Form von Buchstaben.

Heute ist die Buchstabenschrift ein machtvolles Instrument, um gedankliche Inhalte festzuhalten. Mit einem kleinen Inventar von Buchstaben, deren Formen von Schrift zu Schrift durchaus verschieden sein können, ist es möglich, das Lautsystem einer Sprache etwa analog abzubilden und mit einem kleinen, begrenzten Inventar von Buchstaben die ganze, unbegrenzte Reichhaltigkeit der Gedankenwelt eines Menschen oder einer Kulturnation darzustellen.

Wie die Buchstaben aussehen, wie sie sich zu Wörtern zusammenfügen und wie mit ihnen Gedanken ausgedrückt werden, das lernen die Kinder einer Kulturnation in der Schule in einem mehrjährigen Lern- und Bildungsprozeß. Jeder gebildete Mensch verfügt heute über die Fähigkeit, mit der Schrift umzugehen. In den alten Kulturen war dies einer besonderen Schicht, den Schriftgelehrten, vorbehalten.

Einen Menschen, der nicht lesen und schreiben kann, nennen wir einen *Analphabeten*. Aber den wenigsten ist bewußt, daß die Zahl der Analphabeten auf der Welt mehrere hundert Millionen beträgt und daß, nach UNO-Angaben (1998), ihre Anzahl steigt, weil gerade in den armen Ländern Mittel- und Südamerikas sowie in Afrika und dem mittleren und fernen Osten die Bevölkerungszahl sehr schnell ansteigt, und weil die Erlernung des Schriftgebrauchs teuer ist.

Wer lesen und schreiben gelernt hat, besitzt neben der Lautsprache ein *zweites Kommunikationsmittel*, das zwar immer einen materiellen Träger braucht, um aufgezeichnet zu werden, das aber im Gegensatz zur Flüchtigkeit der Lautsprache so lange erhalten bleibt, wie der Stoff, der es bewahrt; sie ist ein Mittel zur Kommunikation, mit dem es möglich ist, die *natürlichen Grenzen* der mündlichen Rede in bezug auf Raum und Zeit zu *überschreiten*.

In der Buchstabenschrift ist der Kommunikationsinhalt an die Folge der Laute gebunden. Um ein Wort in die Schrift umzusetzen, muß der Schreiber die Fähigkeit haben, das Wort in die kleinsten unterscheidbaren Einheiten einer Sprache, die Laute, zu *zerlegen*. Er muß laut*analytisch* hören können, um auch ein noch nie gehörtes Wort niederzuschreiben. Insofern ist es richtig, wenn man die Schrift als ein von der Lautsprache *abgeleitetes* Kommunikationsmittel bezeichnet.

Die lange und kontrovers geführte Diskussion um die Rechtschreibreform aber zeigt, daß zwar diese Ableitung der Schrift von der Lautsprache besteht, daß es sich dabei aber nicht um eine einfache, vor allem nicht logisch einwandfreie und direkt auf die Laute bezogene Ableitung handelt, sondern daß die Systeme von Lauten und Buchstaben durch komplizierte Beziehungen und Korrespondenzen miteinander verbunden sind.

Die Wurzeln für diese *Inkongruenz* zwischen den Lauten und der Lautfolge einerseits und den Buchstaben andererseits liegen in der Geschichte und sind an die Ausbreitung des Schriftgebrauchs gebunden, der sich im Gefolge von Handel und Kulturexport vollzogen hat.

Nachdem sich in den Ländern des vorderen Orients die Schrift als Fixierung der Lautung entwickelt hatte, und zwar zunächst mit der Reihenfolge der Konsonanten, später auch der Vokale, wurde sie durch seefahrende Handelsnationen, vor allem der Phönyzier, über den ganzen Mittelmeerraum verbreitet. (KUCKENBURG 1998, 292) Gerade für den Handel war es wichtig, zunächst Warenmengen und Lieferungen festzuhalten, und zwar in einer Form, die für beide Partner verständlich war. So war es nicht verwunderlich, daß das entwickelte *Schriftsystem* auch *auf andere Sprachen* angewandt wurde. Man schrieb, was man hörte oder zu hören glaubte.

Eine genormte Orthographie gab es nicht. Aber die Vorteile der Schrift, getroffene Vereinbarungen zu bewahren, ließen sich nutzen. Neben dem Handel dienten auch religiöse und politische Texte dazu, die Schrift zu verbreiten.

Aus dem Mittelmeerraum kam dann die Schrift mit Handel, Kultur und Religion in den deutschen Sprachraum, indem die Schriftkundigen die lateinische Schrift, die sie als Kulturträger erlernt hatten, auf die deutsche Sprache anwendeten. Lateinisch und Deutsch aber weisen im Lautsystem *Unterschiede* auf, die mit dem aus dem Lateinischen übernommenen Buchstabensystem irgendwie fixiert werden mußten. Im Deutschen gab es Laute, für die es keine Buchstaben gab. Also mußten entweder neue Zeichen eingeführt oder *Buchstabenkombinationen* verwendet werden. So haben wir noch heute das »sch« oder die »ch«-Formen in unserer Schrift, mit denen einfache Laute bezeichnet werden.

Das größte Problem, daß im Deutschen die Dauer der Vokale sinnunterscheidend ist (Aas/aß vs. As), im Lateinischen aber nicht, wurde so gelöst, daß man in der Schrift nicht die Anzahl der Vokalbuchstaben erhöhte und konsequent (wie z. B. im Finnischen) zwischen Lang- und Kurzvokalen unterschied, sondern in mißverständlichen Passagen unterschiedliche Unterscheidungskriterien anwendete: *Verdoppelung* des Nachfolgekonsonanten, um darzustellen, daß der Vokal kurz gesprochen wird (Kamm vs. kam). Vielfach bleiben aber auch Kurzvokale einfach unbezeichnet (hat).

Manchmal bekamen aber auch die Langvokale besondere Bezeichnungen, um sie gegenüber den unbezeichneten Kurzvokalen eindeutig zu machen, z. B. die Verdoppelung (Meer), ein nachgestelltes, stummes »h« (Fahrt), beim Vokal »i« ein nachgestelltes »e« (du Biest vs. du bist). Diese Bezeichnungen der Länge eines Vokals sind nicht einheitlich, da sie zu unterschiedlichen Zeitpunkten und auch in verschiedenen Regionen des deutschen Sprachraumes eingeführt worden sind.

So finden wir heute in der Schreibweise deutscher Wörter eine große Vielfalt vor, die immer wieder in *Regeln* zu fassen versucht worden ist. Aber zu allen diesen Regeln gibt es Wörter, die als *Ausnahmen* weiterbestehen. Zwischen der Lautfolge in Wörtern und deren Schreibweise besteht ein so kompliziertes System von Entsprechungen, daß vielfach eine *Doppeleinprägung* von Aussprache und Schreibweise unumgänglich ist.

Im täglichen Leben wird es oft notwendig, von dem einen Kommunikationsmittel auf das andere überzugehen, z. B. beim Notieren einer Nachricht, damit sie nicht vergessen wird, oder beim Vorlesen von Text, sofern dieser nicht aus dem Gedächtnis reproduziert wird. Das alles sind sprachliche Leistungen, die ein schreibkundiger Erwachsener vollbringt, ohne daß er sich der Kompliziertheit der ihnen zugrunde liegenden Prozesse überhaupt bewußt wird, weil alles dies automatisiert abläuft und aufgrund vielfacher Realisationen fest eingeprägt ist.

Wenn ein schreibkundiger Erwachsener Lautsprache hörend auffaßt, ist die Schriftform meist *mit präsent*, sozusagen im Hintergrund. Auf diese Weise hört er nicht, wie das Wort *tatsächlich* ausgesprochen worden ist, sondern wie es hätte gesprochen werden müssen. Er weiß, welche Lautfolge zu einem Wort gehört und wäre auch gut in der Lage, es in die Schriftform zu übertragen. So *drängt sich die Schrift*, die im Gedächtnis bewahrt wird, in den *aktuellen Hörvorgang* hinein. Aus der unmittelbaren Wahrnehmung und dem Gedächtnisinhalt wird ein Gesamtergebnis geformt, das dann den Prozeß der Erkennung des Sprachinhalts trägt.

So ist es leicht zu erklären, daß wir bei der Perzeption von Lautsprache oft Laute und sogar Silben zu hören glauben, die überhaupt nicht gesprochen worden sind. Vor allem ist das bei Lauten in unbetonten Silben der Fall. Ein Beispiel: Wenn man jemand fragt, ob er in der umgangssprachlich-salopp geäußerten Phrase »das ham wa nich!« das »haben« ein- oder zweisilbig gehört hat, wird meist die Antwort kommen: »natürlich zweisilbig«; denn »haben« muß ja vollständig und korrekt als zweisilbiges Wort in die Schrift übertragen werden.

Da die Übertragung von Lautsprache in die Schrift ein Vorgang von hoher *Abstraktionsleistung* ist, muß beim Erkennen der Lautfolge alles weggelassen werden, was der unmittelbaren Realität des Sprechens anhaftet; denn das Hauptziel ist das Fixieren des Kommunikationsinhalts.

Für die Übertragung einer Äußerung in die Schrift ist es absolut gleichgültig, wer diesen Ausspruch getan hat. Es muß also von den personalen Merkmalen, die jeder Sprechweise anhaften, abstrahiert werden. In einer aktuellen Diskussionsrunde sind diese personellen Merkmale dagegen äußerst wichtig.

Um einen Ausspruch aufzuschreiben, müssen auch die *Emotio-*

nalität und die Stimmung weggelassen werden, die in der aktuellen Situation auch die Haltung des Perzipienten beeinflussen können. Für die Übertragung des Ausspruchs in die Schrift sind sie unwesentlich und werden weggelassen.

Auch das *Sprechtempo* spielt beim Aufschreiben eines Textes keine Rolle. Und wenn der Text erst einmal fixiert ist, kann keiner mehr rekonstruieren, ob er schnell oder langsam, ob er gut oder wenig gegliedert gesprochen wurde, ob er mit Pausen durchsetzt war und ob diese an den richtigen Stellen gelegen haben. Die Schriftform enthält alle diese Merkmale nicht, die die Sprechweise in der aktuellen Situation kennzeichnen. Man kann sie zu einem Protokoll *hinzusetzen* und so die Redeweise beschreiben. Dies geht aber schon über den Abstraktionsvorgang beim Übertragen von Rede in Schrift hinaus.

Im fertigen Text ist auch nichts mehr darüber enthalten, an welchen Stellen die Akzente und die gliedernden Pausen gelegen haben, und ob sie die Interpretation des Textinhalts unterstützt haben oder nicht. Auch dies wird bei der Abstraktion fortgelassen.

Diesen komplizierten *Abstraktionsvorgang* muß ein Schüler in der Schule lernen. Es kommt dabei darauf an, auf ganz bestimmte Merkmale im akustischen Signal zu achten und andere Merkmale, die nur für die aktuelle Kommunikation wichtig sind, zu *negieren*. Diese Abstraktionsfähigkeit ist mit einer bestimmten und zielgerichteten Analyse des akustischen Sprachsignals verbunden und führt zu einer bestimmten Haltung der Lautsprache gegenüber. Wer diese Haltung einmal angenommen hat, kann sich nur schwer wieder von ihr lösen.

Die Schrift besitzt eine Eigenschaft, die sie grundlegend von der Lautsprache unterscheidet. In ihr werden die bedeutungstragenden Einheiten, die Wörter, durch den *Wortabstand* getrennt. Das lautsprachlich-akustische Kontinuum muß also bei der Perzeption nach den Sinneinheiten *getrennt* werden. Das ist ein fortlaufender Prozeß, der dann auch leichter gelingt, wenn er kurz rückschauend überprüft werden kann. Deshalb sind beim Reden Pausen zwischen größeren Sinnblöcken für das Verstehen förderlich.

Nun hat, aus der Tradition heraus, die Schrift nur ein begrenztes Inventar von Buchstaben, die, von den Lauten ausgehend, diesen zugeordnet werden müssen. Aber selbst die Laute werden von

Sprecher zu Sprecher *unterschiedlich* gebildet, vor allem, wenn sie nicht hochdeutsch, sondern im *Dialekt* sprechen. Was geäußert wird, ist äußerst vielgestaltig. Die Aufgabe des Hörers besteht darin, hinter dieser Vielgestaltigkeit der Realität die *Invarianten* zu erkennen, die sich dann den Buchstaben zuordnen lassen. Die Aufgabe besteht weiterhin darin, das in der aktuellen Kommunikation nicht Geäußerte zu *ergänzen*; denn die Folge der Buchstaben für ein Wort ist festgelegt und stets vollständig, während eine Äußerung auf die Ergänzungsfähigkeit des Partners vertrauen darf.

Die uns so vertraute Übertragung von Lautsprache in Schrift ist ein Vorgang von hoher Abstraktionsleistung, der alle Gestaltungsmerkmale, die im aktuellen Sprechen enthalten sind und ihn so lebendig machen, weglassen muß, um ihn durch ein invariantes, begrenztes Inventar von Zeichen zu filtern, die in der Schrift als Buchstaben verwendet werden.

Damit erreicht die Schrift eine ungeheure Macht der Ballung. Mit einem begrenzten Inventar von einigen Dutzend Zeichen, den Buchstaben, läßt sich die ganze, unbegrenzte Reichhaltigkeit der menschlichen Gedanken zum Ausdruck bringen. Auf der Kehrseite werden nationalsprachliche Gräben vertieft.

3.3 Die Körpersprache bei Äußerungen

Wie schon dargelegt, ist an der Realisierung einer Äußerung, vor allem, wenn sie spontan erfolgt, der *ganze Körper* beteiligt. Der Mensch äußert sich nicht nur akustisch mit seinen Sprechorganen, sondern mit dem ganzen Körper. Das wird auch in dem Wort »Äußerung« treffend ausgedrückt: Ein sprachlicher Inhalt, der zunächst nur im Bewußtsein des Sprechers vorhanden ist, dringt nach außen und wird damit für andere auffaßbar und verstehbar. Die Sprache ist konventionalisiertes Mittel, die Veränderung im eigenen Bewußtsein einem anderen Menschen zugänglich zu machen. Es ist daher gar nicht verwunderlich, daß dieses Nach-Außen-Drängen der eigenen Mitteilung den ganzen Körper erfaßt.

Allerdings hat der ständige Gebrauch von Sprache diesen Vorgang mehr und mehr automatisiert, so daß wir uns dessen, was bei einer Äußerung vor sich geht, nicht so recht bewußt werden. Daß wir uns äußern können, ist für den Normalfall absolut selbstverständlich. Nur bei Kranken, z. B. nach einem Schlaganfall, können wir erleben und von außen sehen, daß er Gedanken hat, die ihn im Inneren bewegen, er aber nicht mehr über die Mittel verfügt, sie nach außen treten zu lassen. Das ist sowohl für ihn als auch für seine Nächsten ein quälender Zustand.

Im Normalfall aber vollziehen sich einerseits Äußerung und andererseits Sprachverstehen mit einer solchen *Leichtigkeit* und *Selbstverständlichkeit*, daß wir das Entstehen einer Äußerung oft grob vereinfachen und auf die Worte, die wir hören und verstehen, reduzieren. Schauen wir aber auf den Partner, wie er versucht, das manchmal schwer zu Formulierende auszudrücken, so wird die in der Tiefe ablaufende gedankliche Arbeit faßbar, die auch mit den Gefühlen verbunden ist, die die Äußerung begleiten und mit ihr *zum Ausdruck kommen*.

Daß nicht nur die Worte von der gedanklichen Arbeit künden, sondern daß daran der gesamte Körper beteiligt ist, kommt auch in dem Wort »Körpersprache« zum Ausdruck. Vielleicht hat zu dieser Hinwendung zum Schaubaren auch die technische Entwicklung beigetragen, seit es möglich ist, durch das Fernsehen die visuelle Komponente mit zu übertragen.

So spiegelt sich der *kulturell-technische Fortschritt* auch in der Sichtweise auf die Sprache wider: Seit wir mit der Schrift die Vergänglichkeit und Flüchtigkeit der Lautsprache überwinden können, hat dies dazu beigetragen, die Regeln für die Grammatik zu prägen, die in erster Linie für die schriftliche Darstellung Bedeutung haben. Man hat diesen Regeln auch Gültigkeit für die Lautsprache zugesprochen.

Die vorangegangene technische Periode der Telefon- und Rundfunkübertragungen hatte die Betrachtungsweise auf das Akustische gelenkt und das Visuelle in den Hintergrund gerückt. Heute ist der Blick für das visuelle Geschehen bei der Kommunikation weit geöffnet. Wer das Gespür dafür hat, kann in der Massenproduktion von schlechten Fernsehspielen erkennen, woran es einer Darstellung der Kommunikation manchmal mangelt und warum sie aufgesetzt oder gestelzt erscheint und dann eben nicht echt wirkt.

Weil die Äußerung *als Ganzheit entsteht*, wird das Hörbare von sichtbaren Elementen begleitet, die in ihren schnell veränderlichen

Merkmalen als *Mimik* und *Gestik* bezeichnet werden. Die Mimik ist als Veränderung des Gesichtsausdruckes bekannt; die Gestik umfaßt die Bewegungen des ganzen Körpers, vor allem der Hände, aber auch Bewegungen des Kopfes, der Beine, des Rumpfes. Als drittes, aber langveränderliches oder gar statisches Element tritt die Körperhaltung hinzu. Sie wird kurz als Haltung bezeichnet.

Jede Äußerung ist ein *rational-emotionales Ganzes*. Das Rationale ist an die Worte gebunden; es bedarf nicht der Emotionalität, wenn auch die emotionale Sphäre in der Wortwahl mitschwingt. Ein Fahrzeug kann ganz emotionsneutral als »Auto« bezeichnet werden. In dem Wort »Wagen« schwingt ein Hauch von Ehrfurcht mit, auch der Respekt vor dem Reichtum des Besitzers. Wenn dafür »Karre« gesagt wird, so drückt die emotionale Komponente Abwertung aus. Eine Karre darf dreckig sein, ein Wagen nicht. Und da der Ton die Musik macht, drückt sich die Einschätzung auch in der *Sprechweise* aus.

Viel deutlicher aber kommt die emotionale Komponente in Mimik und Gestik zum Ausdruck, sofern wir nur darauf achten. Allgemein wird dem rationalen Anteil einer Äußerung die Aufmerksamkeit zugewandt, der emotionale Anteil oft als nebensächlich übersehen.

Aber gerade im Alltag, wo die Kommunikation der einfachen und *unmittelbaren Verständigung* dient, ist der emotionale Anteil wichtig. Ihn zu erfassen gelingt dem Sehen hervorragend.

In den Körperreaktionen spiegeln sich die *Stimmungen* und deren *Veränderungen* wider. Dabei ist es zweckmäßig, zwischen schnell veränderlichen, auch eventuell im Gespräch sich ändernden emotionellen Regungen, längerfristig konstanten Stimmungen und habituell-charakterlichen Einstellungen zu unterscheiden.

Was in der Körpersprache zum Ausdruck kommt, ist nicht eindeutig, weil Mimik und Gestik nicht, wie ein Wort, einem bestimmten Ereignis zugeordnet werden können. Körpersprache ist vieldeutig, und deswegen auch *mißdeutbar* und mißverständlich. Sie ist Anzeichen des Innenlebens, das sich nach außen wendet, sozusagen Ausdruck, wie sich das Objektive, auch die Situation, im Inneren widerspiegelt. Demzufolge ist die Körpersprache als Ausdruck des Inneren nicht auf den Sprecher beschränkt; auch der *Hörer zeigt Reaktionen* während eines Gesprächs, z. B. bei Betroffenheit oder ungeteilter Zustimmung. Nur daß der Hörer seine Mimik nicht beobachten kann, höchstens zu Übungs- oder Erkenntniszwecken mit Hilfe eines Spiegels. Die eigene Gestik ist dagegen beobachtbar. Allerdings ist sie beim Hörer meist viel weniger intensiv als beim Sprecher.

Allerdings muß man sich von der Vorstellung frei machen, die Wörter seien eindeutig. Viele Wörter haben nicht nur eine einzige Bedeutung. Viele sind *mehrdeutig*. (AGRICOLA 1962) Welche Bedeutung im gegebenen Fall zutrifft, ergibt sich aus der Einordnung in einen größeren Zusammenhang. Erst diese Einordnung schafft Eindeutigkeit. Gerade in der Alltagskommunikation werden mit Vorliebe viele *mehrdeutige Wörter* gebraucht, deren zutreffende Bedeutung durch das Vorangegangene, durch die Haltung des Partners oder die Einordnung in die gemeinsam erlebte aktuelle Situation bestimmt wird. Zu Mißverständnissen kommt es aber in der Regel nicht.

Obwohl die Wörter manchmal mehrere Bedeutungen haben, weiß man doch, worauf sie sich beziehen. Dagegen ist das bei den Körperreaktionen nicht sicher. Worauf sich eine erkennbare Reaktion bezieht, bleibt unbezeichnet, unklar und bedarf der Deutung. Auch gibt es in den erkennbaren Signalen der Körpersprache erhebliche individuelle Unterschiede, die auf verschiedene Einflüsse zurückgeführt werden können.

Die erkennbaren Signale, die in manchen Büchern eine Deutung erfahren, und als eindeutige Signale dargestellt werden, bleiben unklar und sind mißdeutbar; denn sie werden modifiziert. RUBINSTEIN (1962, 121) bezeichnet dies als »Brechung«.

Die Reaktionen werden zunächst durch die anlagebedingten Merkmale der *Persönlichkeit*, vornehmlich durch deren *Temperament* gebrochen. Ein Choleriker wird auffallend anders reagieren als ein Phlegmatiker. Sicher spielen auch die Bildung, Erziehung, Gewohnheiten und Lebenserfahrung in diese Reaktionen mit hinein. Ein nach innen gewendeter Mensch, reagiert anders als einer, der der Aktualität des Lebens verpflichtet ist.

Die erkennbaren Reaktionen der Körpersprache werden auch gebrochen durch die anerzogenen Reaktionen aus dem *Kulturkreis*, in dem der Partner groß geworden ist und sind im jugendlichen Alter viel ursprünglicher als bei einem gereiften Menschen mit viel

Lebenserfahrung. Dann haben sich bestimmte Ausdrucksformen verfestigt, die die Körpersprache in einer bestimmten Weise geprägt haben. Diese durch die Lebensweise gewonnenen Haltungen und Gesten werden bei der schauspielerischen Nachahmung einer bestimmten Persönlichkeit verwendet und ausgenutzt.

Sicherlich nicht zuletzt, werden die Äußerungen der Körpersprache auch beeinflußt durch die Situation und durch die *gesellschaftliche Stellung* der Partner zueinander. In der ungezwungenen Kommunikation Gleichgestellter gibt sich jeder anders, als bei einem Gespräch von Vorgesetztem und Untergebenem. Auch das Vertrauensverhältnis zueinander spielt dabei mit hinein.

Beim Gespräch können sich die emotionellen Regungen sehr schnell ändern. Das ist aus Gesichtsausdruck, Kopf- und Körperhaltung gut zu entnehmen. Es bleibt aber unsicher, worauf sich diese Körperreaktionen beziehen und durch welche *Motive* sie *ausgelöst* werden. Sie können sich auf verschiedene Ursachen beziehen, wobei die Liste der aufgeführten Möglichkeiten sicher unvollständig ist, aber durch ihre Reichhaltigkeit andeutet, wie schwierig es ist, die auslösende Ursache zu erkennen.
Beim Gespräch können sich die Körperreaktionen beziehen auf:

- den Partner im allgemeinen,
- Vorerlebnisse, die der Sprecher mit ihm hatte,
- die bisherigen Beziehungen zwischen den Partnern,
- das, was der Sprecher sagen möchte,
- auf Formulierungsschwierigkeiten oder Pausen,
- den Kommunikationsinhalt,
- die Reaktionen des Partners auf das soeben Gesagte,
- den gedanklichen Inhalt, den der Partner soeben geäußert hat,
- die erkennbare emotionale Situation des Partners
- oder auf Kombinationen zwischen diesen Elementen.

Vieles in den Körperreaktionen spiegelt das Emotionale wider. Das Rationale kommt eher in den Worten zum Ausdruck. Da aber jede Äußerung ein rational-emotionales Ganzes ist, beziehen sich Elemente der Körpersprache auch auf den rationalen Inhalt, bilden mit ihm eine Einheit.

Auch hierbei sind sie nur in den seltensten Fällen eindeutig, weil eben nur wenige Körperreaktionen *konventionalisiert* sind.

Aber einige sind es doch, und diese können die Übermittlung des beabsichtigten rationalen Inhalts wirksam unterstützen. Oft besteht ihre Wirksamkeit schon allein darin, daß mit einer mimischen Reaktion oder einer Geste etwas eindeutig und manchmal viel kürzer ausgesagt werden kann als mit Worten.

Im Alltagsgespräch wird die gemeinsame Situation in die Kommunikation einbezogen. *Hinweisgesten* lenken die Aufmerksamkeit auf den Teil oder das Objekt in der Umgebung hin. Das kann ganz offen und eindeutig durch *Zeigen* geschehen und wird oft verwendet, wenn die genauen Bezeichnungen unbekannt sind.

Solche *Hinweisgesten* sind auch im Ausland üblich, wenn der Wortschatz in der Fremdsprache noch gering ist, aber auch in der Heimat, wenn man verreist ist und beim Einkaufen die regional üblichen Bezeichnungen nicht kennt. Dann ist Zeigen oft einfacher. Solche Hinweisgesten lernt das Kind schon in der ersten Frageperiode zu gebrauchen.

Hinweisgesten, die der Hinführung des Blickes des Partners auf das Objekt dienen, werden offen mit Hand oder Finger, aber auch mit anderen Körperteilen, mit den Schultern, offen ausgeführten oder nur angedeuteten Bewegungen des Kopfes, der Augen, manchmal auch nur eines Auges, ausgeführt. Sie dienen alle dazu, den Blick des Partners auf das Bezeichnete zu lenken.

Die Bewegungen der Hände verraten viel über den augenblicklichen emotionalen Zustand. Können sie nicht ruhig gehalten werden, dann ist das ein Zeichen von innerer Unruhe oder Aufgeregtheit. Sind die Hände am Sprechen dagegen absolut unbeteiligt, dann könnte dies auf innerlich erzwungenes Stillhalten hindeuten; denn gewöhnlich machen die Hände die Heraushebung des Wesentlichen beim Akzent mit.

Durch die Bewegungen der Hände wird vielfach der mitzuteilende sprachliche Inhalt *untermalt* oder *ausgestaltet*. Tätigkeiten, die dabei auszuführen sind, werden nach- und mitgestaltet, gleichsam *figürlich nachgezeichnet*. Da meist kein anderes oder wirkliches Objekt zur Verfügung steht, dient der eigene Körper als Bezugsobjekt, an oder mit dem alles gezeigt wird.

Besonders reich an solchen Bewegungen, die am eigenen Körper erläutert werden und wo dieser als Demonstrationsobjekt dient, sind Gespräche über Mode. Wenn man die Möglichkeit hat, zwei modebewußte Damen zu beobachten, die sich über neue Trends unterhalten, so ist das höchst unterhaltsam. Da wird am eigenen Kopf gezeigt, wie die Frisur aufgebaut ist, wie lang die Haare sind, und wie groß die Krempe des Hutes ist. Die Länge des Haares wird ebenso demonstriert wie die Länge des Kleides oder des Rockes. Man bekommt, ohne daß man überhaupt ein Wort zu verstehen braucht, angedeutet, wie tief der Ausschnitt ist und wo Falten oder Rüschen angebracht sind. Schade eigentlich, daß bei solch einer Unterhaltung dem Außenstehenden die Farben verborgen bleiben.

An diesem Beispiel läßt sich gut erkennen, daß durch die Körpersprache ganze *Kommunikationsinhalte* übermittelt werden können. Aber bei guter Beobachtung läßt sich über das körpersprachliche Beiwerk viel an Kommunikationsinhalten erfahren, wobei eine Körperreaktion nicht ein Wort, sondern oft den gesamten, noch *ungestalteten Kommunikationsinhalt* umfaßt, gleichsam in Kurzform die kommunikative Absicht erschließen läßt. Darauf wird im Kapitel 4.5 über die kommunikativen Ganzheiten noch ausführlicher einzugehen sein.

Bei einer Begegnung braucht man eigentlich gar nicht so genau zu wissen, welche Grußformel der Partner gesagt hat und in welcher Ausführlichkeit oder Reduzierung. Für das situationsadäquate Verstehen genügt es, aus der Körpersprache zu entnehmen, daß man soeben begrüßt wurde, indem man die *Blickzuwendung* erfaßt, die von einer leichten Verbeugung oder einem angedeuteten Kopfnicken begleitet war. Besser als aus dem Lautsprachlichen, das vielfach im Störlärm untergeht, ist aber aus der Körpergeste zu entnehmen, wie dieser Gruß gemeint ist: Freundschaftlich, vertraut, herablassend, pflichtgemäß, untertänig oder rein geschäftlich.

Beim Zwiegespräch sind verschiedene globale Inhalte schon an der Körpersprache erkennbar. Bestätigung und *Zustimmung* sind am Kopfnicken erkennbar. Die sprachliche Formel, die dabei verwendet wird, kann wichtig, braucht es aber nicht in jedem Fall zu sein. Der Gesichtsausdruck informiert darüber, ob eine Zustimmung freudig, rein sachlich gemeint ist oder ob Vorbehalte bleiben. Das Letztere kann dann schon auf die folgende Entgegnung des Partners hindeuten, auf die es sich einzustellen gilt.

Für die Verneinung, die *Ablehnung* oder den Widerspruch ist bei uns im deutschen Sprachraum das Kopfschütteln üblich. Auch hier wieder kann aus der Mimik entnommen werden, ob die Verneinung rein sachlich gemeint oder mit Emotionen der Abwehr verbunden ist. Lautsprachlich kann eine solche Entgegnung ganz kurz, ein hastig hervorgestoßenes »nein«, aber auch eine längere Äußerung sein, die durch Kopfschütteln begleitet und verbal begründet wird. Es kann auch eine Verneinung mit Bedauern sein, die ausdrücken soll: Ich kann nicht anders.

Zweifel an einer Äußerung ist an der Mimik zu erkennen. Das deutlichste Kennzeichen ist das Stirnrunzeln. Aber auch schon die angehobenen Augenbrauen, die auch für das Erstaunen typisch sind, sind dafür Anzeichen. Der Zweifel ist ja dadurch begründet, daß etwas für den Partner Ungewohntes geäußert wird. Dadurch liegen Zweifel und Erstaunen nahe beieinander.

Die Lautsprache dient der Kooperation; deshalb ist es oft nötig, den anderen mit einer *Bitte* für eine Erlaubnis zu gewinnen. Dafür ist eine freundliche, gewinnende Mimik zweckvoll. Der Übergang von der Bitte über die Aufforderung zum Befehl ist fließend. Die Situation ist vom Grundcharakter her die gleiche, aber das Verhältnis der Partner zueinander ist ein anderes. Die Bitte wird freundlich vorgetragen, der Befehl unüberhörbar in großer Lautstärke, im Gefühl der augenblicklichen sozialen Überlegenheit und des situativen *Machtbewußtseins* gegeben. Das kommt auch in der Mimik zum Ausdruck. Der Bittende braucht den andern, sucht den Blickkontakt, der Befehlende braucht ihn nicht und weicht ihm manchmal sogar aus.

Beim Danken liegt die Kooperation bereits zurück. Daher sind Dankesworte meist herzlich gemeint und werden von gewinnenden Gesten begleitet, oft mit den Händen.

Es gibt aber auch Äußerungen, die im Prinzip gar nicht oder nicht direkt an den Partner gerichtet sind, z. B. ein Ausruf. Je nachdem, ob er stark oder schwach emotional gefärbt ist, wird er von Gesten begleitet, vielfach mit Bewegungen, die vom Körper weggehen und die gleichsam den Ausruf sichtbar begleiten.

Am leichtesten sind bei solchen Ausdrucksbewegungen die Bewegungen von Händen und Armen zu beschreiben. Sie sind am auffälligsten. Im Grunde ist aber die Mimik viel reicher an Nuancen, nur daß ihre Beschreibung schwieriger ist. (LEONHARDT, K. 1949) Denn die lebhaftesten emotionalen Regungen werden durch die Augen und das Gesicht zum Ausdruck gebracht. Es heißt nicht umsonst: Das Gesicht ist der Spiegel der Seele. (LERSCH 1955)

Aber diese reichen Ausdrucksmöglichkeiten werden auch stärker durch die Momente gebrochen, auf die oben schon hingewiesen wurde. Zudem reagiert der Sprecher in *Vertrautheit* anders als in einer offiziellen oder gar in einer Prüfungssituation. Er verhält sich anders, wenn er sich sicher, als wenn er sich unsicher fühlt.

Das Ziel des Sprachverstehens ist die *Sinnentnahme*; sie geht bei der Perzeption von Lautsprache von den Wörtern aus. Dabei steht unzweifelhaft die rationale Komponente im Vordergrund. Aber das Emotionale, das nur begrenzt über den auditiven und viel stärker über den visuellen Kanal vermittelt wird, kann erheblich dazu beitragen, den Inhalt *situativ einzuordnen* und damit einen gültigen Bezug zur Wirklichkeit herzustellen.

Beim Sprachverstehen ist es bei der Rekonstruktion der Gedanken notwendig, Mehrdeutigkeiten auszuschließen, vor allem bei der Zuordnung der Bedeutungen auf der Wortebene. Daß in der Kommunikation des Alltags gehäuft mehrdeutige, auch unpräzise Wörter und Wendungen verwendet werden, wurde schon gesagt. Aber dort ist es auch möglich, durch emotionale und situative Einordnung unmögliche Varianten vorzeitig auszuschließen.

Gerade in der Alltagskommunikation, wo auch der *Störschallpegel* viele der unbetonten und reduzierten Silben verdeckt, ist es nötig, mitzudenken oder gar *vorauszudenken*. Ständiges Mitdenken, gleichsam erahnen, was der Sprecher noch sagen will, optimiert den Verstehensprozeß hervorragend. Wem es gelingt, die Gedanken des Partners im Voraus zu vollenden, alles einzubeziehen, was auch an visuellen Hilfen vorhanden ist, kann das Zukünftige einer Äußerung als Bestätigung des eigenen Konzepts erfahren.

3.4 Die Lippenbewegungen

Ziel der sprachlichen Kommunikation ist es, den gedanklich-rationalen Inhalt des Gesprochenen zu *verstehen*, mit dem es möglich ist, den ganzen unbeschränkten Reichtum unserer Gedankenwelt zu übermitteln. Das Emotionale, das stets den rationalen Kern begleitet, ist dieser Zielstellung *untergeordnet*. Der gedanklich-rationale Inhalt wird lautsprachlich übermittelt.

Aus diesem Grunde sind schon seit langer Zeit Bemühungen vorhanden, die *sichtbaren Sprechbewegungen* zur Ergänzung der Kommunikation auszunutzen. (HILL 1839) Auch wenn das Hörvermögen völlig normal ist, gibt es im Alltag Situationen, wo es nicht möglich ist, Lautsprache zu verstehen. Das geschieht, wenn der Störlärm zu hoch ist, oder wenn allzugroße Entfernung die Lautstärke erheblich mindert, wie auf den hinteren Plätzen im Theater. Hierzu hatte schon GUTZMANN anfangs des 20. Jahrhunderts bemerkt, daß die Unterstützung von unsicheren Höreindrücken durch den »Operngucker« das Sprachverstehen erheblich verbessert und hinzugefügt, daß ein Fernglas kein Hörgerät sei.

Das Sprachverstehen ist im Alltag vor allem dann erheblich eingeschränkt, wenn das *Hören* zeitweise oder dauernd *leistungsgemindert* ist. Dann kann das Absehen mit Vorteil als zweiter Weg genutzt werden. Dazu formulierte Paul SCHUMANN seine grundlegenden 95 Thesen. (SCHUMANN 1920)

Das akustische Sprachsignal, mit dem der gedankliche Inhalt kodiert wird, entsteht, wie ausführlich im 2. Kapitel dargestellt, in einem kontinuierlichen und wohlkoordinierten Bewegungsprozeß der aktiv beweglichen Sprechorgane. Der Bewegungsvorgang ist in bezug auf das *akustische Signal* optimiert. Es werden nicht die Bewegungen der einzelnen Sprechorgane hörbar, sondern es entsteht ein sich kontinuierlich verändernder *Gesamtklang*.

Bei diesem Entstehungsprozeß werden nur die Bewegungen weniger Organe sichtbar: der Lippen, des Unterkiefers mit den Zähnen, und manchmal auch die Zungenspitze. Das sind nur wenige Organe, und nicht einmal die wichtigsten, die an der Klanggestaltung aktiv beteiligt sind.

Die Bewegungen der anderen Organe, die für die Formung des akustischen Signals der Lautsprache wesentlich sind, vor allem die differenzierten Bewegungen *Zungenrückens*, des *Gaumensegels*, sowie die wichtigen Bewegungen der *Stimmlippen* im Kehlkopf, die die Stimmhaftigkeit oder Stimmlosigkeit der Laute oder Lautfolgen im akustischen Signal bewirken, sind ohne komplizierte Hilfsmittel *nicht sichtbar*.

Von den Lippen ausgehend hat man versucht, die Positionen zu beschreiben, die typischerweise bei den Lauten eingenommen werden. In den meisten Fällen ist man dabei vom Höreindruck ausgegangen und hat dabei nach der Lippenposition gesucht, die bei jedem einzelnen Laut eingenommen wird. Der Weg für diese Suche ging also von einer hohen Abstraktionsebene aus, die vor allem für die Umsetzung der Lautsprache in Schrift die wichtigste ist. Trotzdem ist diese Art der Beschreibung brauchbar, weil sie das Wissen ausnutzt, das jeder Kulturmensch besitzt, der Lesen und Schreiben kann.

Die Lippenpositionen werden in der neueren Literatur als *Kineme* bezeichnet. (ALICH 1961) Es sind Lippenpositionen, die bei den Lauten eingenommen werden. Und diese lassen sich recht gut beschreiben. Sie sind unterteilt in konsonantische und vokalische Kineme.

Die Abbildungen der Lippenpositionen sind nur als Schema angegeben. In der Realität verändern sie sich

- durch die *Individualität*
  Manche Menschen haben schmale, andere volle Lippen. Manche haben einen großen, andere einen kleinen Mund.
- durch die *Emotionslage*
  Bei fröhlicher Stimmung sind die Mundwinkel nach oben gezogen, bei gedrückter, trauriger nach unten.
- durch die *Lautfolge* beim Sprechen
  In manchen aktuellen Positionen ist bereits das Zunkünftige angedeutet oder das unmittelbar Vorausgegangene noch nicht völlig abgeklungen.
- durch die *Akzentuierung*
  Da das Wichtige mit stärkerer Innervation gesprochen wird, verändern sich die Lippenbilder nach der Größe, insbesondere der Kieferöffnung.

ALICH, auf dessen System viele Darstellungen und Lehrbücher zurückgehen, unterteilt und beschreibt die Kineme folgendermaßen:

K 1. Das *bilabiale* Kinem (B). (Abb. 1) Man kann sehen, daß beide Lippen geschlossen sind und sich berühren. Das ist bei den Lauten b, p und m der Fall. Eine weitere Lautidentifizierung ist aber beim Absehen nicht möglich. Die Einschränkung der Differenzierung gilt auch bei Wörtern mit der gleichen Vokalfolge zwischen dem

Lippenschluß. Die Wörter »Mama« und »Papa« sind absehgleich und lassen sich durch alleiniges Absehen nicht unterscheiden.

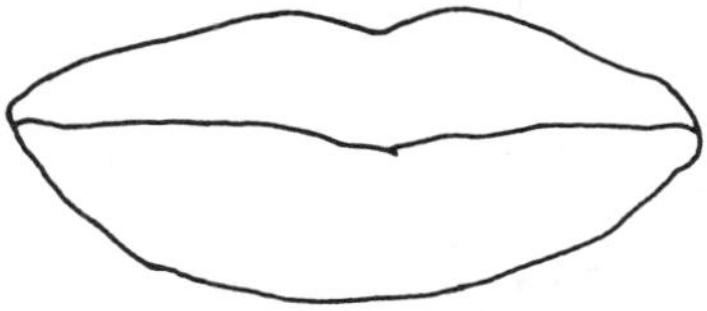

Abb. 1

K 2. Das stationäre bilabiale Kinem (M). Es tritt bei dem Laut m in der Endposition auf. Der Lippenverschluß, zu dem die Lippen ja sonst nur kurz zusammengeführt werden, wird länger gehalten. Die Dauer tritt als differenzierendes Merkmal hinzu, und in diesem Fall wird die Lautidentifizierung eindeutig.

K 3. Das *labiodentale* Kinem (F). (Abb. 2) Das lauttypische Geräusch entsteht bei f und w zwischen der Unterlippe und den oberen Schneidezähnen. Man kann erkennen, daß die Unterlippe, die etwas zurückgeführt wird, die Schneidezähne berührt. Die Unterscheidung zwischen f und w, die auf der Stimmhaftigkeit beruht, ist beim Absehen nicht möglich, auch nicht in Wörtern. »Wein« und »fein« sind absehgleiche Wörter.

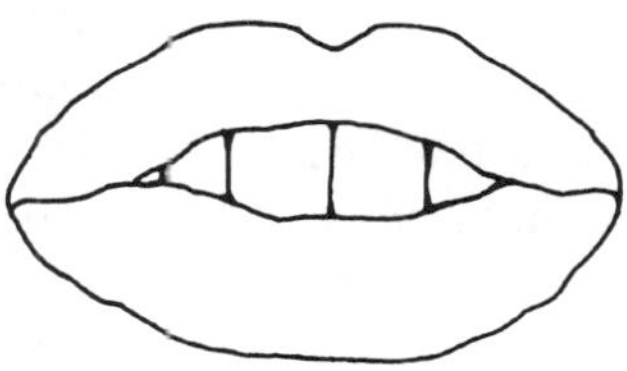

Abb. 2

K 4. Das *dentale* Kinem (D). Bei geöffneten Lippen und Kieferenge kann visuell erkannt werden, daß die Zunge an den oberen Zähnen oder kurz dahinter liegt. Das ist bei dem stimmhaften oder stimmlosen s, sowie t, d und n der Fall.

K 5. Das *lingual-koronale* Kinem (L). (Abb. 3) Bei geöffneten Lippen ist sichtbar, daß die Vorderzunge gehoben ist und mit dem oberen Zahnfleischrand Kontakt hat. Das ist beim Zungenspitzen-R, bei l sowie t, d und n der Fall.

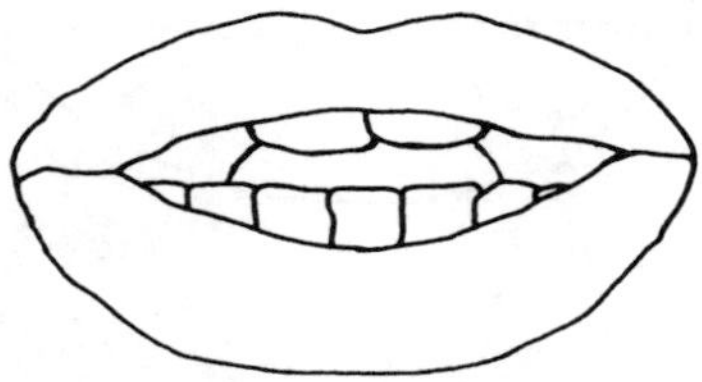

Abb. 3

Schon die Tatsache, daß sowohl beim dentalen als auch beim lingual-koronalen Kinem die gleichen Laute t, d und n auftreten, zeigt, daß es in der Praxis nur selten möglich ist, die beiden Kineme auseinanderzuhalten. Wenn die Laute einzeln gebildet werden, gelingt das. Wenn sie dagegen in das schnelle Sprechen einbezogen werden, ist das nicht mehr möglich. Ob t, d und n gebildet werden, indem die Zunge an den Zähnen oder hinter diesen am Zahnfleischrand liegt, ist individuell sowie regional verschieden. Bei längerer Gewöhnung an die *individuelle Sprechweise* erscheint die Unterscheidung möglich. Dann gehören t, d und n zu dem einen oder zu dem anderen Kinem.

K 6. Das *lingual-dorsale* Kinem (C). (Abb. 4) Bei geöffneten Lippen ist die Wölbung des vorderen Zungenrückens sichtbar. Das ist beim vorderen ch und bei j der Fall. Die Sichtbarkeit ist allerdings nur dann gegeben, wenn die Lippen deutlich geöffnet sind und der Sprecher so günstig steht, daß Licht in den Mund fällt. Eine Unterscheidung, ob der Laut stimmhaft oder stimmlos realisiert wurde, ist in keinem Fall möglich.

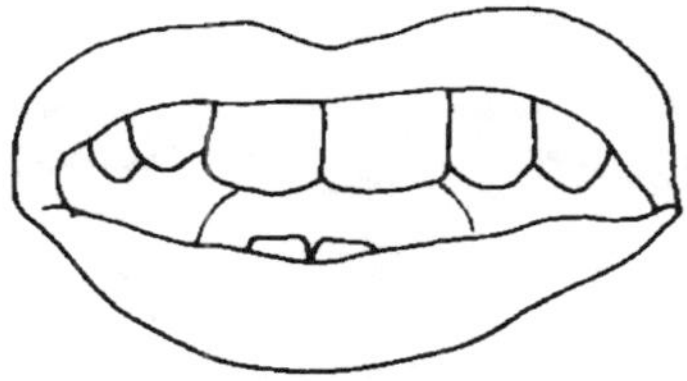

Abb. 4

K 7. Das *gutturale* Kinem (G). (Abb. 5) Bei geöffneten Lippen ist der Kieferwinkel groß. Das ist von vorn gut zu sehen. Das Wesentliche aber geschieht im hinteren Ansatzrohr, das nicht sichtbar ist und verschiedene akustische Effekte auslösen kann, die im Inneren der Mundhöhle oder im Kehlkopf erzeugt werden: Sie entsprechen den Lauten k, g, dem Nasallaut, der in der Schrift als ng dargestellt wird, dem hinteren ch, dem Zäpfchen-R und dem h. Dabei ist die Zuordnung des h nur dann gegeben, wenn ein a folgt. Sonst wird es, da das h keine eigene Lippen- und Kieferposition hat, sondern immer mit der Einstellung des folgenden Vokals gesprochen wird, dem Vokal zugeordnet, also beim Absehen nicht erkannt.

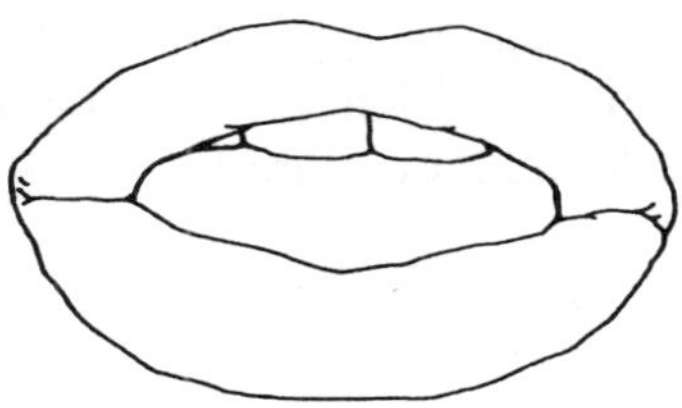

Abb. 5

K 8. Das *gerundete Dentalkinem* (S). (Abb. 6) Es wird mit gerundeten und vorgestülpten Lippen bei dem Laut gebildet, der in der Schrift durch die Buchstabenfolge »sch« dargestellt wird. Das »sch« ist ein eindeutig und gut zu erkennender Laut mit einem gut identifizierbaren Absehbild.

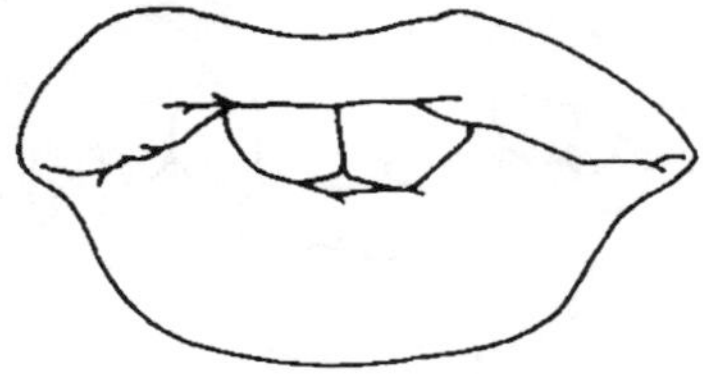

Abb. 6

Neben den acht konsonantischen Kinemen unterscheidet ALICH vier vokalische Kineme:

V 1. Das *weite Palatalkinem* (A). (Abb. 7) Es ist gekennzeichnet durch größere Mundöffnung. Dieser werden die a-Vokale (das lange und das kurze a), das lange und das kurze e, der Vokal ä und der Diphthong ei zugeordnet. Die Unterteilung in konsonantische und vokalische Kineme und der Ausgang vom Höreindruck helfen theoretisch und prinzipiell über die *Schwierigkeit* hinweg, Vokale von Konsonanten lippenähnlicher Gestalt zu *unterscheiden*, eine Schwierigkeit, vor der ein Absehender steht, wenn er nicht den Höreindruck hinzunehmen kann. Verfügt dieser allerdings noch über ein Hörvermögen, das wenigstens den Stimmklang noch erkennen läßt, so ist das Problem wesentlich geringer; denn alle Vokale sind *stimmhaft* und durch ihre *Intensität* herausgehoben.

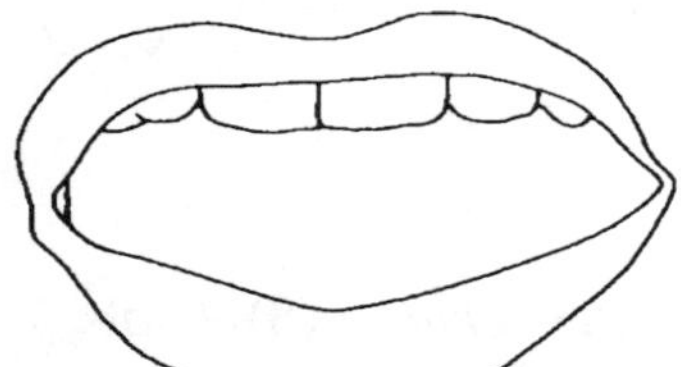

Abb. 7

V 2. Das *enge Palatalkinem* (I). (Abb. 8) Es ist gekennzeichnet durch eine enge und ungerundete Mundöffnung. Auf den einzelnen Vokal bezogen und innerhalb der Vokale ist diese Lautgruppe, zu der die i-Vokale und die e-Vokale, ergänzt durch das schwachtonige e, den Murmelvokal, gehören, gut von den anderen Vokalen zu unterscheiden. Allerdings ist die Differenzierung, auch beim Einzellaut, von dem konsonantischen lingual-dorsalem Kinem (Nr. K 6) kaum möglich.

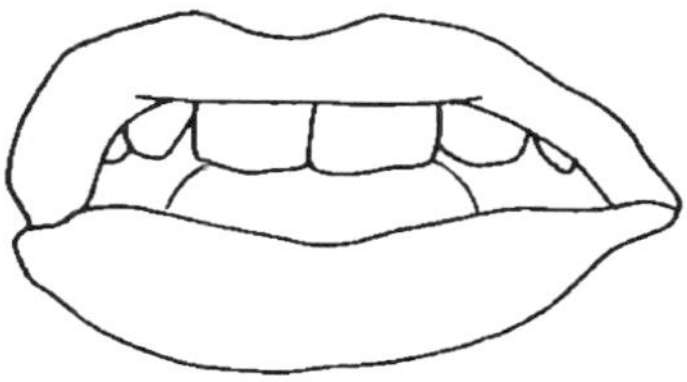

Abb. 8

V 3. Das *weite Velarkinem* (O). (Abb. 9) Es wird durch eine mittlere Mundöffnung, begleitet durch Lippenrundung gekennzeichnet. Zu ihm gehören die o- und ö-Vokale jeweils in der langen und kurzen Form sowie der Diphthong eu. Die Lippenrundung ist ein deutliches Kennzeichen und läßt sich gut auch beim zusammenhängenden Sprechen erkennen.

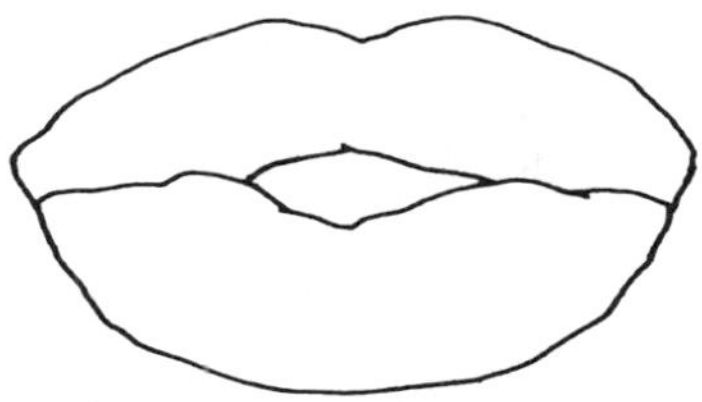

Abb. 9

K 4. Das *enge Velarkinem* (U). (Abb. 10) Es wird durch engen Kieferwinkel, verbunden mit vorgestülpten Lippen gekennzeichnet. Zu ihm gehören die u- und ü-Vokale jeweils in der langen und kurzen Form. Die Vorstülpung der Lippen läßt sich auch im zusammenhängenden Sprechen gut erkennen. Die einzige Möglichkeit für Verwechslungen bietet sich mit dem sch, das bei den Konsonanten als (Nr. K 8) gerundetes Dentalkinem beschrieben wurde. Auch bei ihm ist der Kieferwinkel eng, und die Lippen sind vorgestülpt.

Wenn zur Perzeption aber das Hörvermögen unterstützend zugezogen werden kann, sind diese beiden Kineme gut trennbar.

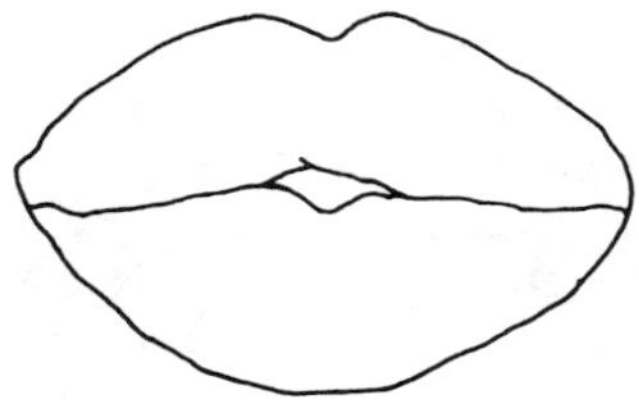

Abb. 10

Alles in allem ist selbst unter Einzellautbedingungen das System der *Kineme* (nach ALICH mit 12 Kinemen) viel ärmer als das System der *Laute* mit 42 Varianten (LINDNER 1975, 80). Bei der Umsetzung in Schrift müssen sie in ein System von 29 *Buchstaben* umgesetzt werden, vorausgesetzt, die Umlaute werden als selbständige Varianten gezählt. (Und wenn man das ß als eine Besonderheit des Deutschen einbezieht, werden es 30 Buchstaben.) Wie durch diesen groben Vergleich leicht einzusehen, besteht schon in bezug auf die Anzahl *keine Übereinstimmung*, und eine direkte Umsetzung von Kinemen in Laute ist grundsätzlich unmöglich.

Früher war man in bezug auf die begrenzten Möglichkeiten, durch die Beobachtung der Lippenbewegungen den Sinn des Gesprochenen zu erfassen, optimistischer, was auch in der Bezeichnung, die in der älteren Literatur mitunter zu finden ist, dem »Lippenlesen« zum Ausdruck kommt. Heute ist man realistischer, und man spricht vom »Absehen«; denn es ist seit langem bekannt, daß das Absehen auf ein *mehrdeutiges Lückenbild* zurückgeht.

Das bedeutet, daß die deutlich erkennbaren Lippenpositionen vielfach zu mehreren Lauten gehören und daß zwischen diesen auch noch Lücken von unterschiedlicher Länge klaffen, die eine unterschiedlich große Lücke von *verdeckten Lauten* umfassen. Trotzdem liefern die erkennbaren Lippenpositionen wertvolle Hinweise für das Verstehen zusammenhängender Sprache. Aber ohne *zusätzliche Hilfsinformationen* ist die vollständige Sinnerfassung nicht möglich. Daß die Lippenbewegungen diese aber in schwierigen Fällen hervorragend unterstützen können, steht außer Zweifel.

Was man beim Absehen erkennen kann, ist immer nur ein Teil der *komplexen Synkinese*, die beim Sprechen vollzogen wird und in deren Verlauf das akustische Signal der Lautsprache entsteht. Aber die wichtigsten Bewegungen, vor allem der Zunge in ihren verschiedenen Abschnitten, außer eben der Zungenspitze, sind der visuellen Erfassung entzogen.

Die Kineme als abstrahierte Lippenpositionen, die einem Laut, also einem akustisch perzipierbaren und bedeutungstragenden Abschnitt entsprechen, sind in der Praxis schwer zu identifizieren. Beim Sehen *verschmelzen* die Bilder, die identifiziert werden könnten, zu einer bewegten Ganzheit. Die Kineme gehen ineinander über, ohne daß es möglich ist, zu unterscheiden, ob die Übergänge, die wir erkennen können, nun den Charakter eines Kinems haben oder nur eine Übergangsbewegung sind; denn die Sprechorgane, auch Lippen und Unterkiefer, können nicht ruckartig eine neue Position einnehmen, sondern müssen sich dahin bewegen.

Beim Sehen verschmelzen schnell aufeinanderfolgende Bilder zum *Eindruck einer Bewegung*. Das erleben wir am deutlichsten im Kino. Wir sehen, unterbrochen durch Dunkelphasen, in denen die Bilder gewechselt werden, Bildfolgen, die subjektiv zu einem komplexen Bewegungsgeschehen zusammengefügt werden.

Aus dem Blickwinkel dieser wahrnehmungsphysiologischen Erkenntnis ist es gar nicht möglich, die Kineme beim natürlichen Sprechen einzeln zu erfassen, die letztlich nur dadurch bestimmt werden können, daß zuerst *Lautvorstellungen isoliert* und dann ihren visuell erfaßbaren Korrelaten zugeordnet werden.

Man müßte eigentlich, um die Aufgabe des Absehenden zu beschreiben, davon ausgehen, was beim Absehen perzipierbar ist und worauf sich das visuelle Erkennen stützen kann. Eine solche Grundlage muß beschrieben werden, wobei es natürlich nötig ist, von dieser Grundlage aus den Weg zur Sinnzuordnung des Gesprochenen zu finden.

Um die Bewegungen der Lippen unmittelbar zu beobachten, verlaufen sie viel zu schnell. Daher wurde an der Technischen Universität Berlin eine großangelegte *Experimentalstudie* durchgeführt. (BOTHE et al. 1992) Dabei wurden die Lippenbewegungen von zwei als Sprecher erfahrenen Versuchspersonen mit einer

Video-Kamera mit Bild und Ton aufgenommen und später genau ausgewertet.

Der Text umfaßte 44 Aussagesätze und war so zusammengestellt, daß um vier Verben (fahren, laufen, stellen, ziehen), die mit 10 verschiedenen Vorsilben (ab ..., an ..., auf ..., aus ..., be ..., ein ..., er ..., ver ..., vor ..., zu ...) versehen wurden, Sätze gebildet wurden. Der Gesamtumfang des Textes betrug 563 Silben. Ein Ziel der Untersuchungen war es, zu ermitteln und zu dokumentieren, wie die in der Regel betonten Vorsilben der Verben das Absehbild des Wortstammes modifizieren. Im Text war auch zu jedem Wortstamm ein Satz mit *Akzentumkehr* (z. B. »vorfahren« »vor Fahren«) enthalten. Die Reihenfolge der Sätze wurde dann mit Zufallsgenerator gemischt.

Damit die Videokamera stets Lippen und Unterkiefer gut aufnehmen konnte, lehnte die Versuchsperson den Kopf hinten an eine Stütze an. Die Sätze wurden einzeln von einer zweiten Person vorgesprochen und dann wiederholt.

Diese Videos wurden in den Speicher eines leistungsfähigen Computers eingelesen und konnten nun nach verschiedenen Gesichtspunkten ausgewertet werden. Die Einzelbilder waren in einer Folge von 1/50 sec auswertbar, und mit dem zugehörigen akustischen Signal konnten die Lautgrenzen ermittelt und unmittelbar zugeordnet werden.

Mit einem speziellen, zu diesem Zweck entwickelten, Computerprogramm konnte die Gestalt der Lippen in ihrer zeitlichen Veränderung automatisch ermittelt und als *Verlaufskurve* aufgezeichnet werden. Dieses *Konturen-Suchprogramm* erfaßte die folgenden Meßwerte: *Öffnung* der Lippen innen und außen sowie die *Breite* der Lippen innen und außen. Die Messung der Konturwerte war recht genau. Im Gesicht des Sprechers konnten sie auf 1/6 mm ermittelt werden.

Es war das erste Mal, daß ein deutschsprachiges Material so großen Umfangs *satzphonetisch* untersucht werden konnte. (LINDNER et al. 1994) Gewiß gab es schon früher Untersuchungen, wo die Filmkamera als Hilfsmittel verwendet worden war. (LINDNER, R. 1936) Meist waren es aber nur Wörter oder wenige Sätze, die dann lautbezogen ausgewertet wurden.

Die neue Untersuchung ließ Erkenntnisse auf höherer, eben der Satzebene, zu:

- Vor Satzbeginn wird *eingeatmet*. Dabei ist der Mund unbewegt geöffnet. Solche Einatmungspausen sind leicht zu erkennen. Es sind wichtige *Grenzsignale*, die gedankliche Einheiten trennen.
- Der Einfluß der (betonten) Vorsilben auf den Wortstamm erwies sich geringer als erwartet. Der Bewegungsablauf der Lippen bei den Stammsilben ist relativ konstant.
- Dagegen ist der Einfluß der Gestaltungsebene *über* der Lautfolge, des *Akzents*, viel stärker als bisher vermutet und angenommen. Das kommt vor allem in den Beispielen mit *Akzentumkehr* zum Ausdruck. Man kann diesen Einfluß durch eine größere Intensität der Innervation zwanglos erklären.
- Die *Intensität der Lippenaktivität*, sowohl in bezug auf die Öffnung als auch in bezug auf die Rundung ist in der Vorakzentphase in einer Mittellage, erreicht im Akzent ihren Höhepunkt und nimmt kontinuierlich zum Satzende hin ab.
- In der *Nachakzentphase* sind die Öffnungs- und Rundungsimpulse der Lippen deutlich kleiner, manchmal nur *angedeutet*. Das sind auch die Stellen der Rede, wo vor allem die Reduzierungen vollzogen werden. (LINDNER 1996)
- Die Akzentuierung wirkt bis auf die Lautebene hinunter. So wird z. B. ein »m« in der Akzentsilbe mit schmaleren Lippen gesprochen, weil sie stärker zusammengedrückt werden, und bei einem »a« sind sie im Akzent deutlich weiter geöffnet. Die typischen Lautbilder werden durch den *Akzent modifiziert*, behalten aber ihre charakteristische Eigenart, durch die sie sich von anderen unterscheiden.

Mitunter muten wir Normalhörenden dem Partner, der trotz auditiver Einschränkungen Sprache perzipieren will oder muß, zu viel zu, weil wir unser aus dem ungestörten Sprachverstehen abgeleitetes Wissen um die Lautfolge auch bei ihm voraussetzen.

Wenn man einmal den visuellen Eindruck, den der Perzipient hat, unvoreingenommen analysiert, so sind es *Bewegungen*, die er wahrnehmen kann. Es sind die Bewegungen der sichtbaren Sprechorgane. Das sind wenige: die Lippen, der Unterkiefer, die Zungenspitze. Und unter ganz besonderen, von der Beleuchtung abhän-

gigen Umständen, kann auch der vordere Zungenrücken in seinen Bewegungen erkannt werden.
Diese Bewegungen sind differenziert, und es können unterschieden werden:

- Öffnungsbewegungen,
- Schließbewegungen,
- Rundungsbewegungen,
- Spreizungsbewegungen,
- Kombinierte Bewegungen (z. B. Schließung mit Rundung),
- Rückführung aktiver Bewegungen in die Entspannungslage (Relaxationsbewegungen),
- Zungenbewegungen, die sich dadurch manifestieren, daß die Zungenspitze an den Zähnen oder im Zahnspalt sichtbar wird.

Wenn jemand, der noch keine Übung hat, den Sprecher genau mit dem Ziel beobachtet, den Inhalt des Gesprochenen zu erfassen, so hat er zunächst nichts anderes zur Verfügung als diese Bewegungen. Damit kommt er zu einem Gerippe von erkennbaren Bewegungen, die aufeinander folgen. Aber diese Bewegungen spiegeln nicht das gesamte Sprechen wider, sondern nur dessen sichtbaren Teil. Ein im Absehen *Geübter* erkennt in den Bewegungen die typischen *Kinempositionen*, die *durchlaufen* werden.

Das Sichtbare dieser Bewegungen ist eng verbunden mit der Steuerung. Wenn man die sichtbaren Bewegungen analysiert, so gibt es klar erkennbare Bewegungen, die den Beginn eines *Steuerungsimpulses* markieren, wie die Öffnungs- und Schließbewegungen, die durch die Aktivität des Unterkiefers ausgelöst werden. Die Unterlippe wird mit dem Unterkiefer bewegt. Und es gibt aktive Bewegungen der Lippen: die Rundung (bis zur Vorstülpung) und die Breitspannung (bis zur Spreizung). Bei diesen Lippenbewegungen ist der Beginn des Bewegungsimpulses ebenso zu erkennen, wie sein Ende. Dann entspannen sich die Lippen und gehen in eine indifferente Lage zurück.

Von da ausgehend kann man feststellen, daß es fünf Arten von Bewegungen gibt: Öffnungs-, Schließungs-, Rundungs-, Spreiz- und kombinierte Bewegungen, die eben durch die Positionsveränderungen charakterisiert sind. Um sie terminologisch von den Kinemen zu unterscheiden, können sie in Anlehnung an den englischen Sprachgebrauch als *Viseme* (visuell wahrnehmbare Bewegungen) bezeichnet werden. Diese Bewegungen bilden die Gruppe der *Gleitviseme*.

Dazu kommen die *punktuellen* Viseme, die dann sichtbar werden, wenn die Zungenspitze zwischen den halb- oder wenig geöffneten Zahnreihen sichtbar wird. Durch diese punktuellen Viseme werden die gleitenden, sich ständig verändernden Bewegungen der Lippen beim Sprechen gegliedert. Sie geben zusätzliche Informationen für die Erfassung des sprachlichen Inhalts.

3.5 Schließung der visuellen Lücken durch Mitsprechen

Das Absehen ist ein Lückenbild. Nur wenige Bewegungen beim Sprechen sind sichtbar. Die anderen Bewegungen sind, obwohl sie wesentliche akustische Effekte bewirken oder an ihnen beteiligt sind, dem Blick entzogen.

Das Verstehen aber braucht das *ganze* Geschehen, obwohl manchmal schon Bruchstücke genügen, das Ganze zu rekonstruieren. Bei jeder Wahrnehmung wird die Erinnerung einbezogen. Das *Vertraute* läßt sich *rekonstruieren*, wenn das Ganze schon einmal erlebt wurde. Schon jeder wird erlebt haben, daß bereits eine Ecke oder ein Rand, den wir sehen, genügt, um zu wissen, daß dort das Tuch oder der Gegenstand, abgedeckt durch Anderes, liegt, den wir gerade suchen. Und wenn es nur eine Kante ist, die wir sehen – sie genügt bereits.

Auch bei der Wahrnehmung von Akustischem genügen Bruchstücke. Das beweisen Unterhaltungen im Störlärm, wo viele der intensitätsschwächeren Details durch die Nebengeräusche verdeckt sind. Sie werden aus der Erinnerung ergänzt, aber nur dann, wenn der Hörer in seiner Erinnerung über das vollständige Klangbild des Wortes oder der Wortfolge verfügt. Wenn eine Fremdsprache nicht in gleichem Maße wie die Muttersprache beherrscht wird, versagt die Ergänzung aus der Erinnerung, wie sie für die Muttersprache üblich und ganz natürlich ist.

Die Fähigkeit zur *Ergänzung* muß beim Absehen ständig sensibilisiert sein; denn das Absehen liefert niemals ein so vollständiges

Bild, wie es der Mensch beim Hören, und vor allem beim Lesen erfährt. Das Schriftbild ist dazu noch beständig. Es ist also eine ganz sichere Grundlage für das Verstehen, wenn die Wörter bekannt sind.

Die ganze Äußerung durch Absehen zu erfassen ist an drei Voraussetzungen gebunden: Erstens muß der Absehende die Lippen- und Kieferbewegungen gut *verfolgen* können und dies auch geübt haben. Zweitens muß ihm ständig bewußt sein, daß er nie etwas Vollständiges zu sehen bekommt, sondern eben nur Bruchstücke. Drittens muß er, um diese *Lücken zu füllen*, die jeweiligen sprachlichen Ganzheiten in seinem Gedächtnis abrufbereit zur Verfügung haben. Sie müssen ihm in dem Augenblick, wo er sie braucht, zur Verfügung stehen.

Auf welchem Weg der Mensch zu diesen vollständigen Eindrücken im Gedächtnis gekommen ist, ob durch Hören, durch Lesen oder durch den Gebrauch dieser sprachlichen Einheiten in der lebendigen Kommunikation, ist im Grunde letztlich gleichgültig. Sie müssen nur in seinem Gedächtnis vorhanden, verfügbar und unmittelbar abrufbar sein.

Das Absehen ist ein visueller Vorgang. Er stützt sich auf motorische Prozesse, die sich beim Sprechen vollziehen. Gewiß, es sind Bewegungen, die nur weniges offenbaren und viel *Verdecktes im Hintergrund* halten. Die Lücken müssen durch aktivierte Gedächtnisinhalte geschlossen werden. Der Mensch nimmt aber nicht nur Lautsprache auf – er produziert sie auch.

Am wirksamsten für die Ergänzung sind die eigenen Bewegungsmuster, die als *motorische Ganzheiten* im Gedächtnis eingespeichert sind, weil wir sprechen können. Vielfach existiert noch die Vorstellung, wir realisierten, wenn wir sprechen, einen Laut nach dem anderen, ganz in Analogie zum Schreiben oder noch einfacher, indem wir einen Buchstaben nach dem anderen auf einer Schreibmaschine oder dem Keyboard eines Computers antippen. Das Sprechen aber geschieht ganz anders; das hörbare lautsprachliche Signal wird in einer komplexen, *ineinander gefügten Bewegung* der Sprechorgane erzeugt. Daß dabei die aktuell an der Bildung eines Lautes unbeteiligten Organe bereits ihre notwendig werdende Beteiligung an zukünftigen Lauten vorbereiten, wurde schon gesagt. Gerade, weil der Bewegungsvorgang *vorausgreifend* und auf das Zukünftige gerichtet abläuft, wird er auch als *komplexes Ablaufmuster*, als motorische Qualität in unser Gedächtnis eingespeichert.

Und bei Bedarf wird diese motorische Ganzheit, die ein Wort, aber auch eine ganze Wortfolge als Formel umfassen kann, abgerufen und als komplexer Bewegungsvorgang realisiert. Das Ganze läuft als Automatismus ab und wird uns nicht bewußt.

Solche Überlegungen lassen es als unumgänglich erscheinen, daß der Mensch, so wie er über ein visuelles und ein akustisches Gedächtnis verfügt, auch ein *motorisches Gedächtnis* besitzt. (LURIJA 1992, 177ff.) Das ist uns zwar nicht so vordergründig bewußt, aber es gibt motorische Verläufe, die im praktischen Leben immer in der gleichen Weise reproduziert werden müssen, wie zum Beispiel die eigene Unterschrift. Wenn deren Form nicht mit der hinterlegten Schriftprobe übereinstimmt, gibt es kein Bargeld am Bankschalter, oder die Überweisung wird nicht akzeptiert.

Bewegungen können trainiert werden. (PÖHLMANN 1986, 198ff.) Das wissen Sportler oder Tanzpaare ebenso wie ein Autofahrer. Die Bewegungen müssen mit großer Konstanz und absoluter *Treffsicherheit* ausgeführt werden. Dazu werden sie als Ablaufmuster, in der richtigen Reihenfolge der Einzelbewegungen und im richtigen Zeittakt vom Gedächtnis aus reproduziert. Solche Beispiele sind uns aus dem täglichen Leben bekannt und bewußt. Daß dazu auch die Sprechbewegungen gehören, machen sich die wenigsten klar. Aber eine kurze Überlegung zeigt, daß es so sein muß.

Eine solche Überlegung zeigt weiterhin, daß wir Ablaufmuster nur für diejenigen Wörter und Redewendungen in unserem Gedächtnis gespeichert haben können, die wir schon häufig selbst *gebraucht* haben. Wörter, die wir noch nie oder nur in der Schriftform verwendet haben, können wir zwar auch sprechen oder nachsprechen, aber es ist eher wahrscheinlich, daß dies unter Anwendung von *Transferregeln* geschieht und nicht durch die Reproduktion eines vorhandenen Musters.

Wenn der Perzipient beim Absehen mitspricht, so bedeutet dies, daß er Sehen und Motorik einer bestimmten Art, der Sprechmotorik, miteinander verbindet. Daß die Motorik mit dem Sehen eine Verbindung eingeht, die wohlkoordiniert und zielsicher ist, belegen das eigene Erleben ebenso wie der Sport. (MCCRONE 1992, 138)

Bei Ballspielen ist es nicht nur notwendig, daß der Fußball- oder Tennisspieler den Ball trifft und ihm die Richtung und Geschwindigkeit gibt, die er haben soll. Es ist auch nötig, in die Bewegung des eigenen Körpers den Flug des ankommenden Balles einzubeziehen, damit der Spieler genau zu dem Zeitpunkt dort ist, wo er den Ball am besten spielen kann.

Bei guten Sportlern sind Sehen und Motorik in hervorragender Weise aufeinander bezogen. Aber die *Koordination* zwischen visueller Perzeption und Körpermotorik sind nicht nur bei hervorragenden Sportlern zu beobachten, sondern auch bei uns selbst, im ganz gewöhnlichen Alltag. Der Griff zur Türklinke oder zur Teetasse erfordert diese Koordination ebenso wie der erste Schritt auf der Treppe. Alles geschieht im Alltag ohne Störungen – vorausgesetzt es ist hell und damit möglich, Sehen und Motorik aufeinander zu beziehen.

Wenn die gewohnte Koordination gestört ist, beispielsweise das Sehen mit einer neuen Brille erfolgt, dann fühlt man sich unsicher und muß erhöhte Aufmerksamkeit aufwenden. Aber nach einiger Zeit hat sich die neue Koordination eingespielt, und die Handlungen erfolgen störungsfrei.

Die Koordination der Motorik mit dem Sehen ist eine der grundlegenden Fähigkeiten zu Handlungen in der Umwelt, eine Koordination, die das Kind schon gegen Ende des ersten Halbjahres seines Lebens erlernt und die es erheblich vervollkommnet, wenn es mit dem Kriechen die Eroberung des Raumes beginnt, die es dann mit dem Laufen, Springen, Rennen und Klettern ganz erheblich vervollkommnet.

Die Verbindung von Sehen mit der Motorik ist also etwas ganz Selbstverständliches, das der Mensch in verschiedenen Bereichen des Lebens anwendet, und auch, daß er Bewegungen, die andere vollführen, sieht und nachmacht. Die rhythmische Gymnastik, die Gruppengymnastik und heute auch Aerobic sind Beispiele dafür.

Daß aber über das Sehen die Sprechmotorik zur *Mitgestaltung* genutzt wird, ist ein ungewöhnlicher Gedanke. Denn normalerweise wird eine solche Fähigkeit nicht gebraucht; das Hören reicht zum Sprachverstehen aus.

Wenn aber das Hören zum Sprachverstehen nicht ausreicht, ist die *Einbeziehung der Sprechmotorik* eine recht gute Hilfe. Denn durch die Nachahmung der Lippenbewegungen werden die übrigen Bewegungen der Artikulationsorgane, die sich verborgen und verdeckt im Inneren unseres Mundes vollziehen, geweckt und ins Bewußtsein gehoben. Das Unsichtbare wird durch die motorische Erinnerung aktiviert, die *Ausfüllung der Lücken* zwischen den sichtbaren Höhepunkten der Kiefer- und Lippenbewegung wird dann möglich.

Damit eröffnen sich reale Möglichkeiten, das Mitsprechen zum Sprachverstehen dort zu nutzen, wo das Hören allein nicht mehr ausreicht. BRAUCKMANN (1931, 1936b) machte das *Mitsprechen* zu einer Säule seines methodischen Programms für schwerhörige Schulkinder.

Das Mitsprechen erscheint zunächst als außerordentlich günstig, zumal es gar nicht so viele Möglichkeiten gibt, die beim Absehen vorhandenen Lücken zu überbrücken. Zu einem Bewegungsablauf, dessen *labiale Fixpunkte* erfaßt werden können, gehören nur eine begrenzte Anzahl von Möglichkeiten, die Lücken auszufüllen. Das ist richtig.

Allerdings ist die Ausfüllung der Lücken an zwei *Voraussetzungen* gebunden, die diese Möglichkeiten wieder einschränken. Zunächst ist die Ergänzung der Lücken durch Mitsprechen nur bei den Wörtern oder Wortfolgen möglich, die zum *vielgebrauchten aktiven Wortschatz* gehören. Nur dann, wenn die motorischen Muster als Ganzheiten aus dem Gedächtnis abgerufen werden können, ist die Ergänzung möglich, so wie auch das Sehen einer Ecke das Bild des Ganzen im Bewußtsein zum Aufleuchten bringt. Einen Gegenstand, den wir zwar im Prinzip kennen, aber mit dem wir nicht umgegangen sind und den wir nicht aus verschiedenen Entfernungen und in verschiedenen Lagen gesehen haben können wir auf diese Weise nicht aus der Verborgenheit lösen.

Auf das Sprechmotorische angewandt bedeutet dies, daß ein Wort oder eine Wortfolge nur dann ergänzt werden kann, wenn wir sie *selbst* in unterschiedlichen Situationen, in verschiedenem Sprechtempo und unter unterschiedlicher emotionaler Beteiligung *gebraucht* haben. Sie muß in unserem Gedächtnis als *Invariante* über unterschiedlich ausgeprägte Realisierungen vorhanden sein. Das kann aber für Alltagssprache durchaus vorausgesetzt werden.

Zum Zweiten ist es nur dann möglich, verdeckte sprechmotorische Abläufe ins Bewußtsein zu heben, wenn das *Absehen* und die eigene *Sprechmotorik* zu einer *integrierten Einheit* geworden sind, was, wie schon ausgeführt, normalerweise nicht so ist; denn gerade für die Kommunikation im Alltag reicht das Hören im allgemeinen aus. Wie bei vielen anderen Verbindungen zwischen Sinnesleistungen und Fertigkeiten sind die Grundlagen im menschlichen Organismus zwar *angelegt*, aber nicht *ausgebildet*. Wer Auto fahren lernt, muß visuell-motorische Leistungen neu erlernen, die ein Nicht-Autofahrer so nicht besitzt. Vielfach ist es so, daß der Fahrschüler die richtige Lage der Füße auf Gas-, Brems- und Kupplungspedal erst noch visuell kontrollieren möchte. Erst später können diese koordinierten Bewegungen als automatisch beherrschte Abläufe in das Fahren einbezogen werden.

Die Koordination zwischen der Beobachtung der Lippenbewegungen und der eigenen Sprechmotorik muß vom schwerhörig Gewordenen *neu erlernt* werden, und so, wie ein Sportler neue effektive Bewegungsabläufe nur durch intensives Training erlernt, so ist es auch beim Mitsprechen nach Lippenbewegungen. Die Fähigkeit, aus der eigenen Sprechmotorik die Lücken im Absehbild zu füllen, stellt sich erst nach *intensivem Üben* ein. Das ist einerseits mit Mühe verbunden, andererseits mit Zeitaufwand. Die Zeit dafür ist vorhanden, wenn man die Nachrichtensendungen, die man beim Fernsehen ohnehin sieht, nicht überlaut anhört, sondern den Ton leise dreht *und mitspricht*. Der Nachrichtensprecher bietet im allgemeinen ein hervorragendes Absehbild. Die Mühe ist nicht zu umgehen; sie muß aufgewandt werden.

3.6 Schließung der Lücken durch den situativen Kontext

Geht man allein von den Lippenbewegungen aus, so nimmt der Perzipient ein *mehrdeutiges Lückenbild* wahr. Die wenigen sicheren Informationen, wie sie beispielsweise beim vollständigen Verschluß der Lippen erkannt werden können, sind zudem noch mehrdeutig. Sie können mit den Lauten b oder p oder m identifiziert werden. Und sie werden außerdem bis zu dem nächsten eindeutigen Lippenbild durch eine Lücke unterbrochen, in der ein oder mehrere

Laute stecken könnten; aber es braucht auch gar kein verdeckter Laut dazwischen zu sein. Das ist das große Problem.

Die Notwendigkeit, dieses Lückenbild zu ergänzen, schafft Raum für viele Möglichkeiten bei der Ausfüllung dieser Lücken, und nur eine *einzige* dieser Möglichkeiten ist dann die Richtige. Das bedeutet, daß allein aus dem Lippenbild der Sinninhalt schwer zu rekonstruieren ist. Daß hierbei das Mitsprechen eine Hilfe sein kann, wurde soeben dargestellt. Es gibt noch einen zweiten Weg, Hilfen für die richtige Ergänzung zu nutzen.

Ziel jeder Sprachperzeption ist die Sinnerfassung. Ihre höchste Stufe ist das *Einordnen* der Information in die *Wirklichkeit*. Diese kann einerseits die reale, uns umgebende Wirklichkeit sein, andererseits aber auch eine scheinbare Wirklichkeit, die uns nicht umgibt, sondern die nur in unserer *Vorstellung* existiert und durch Sprache entwickelt und aufgebaut oder aus der Erinnerung *wachgerufen* wird. Solch eine Vorstellung wird durch zusammenhängende Informationen übermittelt.

Wenn beispielsweise jemand von seiner Urlaubsreise erzählt, so hat *er* eine lebendige Vorstellung von seinen Erlebnissen, und Stück für Stück baut er im Bewußtsein seines Partners, manchmal gut systematisiert, manchmal aber auch unsystematisch springend, eine Vorstellung von diesen Ereignissen auf. Sehr gut gelingt das, wenn Abbildungen, Fotos oder Postkarten den mündlichen Bericht ergänzen. Dann kann der Partner an den Schönheiten des Urlaubsortes, den Begegnungen und Kontakten mit anderen Menschen, den Höhepunkten der Aktivität und auch dem Negativen, das er erlebt hat, teilhaben. Durch Sprache lassen sich auch solche von der aktuellen Umgebung losgelöste Ereignisse und Erlebnisse recht gut übermitteln.

In solchen Situationen wird es aber ganz schwierig, die Lückenbilder zwischen den Kinemen auszufüllen; denn es fehlt die Möglichkeit einer *konkreten Kontrolle*. Bei einem solchen Gespräch mit einem, der auf Absehen angewiesen ist, sollte man daran denken, den Bericht durch handschriftliche Informationen (durch welche Orte führte die Reiseroute?), Prospekte, Karten oder Bilder zu ergänzen und ganz bewußt, durch Pausen unterbrochen, in denen das Kommunikations- oder Anschauungsmittel gewechselt wird, dem Absehenden Gelegenheit zu geben, sich umzustellen.

Vielleicht dauert eine solche Vermittlung eines *für den Partner abstrakten* Sprachinhalts ein wenig länger, aber sie verläuft befriedigend und hinterläßt weder beim Sprecher noch beim Absehenden das Gefühl, unnütz seine Zeit vertan zu haben, weil der Sprecher nichts vermittelt und der Absehende nichts verstanden hat.

Im Alltag werden jedoch sehr häufig *konkrete* Sprachinhalte übermittelt, die sich erstens auf die Situation beziehen, in der sich beide Partner konkret befinden und aus der sich zweitens Aktionen ergeben, die getan werden müssen. Es sind Gespräche mit *unmittelbarem* Wirklichkeits- und Handlungsbezug. Bei dieser Art von Gesprächen läßt sich visuell das Gegebene eindeutig erfassen und als Hintergrundinformation ausnutzen, in das dann die lautsprachliche Information eingeordnet und darauf bezogen werden kann.

Die *Situation* mit ihrer räumlichen Strukturierung, mit Nebengeräuschen, Temperatur, Luftströmung oder Gerüchen ist für die beiden oder mehr Gesprächspartner die gleiche. Was offenbar ist, braucht gar nicht gesagt zu werden; es wird unmittelbar aus der Umgebung aufgenommen, als Grund- oder Hintergrundinformation, die das Gespräch begleitet.

Wenn eine Person spricht, dann ist sie dem Hörer bekannt, vielleicht sogar vertraut. Der Hörer hat dann mit der Art, wie sie spricht, keine Schwierigkeiten. Ihr Dialekteinschlag und auch die Veränderungen ihrer Sprechweise durch die Emotionen sind ihm bekannt oder werden durch den Gesichtsausdruck erfaßbar. Bei großer Vertrautheit erstreckt sich das sogar bis in ihre *Denkgewohnheiten* hinein; denn manche Menschen kommen im Alltagsgespräch immer wieder auf die gleichen Probleme, die sie beschäftigen, zurück. Dann ist es relativ leicht, die Lücken, die beim Absehen bleiben, auszufüllen. Die Fülle der Möglichkeiten, das Lippenbild in der richtigen Weise zu ergänzen, wird durch den Bezug auf die reale Situation, in der die Kommunikation stattfindet, erheblich *eingeschränkt*.

Manchmal erübrigt es sich sogar, die Lippenbewegungen überhaupt zu verfolgen, weil das, was der Sprecher sagen will, durch eine *kommunikativ-ganzheitliche* Geste ausgedrückt wird. Das kann Bestätigung, Verneinung, Betroffenheit, Widerspruch, aber auch etwas anderes sein. Es braucht auch nicht konkret durch eine Geste, sondern kann auch nur durch einen Blick, sogar durch die Andeutung eines Blickes, ausgedrückt werden. Eine solche kommunikativ-ganzheitliche Äußerung enthebt den Absehenden der Mühe, die Lippenbewegungen überhaupt zu verfolgen. Denn es ist völlig gleichgültig, mit welchen Worten ein Widerspruch oder eine Verneinung ausgedrückt wird. Da es das letzte Ziel der Kommunikation ist, den Inhalt zu verstehen und in die Situation richtig einzuordnen, rangiert in solchen Fällen die lautsprachliche Formulierung erst an zweiter Stelle. Der Perzipient braucht dann die Mühen, die mit dem zweiten Perzeptionsweg verbunden sind, nicht auf sich zu nehmen.

4 Synthese – die bisensorische Sprachperzeption

4.1 Die Kombination der Fernsinne Sehen und Hören

Schlägt man ein Physiologie- oder Psychologie-Lehrbuch auf (TRENDELENBURG, W. 1943, RUBINSTEIN 1958) oder eines speziell über Wahrnehmung (GUSKI 1989), so werden die einzelnen Sinne in allen ihren Einzelheiten abgehandelt. Das ist gut und richtig, wird doch dadurch die *Spezifik* der Sinne, die dem Menschen generell zur Erkennung der Umwelt zur Verfügung stehen, eindeutig gekennzeichnet. Aber wie sie untereinander zusammenwirken und sich ergänzen, wie vor allem die Lücken ausgefüllt werden, die zwischen ihnen bleiben, das wird oft nur sehr summarisch oder überhaupt nicht dargestellt.

Doch ist die Welt, in der wir leben und agieren, in Wirklichkeit ein komplexes, vielfach vermaschtes Ganzes, aus dem wir mit unseren Sinnesorganen nur Teile herausheben heben können. Eine grundlegende Aufgabe des Erkennens dieser Welt ist es, die Wahrnehmungen, die uns unsere Sinnesorgane vermitteln, *miteinander zu verknüpfen* und *aufeinander zu beziehen*, um die Grundlage für ein zielgerichtetes Handeln zu gewinnen. Der Komplexität der äußeren Wirklichkeit muß im Bewußtsein ein ebenso komplexer Erkennungsprozeß gegenüberstehen. Von AYRES (1984) wurde dieser als *sensorische Integration* bezeichnet.

Unter den Sinnesorganen haben wir zwei ganz unterschiedliche Sinne, die in die Ferne wirken: Sehen und Hören. Mit den anderen Sinnen empfinden wir Einwirkungen auf die Oberfläche unseres Körpers oder aus dessen Innerem, oder sie sind sehr diffus in Bezug auf die Richtung, wenn es sich um Wahrnehmungen aus der Ferne handelt, wie beim Geruch. Sehen und Hören sind auch von der Menge der Informationen, die sie verarbeiten können, unbestritten die leistungsfähigsten Sinne. Sie sind in vielen Lehrbüchern ausführlich dargestellt und dokumentiert. Aber wie sie zusammenwirken und in ihrer Kombination uns zu besonderen Leistungen befähigen, wird oft nicht ausführlich beschrieben. Gerade dieses *Zusammenwirken* hat heutigentags dem Fernsehen zu einem bedeutenden Siegeszug verholfen.

Beide sind wichtig bei der Nutzung des *Raumes* für das Individuum und für die Aktivitäten, die es dabei entfaltet. Dem Sehen auf der einen und dem Hören auf der anderen Seite fallen dabei unterschiedliche Aufgaben zu. Der Gesichtssinn, durch den mit beiden Augen neben Licht, Farbe, Kontur oder Bewegung der Objekte auch die Tiefe des Raumes und die Entfernung zu einem Gegenstand erfaßt wird, ist nur auf einen relativ begrenzten Ausschnitt vor dem Körper gerichtet. Das *Sehfeld* ist der Raumsektor, in dem auch die Hände aktiv werden und in dem wir mit dem Objekt manipulieren können. Was aber über, unter und, was rechts und links, vor allem aber hinter dem Kopf ist, bleibt unsichtbar.

Das Hören umfaßt mit seinem räumlichen Sinnesfeld den ganzen das Individuum umgebenden Raum und kann genau entscheiden, aus welcher Richtung ein Objekt oder Ereignis Schall emittiert. Das Sehen ist an Helligkeit der Umgebung gebunden, und um sich zur Ruhe zu begeben und gleichsam von der Umwelt zu trennen, werden einfach die Augen geschlossen. Die Ohren haben keine Lider, und auch im Schlaf dringen heftige Geräusche ins Bewußtsein. Der Schläfer wacht auf und ist fähig, auf drohende Gefahren zu reagieren.

So ergänzen sich Sehen und Hören in hervorragender Weise. Wie wichtig die *Zusammenarbeit der beiden Fernsinne* Sehen und Hören für die Existenz des Individuums sind, kann daraus geschlossen werden, daß sich in der Individualentwicklung des Säuglings schon relativ früh sich die Verbindung zwischen ihnen herausbildet. Die Koordinierung beider Augen, mit der das Fixieren eines Gegenstandes möglich wird, entwickelt sich gegen Ende des ersten, des »dummen« Vierteljahres. Das ist etwa die gleiche Zeit, mit der das Kind auch die Fähigkeit zum räumlichen Hören erwirbt.

Und kurz darauf, etwa zu Beginn des zweiten Lebensquartals,

werden beide, Sehen und Hören, miteinander verbunden, wohl auch durch Lernen, vor allem aber durch Nutzung bereits angelegter reflektorischer Automatismen. Dadurch erhält die Entwicklung des Säuglings einen gewaltigen Schub.

Was in unserer Umgebung Schall erzeugt, ist wichtig, kann aber auch Gefahr bedeuten. Der Schall wird durch das Gehör wahrgenommen, die Schallquelle wird geortet. Durch die reflektorischen Verbindungen zum Sehen, werden *Stellreflexe* der Augen, des Kopfes und bei Gefahr sogar des ganzen Körpers ausgelöst. Die Laufzeitunterschiede der Schallwellen zum rechten und zum linken Ohr werden durch Drehung des Kopfes minimiert. Wenn sie keinen Unterschied mehr aufweisen, liegt das Objekt, das den Schalleindruck verursacht hat oder noch verursacht, genau vor dem Kopf. Das ist aber genau der Sektor, den das *Gesichtsfeld* erfaßt. Das Objekt kann nun, während es weiter hörend verfolgt wird, genau *beobachtet* werden.

Durch diese Verbindung werden die interessanten Ereignisse in der Umgebung eines Säuglings zum Gegenstand der Betrachtung, vor allem die sich bewegenden. Was sich schnell bewegt, erzeugt einerseits Schall, und ist andererseits auch vom Hintergrund der ruhenden Umgebung *abgehoben*. So wird die kindliche Eroberung der uns umgebenden Gegenstandswelt erheblich gefördert. Im Laufe dieser Entwicklung wird das Sehen zum *Fixieren* und *Beobachten*, das Hören zum *Hinhören* und zum *Horchen*. Die Grundfunktionen, mit denen sich die Eroberung der Umwelt stürmisch vollzieht, werden von der passiven Reizaufnahme zur aktiv-bewußten Wahrnehmung umgestaltet.

Wer glaubt, mit der Entwicklung des Zusammenwirkens von Hören und Sehen in der frühen Kindheit sei dieser Zusammenschluß beendet und zu einem Abschluß gelangt, der irrt. Auch im späteren Leben werden viele neue Wahrnehmungen dazu erworben, allerdings oft, ohne daß sie von uns als besondere Leistungen erkannt werden.

Beim Sport gibt es viele Ballspiele, die auch im Fernsehen gezeigt werden. Beim Fußball sieht man, wie sich der Ball bewegt, aber man hört auch, wie er getroffen wurde und wie er auf den Boden aufprallt. Man hört sofort, wenn aus ihm Luft entwichen ist und er an Elastizität verloren hat. Auch bei anderen Ballspielen, wie Tennis oder Tischtennis, ist der Höreindruck wichtig. Beim Tennis hört man, selbst am Fernseher, ob der Ball mit der Bespannung oder mit dem Rahmen getroffen wurde. Und beim Tischtennis ist der Höreindruck vor allem bei einem Kantenball ganz wichtig. Er entscheidet mit, wem der Punkt zugesprochen werden muß.

Bei eigenen *Bewegungen im Raum* hört man, wie man sich bewegt, und auf was für einem Untergrund; denn gerade in einem geschlossenen Raum werden die Schritte und Tritte von den Wänden und der Decke mehrfach reflektiert.

Auch bei der Bearbeitung eines *Werkstücks*, sei es aus Holz, Metall oder Plaste sind die hörbaren Eindrücke, die sich mit dem Sehen und hierbei auch mit der Motorik verbinden, wichtig, weil sie auf Gefahren hinweisen. Beim Arbeiten mit einer Bandsäge hört man zuerst, ob irgendwo im Band ein Riß im Entstehen ist. Man kann dann in Ruhe danach suchen, und wenn man ihn gefunden hat, das Band auswechseln, ehe es reißt, abspringt und dabei gefährlichen Schaden anrichten kann. Auch beim Drechseln kann ein Riß, der sich in einem entstehenden Werkstück bildet, früher gehört als gesehen werden. Um ihn in Augenschein zu nehmen, muß die Maschine angehalten werden. Bei der großen Geschwindigkeit bleibt er unsichtbar, und ein abspringendes Teil ist wegen der großen Fliehkräfte nicht ungefährlich.

Nicht nur dem Fahrer eines Autos, sondern auch dem Beifahrer sind die typischen Geräusche geläufig, die beim Schließen der Tür entstehen. Man hört, ob die Tür richtig eingeschnappt ist, oder nur zum Teil, obwohl sich durch Sehen nur erfassen läßt, daß sie zu ist. Die Geschwindigkeit eines Autos läßt sich visuell erfassen. Der Fahrer ist darauf angewiesen, aber man hört auch an den Geräuschen der Luft, wie schnell man fährt; die beiden Sinne *ergänzen* sich und *kontrollieren* sich gegenseitig, und bei starkem Gegen- oder Seitenwind wird man auf mögliche Gefahren hingewiesen.

Unser gesamtes Verhalten im Verkehr wird von dem Zusammenwirken von Sehen und Hören gesteuert und von der Motorik unterstützt, vor allem, da sowohl aus den optischen wie akustischen Signalen nicht nur die aktuelle Verkehrssituation hervorgeht, sondern auch deren *Veränderung*. Und für das Verhalten ist es wichtig, zu wissen, ob sich ein Fahrzeug nähert oder entfernt. Das Verhalten im Verkehr ist ohne Mit- und Vorausdenken gar nicht möglich, weil alles mit erheblicher Geschwindigkeit abläuft.

Auch beim Umgang mit Tieren, vor allem mit vertrauten Haustieren, wirken Sehen und Hören sehr eng zusammen. Man sieht, wie sich das Tier bewegt, und wenn die Katze zum Beispiel voll zufrieden ist und sich wohl fühlt, so schnurrt sie.

Mit einigen Beispielen aus dem Alltag sollte belegt werden, daß die Fernsinnkombination von Sehen und Hören nicht nur in der Frühkindperiode eine bedeutende Rolle spielt, sondern dies lebenslang bleibt. Es kommen immer wieder aktuelle kombinierte Wahrnehmungen hinzu, die die beiden Fernsinne zusammenschließen. Aber, und das ist etwas ganz Wesentliches, nur dann, wenn dies *gebraucht* wird und für das Handeln förderlich ist.

Auch beim Wahrnehmen und dem Verstehen von Sprache ist dieser Zusammenschluß möglich – im Prinzip. In der Realität ist es allerdings meist so, daß die beiden Fernsinne getrennt arbeiten, weil das Hören allein für die Sprachperzeption *ausreicht*. Lautsprache aufzunehmen und zu verstehen ist für die meisten Menschen eine Sache des Hörens. Wenn man sie auf die Möglichkeiten hinweist, wie sich durch Einbeziehung des Sehens die Bedingungen für das unzureichend gewordene rein auditive Sprachverstehen verbessern lassen, haben sie damit keinen Erfolg – aus dem Grund, weil das Zusammenwirken der beiden leistungsfähigsten Fernsinne *nicht eingeübt*, *automatisiert* und *optimiert* ist.

Deshalb ist es nötig, diese Möglichkeiten zu kennen, um sie einzuüben, was wiederum die Voraussetzung dafür ist, daß das, was man als Hör-Sehen bezeichnet, in geeigneten Situationen nutzbringend angewendet werden kann.

Es ist richtig, daß Lautsprache bei leistungsfähigen Sinnen in erster Linie über das Hören aufgenommen wird. Lautsprache wendet sich auch an das Hören. Der rationale Inhalt, der in der Kommunikation vermittelt wird, trägt die Gedankenkonstruktion durch Lautfolge und Akzentuierung zum Partner. Allein die Lautfolge wird auch in die Schrift, das andere bedeutende Kommunikationsmittel, umgesetzt und kann den Inhalt übermitteln. Aber der rationale Inhalt ist prinzipiell *nicht das Einzige*, was lautsprachlich übermittelt wird. Auch das sollte man bedenken.

Wenn sich die Mutter lautsprachlich an ihren Säugling wendet, so spricht sie ausgesprochen emotional (ZIMMER 1986), wahrscheinlich nicht absichtsvoll und bewußt, aber zweckmäßig und richtig; denn in dieser Phase ist die *emotionale Brücke* der einzige Weg, um die Seele ihres Säuglings zu erreichen. Im Laufe der individuellen Entwicklung wird das anfängliche Überwiegen des Emotionalen in der Lautsprache immer mehr zum Rationalen verschoben, weil die rationalen gedanklichen Inhalte immer mehr an Bedeutung gewinnen. Das Rationale spielt in den Unterhaltungen Erwachsener die überwiegende Rolle.

Aber das Emotionale läßt sich nicht ausklammern; es ist und bleibt ständiger Bestandteil lautsprachlicher Äußerungen. Wenn wir ganz bewußt darauf achten, was allerdings selten geschieht, ist dieser emotionale Anteil an den Merkmalen der *lautsprachlichen Gestaltung*: am Sprechtempo, der Stimmlage, der Melodieführung, dem Stimmklang der Rhythmik zu erkennen, eventuell auch an der Sphäre und den Nebenbedeutungen der gewählten Wörter. Der emotionale Anteil in der Lautsprache wird heute in der *Fernsehwerbung* bewußt gestaltet und ausgenutzt (LINDNER 1998, 129), vor allem, weil dadurch unterschwellige Wirkungen ausgelöst werden, die nicht bis ins Bewußtsein vordringen.

Es wurde wiederholt gesagt und geschrieben: Lautsprache ist da, um Gefühle auszudrücken und zu übermitteln, aber von Spöttern auch: Lautsprache dient dazu, Gefühle zu verbergen. Beides ist richtig, und beides ist möglich. Es kommt auf die Zielstellung des Sprechens und die Situation an.

Nun drücken sich Gefühle nicht nur im Klang der Sprache aus, sondern sie sind Bestandteil der Äußerung, und die Äußerung enthält, zumindest, wenn sie spontan erfolgt, auch *Ausdrucksbewegungen*: Mimik und Gestik, Bewegungen vor allem des Gesichts, der Hände, des Kopfes, des gesamten Körpers. Diese Bewegungen sind viel seltener bewußt gestaltet als die Lautsprache, weil sie schwerer kontrollierbar sind. Lautsprachliche Äußerungen hört der Sprecher selbst mit – sein *Gesicht*, vor allem das Spiel der Augen, kann er ohne Spiegel nicht kontrollieren.

Wenn jetzt zur auditiven Perzeption noch die visuelle hinzutritt, kann man durch Vergleich von Gehörtem und Gesehenem erkennen, ob der emotionale Ausdruck echt oder unecht ist. Wenn der Partner lautsprachlich sein Bedauern ausdrückt, aber der Gesichtsausdruck nur Gleichgültigkeit erkennen läßt (wie man es bei Politikern nicht selten beobachten kann), dann ist der Widerspruch offensichtlich. Dann *sagt* der Partner etwas, was er nicht *meint*. Die Aussage ist nicht ehrlich und offen.

Und wenn der Partner sich zwar entschuldigt, aber mit einem angedeuteten, eventuell sogar hintergründigen Lächeln, dann ist klar, daß er dies nicht ehrlich meint. Der Widerspruch kann aber nur dann erkannt werden, wenn Hören und Sehen aufeinander bezogen sind. Bei einer Auseinandersetzung zählt *offiziell* das Wort; denn nur dieses kann protokolliert werden. Was man davon zu halten hat, weiß man, wenn man den Partner *sieht*. Und so kann man sich schon auf die nächste Gemeinheit einstellen.

Solche Widersprüche sind zwar nicht die Regel. Gewöhnlich sind Hör- und Seheindruck konform. Die Übereinstimmungen von Hören und Sehen im emotionalen Ausdruck aber sind für die Alltagskommunikation recht wichtig. Wenn Übereinstimmung besteht, dann kann man dem Wort vertrauen. Vertrauen aber gibt *Sicherheit* für das eigene Handeln und vermittelt das Gefühl der *sozialen Geborgenheit*.

4.2 Wechselseitiger Ausschluß von Unsicherheiten bei Konsonanten

Eine alte Erkenntnis besagt: Das Wesentlichste beim Absehen sind die Bewegungen der Lippen. Aus ihnen kann am besten auf den sprachlichen Inhalt geschlossen werden. Wie schwer es ist, dabei sichere Informationen zu erhalten, wurde schon mehrfach erwähnt; denn das Absehbild der Lippen ist ein mehrdeutiges Lückenbild.

In den rund 200 Jahren, seit Gehörlose oder Taubstumme, wie sie früher bezeichnet wurden, unterrichtet werden, hat man sich bemüht, die Bedingungen des Absehens der Sprache vom Munde genauer zu ergründen. (HEINICKE 1778; HILL 1839; SCHUMANN 1920) Denn Hörgeschädigte brauchen das Absehen zur Kommunikation; sie sind darauf angewiesen. Die mit dem Sprachverstehen verbundenen Schwierigkeiten sind also schon lange bekannt.

Aber erst, seit um die Wende des 19. zum 20. Jahrhundert in Leipzig das erste *Psychologische Laboratorium* durch Wilhelm

WUNDT gegründet worden war und man daranging, einzelne Seiten der menschlichen Psyche mit Hilfe von Experimenten zu erforschen (WUNDT 1909), wurde auch das, was in den Lippenbewegungen sichtbar wird und was nicht, in genauen Versuchen ermittelt.

Da das Ziel der Kommunikation das Erkennen und Verstehen von Wörtern ist, wurden *Wörter vorgesprochen*, und es wurde genau protokolliert, was die Versuchsperson verstanden hatte. Dabei kamen zwangsläufig auch Verwechslungen vor, und diese wurden sorgfältig analysiert. Um die Jahrhundertwende kam man auf diese Weise schon zur Kennzeichnung von *Lautgruppen*, innerhalb derer die Verwechslungen stattfinden und die heute als Kineme bezeichnet werden. Grundlegend hat sich seit den ersten empirischen Versuchen von Karl KROIß (1903) über das Absehen nichts geändert.

Damals gab es noch keine Trennung zwischen Gehörlosen und Schwerhörigen, wie wir sie heute haben, und in den Taubstummenanstalten gab es auch Schüler, die sich mit Erfolg über das Hören unterrichten ließen, wenn sie auch nicht in der Lage waren, die Lautsprache im Zusammenhang aufzufassen und zu verstehen; und an Hörgeräte, wie sie heute für diese Personengruppe üblich sind, war damals nicht zu denken.

Also untersuchte Karl KROIß auch, wie seine Schüler, die wir heute wahrscheinlich als stark Schwerhörige bezeichnen würden, gesprochene Wörter über das Ohr verstehen. Daß es auch hierbei Verwechslungen gab, weil Laute nicht oder nicht richtig aufgefaßt wurden, war nicht verwunderlich. Das Sprachverstehen war, wie beim Absehen, die *Ergänzung eines Lückenbildes*. Manche Laute waren gut, andere unsicher und einige gar nicht zu erkennen, und beim Verstehen von Wörtern waren die Schüler, wie beim Absehen auch, auf die Ergänzung eines Lückenbildes angewiesen.

Auch diese Versuche zum hörenden Erfassen von Lautsprache waren nichts völlig Überraschendes, wußte man doch damals schon, daß das unsichere Hören durch Hilfsmittel, wie direkte Einsprache ins Ohr oder ein Hörrohr, verbessert werden konnte. Die Auswertung auch dieser Versuche ergab aber, daß die Verwechslungen *von anderer Art* waren als beim Absehen, beruht doch das Absehen auf der Erfassung der Lippenpositionen und das beeinträchtigte Hören auf der Erfassung akustischer Effekte.

Vielleicht ist es zweckmäßig, die unterschiedlichen Verwechslungen, die zu möglichen Fehlern auch bei der Ergänzung werden, an einem Beispiel zu erläutern. Gesprochen wurde »Tiegel«. Rein über Absehen wurde es als »Nickel« aufgefaßt, allein über das unvollkommene Hören als »Kübel«. Dieses Beispiel enthält die gesamte Problematik und ihre Lösung.

Richtig an beiden Perzeptionsweisen ist, daß das Testwort sowohl über das Absehen als über das unvollständige Hören als ein *Zweisilber* aufgefaßt wurde, mit der Betonung auf der ersten Silbe. Das entspricht völlig der deutschen Wortstruktur. Es gibt nur wenige Zweisilber im Deutschen mit umgekehrter Akzentlage (z. B. Uran vs. Urahn oder Kon'sum vs. 'Konsum).

Aber die Konsonanten sind falsch, und zwar in ganz typischer Weise, wie sie durch *Verwechslungen* beim Absehen und beim unvollkommenen Hören entstehen. Beim Absehen wurde der Zungenspitzen-Kontakt mit den Zähnen, wie er beim »t« gebildet wird, richtig erfaßt. Aber dieses Kinem kann den Lauten »d, t, oder n« entsprechen, manchmal auch dem »l«. Der Absehende hat sich für »n« entschieden. Das ist vom Absehen her nicht falsch, weil über den visuellen Kanal allein die in diesem Fall exakt zutreffende Bedeutung nicht ermittelt werden kann und bei Einzelwörtern weitere Kontrollen *nicht möglich* sind.

Der nächste Laut ist erkennbar als Vokal mit Breitspannung der Lippen. Aber dessen Dauer kann aus dem Absehbild nicht entnommen werden.

Der dritte Laut, ein Konsonant, kann im Absehbild zu vielen Varianten gehören, da er im hinteren Teil der Mundhöhle gebildet wird. Insofern ist die Erkennungsleistung des Absehenden sehr gut, vielleicht auch die Leistung des Sprechers beim Versuch. Der Laut gehört zu der Gruppe, die unter dem *gutturalen Kinem* zu einem Absehbild vereinigt werden. Dazu gehören die Laute »g, k, ng, h«, Zäpfchen-R, Reibe-R und der ach-Laut. Alle diese Laute sind durch mittelgroße Öffnung des Mundes und relativ ungespannte Lippen gekennzeichnet. Sie lassen sich beim Absehen nicht weiter differenzieren. Daß sich der Absehende für »k« entschieden hat, ist mehr oder weniger Zufall, aber völlig korrekt. Vor allem paßt das »k« in ein sinnvolles Wort.

Der abschließende Konsonant »l« nach dem Murmelvokal wurde völlig richtig perzipiert.

So wurde das gesprochene Wort »Tiegel« mit dem *absehgleichen* Wort »Nickel« beantwortet. Es gibt viele absehgleiche Wörter, aus denen bei größeren Sinnzusammenhängen, und wenn die Situation Hilfen liefert, die richtigen Bedeutungen ermittelt werden können. So können die absehgleichen Wörter »Mama« und »Papa« schon durch eine hinweisende Blickwendung in der konkreten Situation eindeutig werden. Ohne zusätzliche Hilfen ist sonst zwischen absehgleichen Wörtern nicht weiter zu differenzieren.

Aus dem Versuch ging weiterhin hervor, daß das Testwort, rein auditiv aufgefaßt, bei vermindertem Hören als »Kübel« verstanden wurde. Wenn das Hören, wie es auch beim Altersschwerhörigen der Fall ist, langsam nachläßt, so gehen zuerst die hohen Töne verloren. Die tiefen Töne des gesamten Schallspektrums, die den emotionalen Ausdruck, die Sprechmelodie, den Rhythmus und den Stimmklang vermitteln, bleiben noch viel länger erhalten und lassen den alternden Menschen oft glauben, daß er noch vollkommen hört. Das ist aber nicht mehr der Fall. Im Laufe des Lebens verschlechtert sich das Hören der ganz hohen Töne langsam und kontinuierlich, so daß er sich an das sich verändernde Hörbild gewöhnt und die Lücken, die zuerst bei den »S-Lauten« entstehen, *aus der Erinnerung* ausfüllt. Nur ganz selten wird ihm bewußt, daß die Art, wie die anderen sprechen, an Präzision und *Deutlichkeit* eingebüßt hat.

Das Nachlassen des Gehörs ist ein gesetzmäßiger Alternsprozeß, der sich mit exakten Messungen schon im 3. Lebensjahrzehnt nachweisen läßt, wo er das Sprachhören überhaupt noch nicht beeinträchtigt, aber mit Meßinstrumenten nachweisbar ist. Dieser Prozeß verläuft in der Tendenz bei allen Menschen gleich, aber individuell in verschiedenem Grad und Tempo.

Wenn dann die Phase erreicht ist, wo das Sprachverstehen in *Mitleidenschaft* gezogen ist, dann fehlen dem Perzipienten die Fähigkeiten, die einzelnen Laute exakt auseinanderzuhalten. Aber er besitzt noch die Möglichkeit, *bei Konsonanten die Lautklasse* zu bestimmen. Etwa in diesem Zustand sollten die Versuchspersonen bei den ersten Perzeptionsversuchen gewesen sein. Eine exakte Hörprüfung, wie sie heute mit einem Audiometer vorgenommen wird, gab es um die Jahrhundertwende noch nicht. Man fing in dieser Periode damit an, mit Stimmgabeln die Hörfähigkeit zu objektivieren. Aber über die Hörfähigkeit der damaligen Versuchspersonen ist nichts bekannt.

Die Klassen von auditiv unterscheidbaren Eindrücken wurden nach neueren Untersuchungen von Ding »Aureme« genannt. (DING 1995, 95) Durch sie wurden die Ergebnisse, die schon KROIß gewonnen hatte, im wesentlichen bestätigt.

Bei dem Testwort »Tiegel« wurde auditiv beim *Anfangskonsonanten* erkannt, daß es sich um einen stimmlosen Verschlußlaut handelt. Zu diesem Aurem gehören drei Konsonanten: »p, t, k«. Eine genauere, ins Einzelne gehende Bestimmung des Lautes ist über das eingeschränkte Hören nicht möglich. Dazu müssen andere Kriterien mit herangezogen werden, vor allem, daß am Ende ein sinnvolles Wort entsteht.

Der Vokal ist ein Klang mit einem tiefliegenden ersten Formanten. Zu diesem Aurem gehören die Vokale »u, i, ü«. Aber um zu entscheiden, um welchen Vokal es sich handelt, hat das Hörvermögen nicht ausgereicht. Daß der Vokal *lang* ist, kann durch das Hören dagegen *eindeutig erfaßt* werden.

Der folgende Konsonant wird rein auditiv als stimmhafter Verschlußlaut erkannt. Zu diesem Aurem gehören die Laute »b, d, g«. Eine feinere Differenzierung, um welchen Laut es sich handelt, ist beim eingeschränkten Hören nicht möglich.

Damit sind die Wahrnehmungsgrundlagen auf der Ebene der Laute beschrieben. Die Versuchsperson steht nun vor der Aufgabe, die unsicheren Wahrnehmungen zu einem sinnvollen Ganzen zu vereinigen, und zwar rasch, ohne daß weitere Hilfen herangezogen werden können. Beim Sprachverstehen spielen sich ja alle Prozesse mit *erheblichem Tempo* ab, manchmal so schnell, daß Einzelheiten gar nicht bewußt werden. Vielfach sind sie automatisiert und verdeckt, so daß sie überhaupt nicht, auch nicht durch intensives Nachdenken, ins Bewußtsein gehoben werden können.

Bei dieser Suche nach einem sinnvollen Ganzen, das voll mit den Auremen übereinstimmt, entschied sich die Versuchsperson für das Wort »Kübel«. Als Ableitung aus den auditiven Primärdaten ist es eine richtige Abstraktion und Kombination. Nur mit Hilfe von weiteren Hilfskriterien, wie dem Sinn- oder Sachzusammenhang, könnte ermittelt werden, daß dies zwar die falsche Lösung ist, aber eine, die mit dem Testwort *hörgleich* ist.

Die Schüler in den Gehörlosen- und Schwerhörigenschulen sind auf das Absehen zur besseren Sprachperzeption angewiesen; bei ihnen ist die integrative Verbindung von Hören und Sehen beim Sprachverstehen *eingeübt* und *automatisiert*. So konnte KROIß auch den dritten Versuchsabschnitt mit ihnen durchführen: Perzeption der Testwörter über Hören und Sehen zugleich, also *bisensorisch*. Das bedeutet: Hören, wenn auch geschwächt und unvollständig, und Sehen, wenn auch bei dem komplizierten Bewegungsablauf der Sprechorgane auf die äußeren beschränkt, werden *miteinander integrativ verbunden*. Es wird die perzeptive Leistung bei der Verbindung zweier ungenau und lückenhaft arbeitender Perzeptionskanäle ermittelt.

Das Ergebnis ist überraschend: Es gab keine oder fast keine Fehler bei der Sprachperzeption. Die Erklärung dafür ist nicht mehr überraschend, sondern einleuchtend und klar.

Bei dem Testwort »Tiegel« wird der erste Konsonant als lingual-coronales Kinem erkannt und könnte »d, t, n, l« sein. Durch das unvollkommene Hören wird er als stimmloser Verschlußlaut erkannt und könnte »p, t, k« sein. Wirken Absehen und Hören zusammen, so gibt es nur eine einzige Möglichkeit, die auf den ersten Laut zutrifft, und diese ist »t«. Nur bei diesem Laut stimmen die *Perzeptionsergebnisse* von Absehen und unvollständigem Hören *überein*. Die anderen Möglichkeiten einer Lautidentifizierung werden jeweils durch den anderen Kanal *ausgeschlossen*.

Auch beim zweiten Konsonanten, dem dritten Laut, ist ein ähnlicher gegenseitiger Ausschluß von Unsicherheiten festzustellen. Beim Absehen wird erkannt, daß es sich um einen Laut des gutturalen Kinems handelt, einem Kinem mit vielen Verwechslungsmöglichkeiten und damit großer *Zuordnungsunsicherheit*. In diesem Kinem stecken die Lautwerte »k, g, ng, h«, der ach-Laut, das Zäpfchen-R und das Reibe-R. Die eindeutige Lautspezifik ist über das Absehen nicht zu ermitteln.

Durch das unsichere Hören wird aber erkannt, daß es sich um einen *stimmhaften Verschlußlaut* handelt. Zu diesem Aurem gehören die Laute »b, d, g«. Werden jetzt beide Sinnesdaten, Absehen und unvollkommenes Hören, aufeinander bezogen, ergibt sich Eindeutigkeit. Die *Übereinstimmung* der beiden Perzeptionskanäle ergibt sich nur für den Konsonanten »g«. Auch hierbei führt die integrative Kombination beider Kanäle zum *wechselseitigen Ausschluß der Unsicherheiten*, die bei jedem Kanal einzeln vorhanden sind.

Beim Absehen werden bei den Konsonanten insgesamt sieben Kineme unterschieden, die bereits früher dargestellt worden sind. Sie seien hier noch einmal kurz wiederholt. Es sind

- das bilabiale Kinem (b, p, m), erkennbar am vollständigen Lippenschluß,
- das labio-dentale Kinem (f, w), erkennbar an der Berührung der Unterlippe mit den oberen Schneidezähnen,
- das dentale Kinem (stimmhaftes bzw. stimmloses s), erkennbar an der starken vorderen Zungenhebung gegen den Zahnfleischrand,
- das ligual-coronale Kinem (l, d, t, n), erkennbar an der Zungenspitzenhebung gegen den Zahnfleischrand,
- das lingual-dorsale Kinem (ich-Laut [vorderes ch], j), erkennbar an der starken vorderen Zungenaufwölbung unmittelbar hinter den Zähnen,
- das gutturale Kinem (g, k, ng, h, ach-Laut sowie gerolltes und geriebenes R), erkennbar an der mittleren Mundöffnung bei entspannten Lippen und
- das gerundete Dentalkinem (sch, einschließlich der stimmhaften Variante), erkennbar an der Lippenvorstülpung.

Angemerkt sei, daß diese Kineme nicht bei jedem Sprecher und nicht in jeder Sprechsituation eindeutig und gut unterschieden werden können. Sie stellen in dieser Aufstellung und Differenzierung quasi die beim Absehen vorhandene *Optimalvariante* dar. Das besagt, daß beim *schnellen*, beim *undeutlichen* Sprechen und in der unbetonten Stellung der Laute die Bedingungen schlechter, aber keinesfalls besser sein können. Die Perzeptionsbedingungen liegen in der Realität *unterhalb des Optimums*; die Verwechslungsmöglichkeiten sind dann höher. Deshalb sei noch einmal darauf hingewiesen, daß es notwendig ist, *weitere Hilfen* für die Deutung und Zuordnung der Absehbilder einzubeziehen.

Eine Möglichkeit ist die Hinzuziehung des Hörens, wie es für jemand, der sein ganzes Leben lang gut gehört hat, selbstverständlich ist. Aber auch dann, wenn das Hören so unscharf geworden ist, daß eine *eindeutige* Erkennung und Unterscheidung der Laute nicht mehr in allen oder einigen Kommunikationssituationen möglich ist, kann die Kombination mit dem Absehen, das in jedem Fall ein mehrdeutiges Lückenbild ist, die vorhandenen Unsicherheiten ausschließen. Wenn das Hörvermögen im Alter nachgelassen hat und die Qualität der Höreindrücke vor allem im den oberen Frequenzen nachgelassen hat, lassen sich die folgenden sieben Lautgruppen unterscheiden:

- stimmlose Verschlußlaute (p, t, k), erkennbar an dem scharfen, Explosionsgeräusch der nachströmenden Luft nach Öffnung des Verschlusses,
- stimmhafte Verschlußlaute (b, d, g), erkennbar an der Stimmtonunterbrechung und dem plötzlichen Wiedereinsetzen der Stimme bei sanfter Explosion,
- stimmlose Engelaute (f, s, vorderes ch, sch, h), erkennbar an dem Geräusch (eventuell auch an der Lücke, die im Sprechkontinuum entsteht),
- stimmhafte Engelaute (w, stimmhaftes s, j, stimmhafte Variante des sch [in Fremdwörtern]), erkennbar an dem stimmbegleiteten Geräusch,
- Nasale und Liquide [Halbvokale] (m, n, ng, l), erkennbar an der tiefformantigen Klangstruktur,
- vokalähnliche Klänge mit typischem, tiefem Geräusch (geriebenes R, hinteres ch [ach-Laut]), erkennbar an dem jeweils eigenen Geräusch bei stimmhaftem Klanganteil, und
- Schwinglaute (Zungenspitzen- oder gerolltes Zäpfchen-R), erkennbar an den schnellen Stärkeschwankungen des Stimmtones.

Wenn man, wie vorhin bei dem Wort »Tiegel« jeden einzelnen der in den verschiedenen Gruppen enthaltenen Laute untersucht, kann man mit gutem Gewissen konstatieren, daß die meisten Unsicherheiten, die bei der Perzeption bestehen, sich *gegenseitig aufheben*. Es bleibt, bezogen auf die Optimalbedingungen, lediglich die theoretische Untrennbarkeit von einerseits n und l und andererseits die von ach-Laut und geriebenem R bestehen.

Auf der Ebene der Konsonanten ist somit ein *wechselseitiger Ausschluß* der perzeptiven Unsicherheiten bei der Kombination von

Absehen und unvollständigem Hören vorhanden. Wenn sich der Perzipient daran gewöhnt hat, Sprache konsequent mit den beiden Fernsinnen aufzufassen, kann er diese Potenzen nutzen, indem er im Prozeß der unmittelbaren Perzeption die Synthese vollzieht.

Das ist einfach gesagt. Aber die Nutzung dieser wirkungsvollen Synthese gelingt nur, wenn das Zusammenspiel der beiden Fernsinne *eingeübt* ist und sich, wie beim Verstehen von Sprache generell, auf ein solides Fundament von Automatismen stützen kann. Wenn ein Perzipient beim Sprechverstehen erst *überlegen* muß, welcher Ausschluß beim anderen Kanal eigentlich in Frage kommt und bei welchem Laut Übereinstimmung vorliegt, ist der Laut längst gesprochen und vorbei, eventuell das Wort oder sogar die ganze Kommunikationseinheit.

Der gesamte Vorgang der *bisensorischen Sprachperzeption* muß völlig automatisiert sein. Nur dann ist er ein wirkungsvolles Mittel der Sprachperzeption, wenn er genau so schnell, störungsfrei und wirkungsvoll abläuft wie andere vollautomatisierte Prozesse auch, die uns im täglichen Leben begleiten und uns komplizierte Handlungen ermöglichen.

Als Beispiel, von wieviel wirkungsvollen Automatismen unsere Sprachaktivität getragen wird, soll eine Betrachtung der Zuordnung von Schrift zur Lautsprache dienen.

Ein Erwachsener kann lesen und mit der Schrift umgehen, und er hat längst vergessen, wieviel Mühe es einmal gekostet hat, die erforderlichen Regeln zu erlernen. Die *Zuordnung* von *Lauten* und *Buchstaben* erfolgt automatisiert und in jedem Fall richtig. Überlegungen, die sich ein Sprachwissenschaftler machen könnte, interessieren den normalen Bürger nicht. Wenn man ihm zeigt, mit wieviel Klippen eine zutreffende und nötige Zuordnung verbunden ist, zeigt er nur Erstaunen.

Als nur ein Beispiel soll der Buchstabe »e« dienen. Dieser Buchstabe kann als langer oder kurzer e-Vokal ausgesprochen werden, je nachdem, in welchem Kontext er steht. In »den« ist es ein langer Vokal, in »denn« ein kurzer. Gewiß, es gibt für diese unterschiedliche Aussprache Regeln; doch wird beim Vorlesen kaum jemand sich an diese Regeln bewußt erinnern. Und neben den beiden Vollvokalen, dem langen und dem kurzen »e«, gibt es noch die unbetonte Vokalvariante, das »schwachtonige e«, das nur in unbetonten Silben vorkommt und mit Anklang an einen e-Vokal, aber mehr unbestimmter Klangfarbe gesprochen und bei höherem Sprechtempo oft *weggelassen* wird. Es kommt in der zweiten Silbe von »neben« vor. Gleicher Buchstabe – ungleiche Realisation.

Dann ist das »e« vielfach Bestandteil von *Buchstabenkombinationen*, so beim »ie«, wo es nur Dehnungsfunktion hat, bei den Umlauten, wenn sie, was im Deutschen zulässig ist, ausgeschrieben werden und nicht mit verkümmertem, darübergesetztem »e«: »ae«, »oe« und »ue«. Und auch bei den Diphthongen »ei« und »eu« ist der Buchstabe »e« mit enthalten, aber von dem typischen e-Klang ist überhaupt nichts zu hören.

Hinter einer Realisation beim Vorlesen oder bei der Umsetzung eigener Gedanken in Schrift sind alle diese Besonderheiten möglich. Doch wird sich kaum jemand außer einem Linguisten mit ihnen auseinandersetzen, wenn er die Aufgabe hat *vorzulesen*. Die Umsetzung von Schrift in Lautsprache wird, wie das Verstehen auch, von einem soliden *Fundament von Automatismen* getragen, die uns bei der Realisation sicher durch die Regeln und ihre Besonderheiten leiten und so sicher beherrscht werden, daß sie des Bewußtwerdens gar nicht mehr bedürfen.

Auch das *Zusammenwirken* zwischen dem Absehen einerseits und dem eingeschränkten, unscharfen Hören andererseits bedarf dieser *Automatismen*. Sind diese nicht vorhanden, nicht aufgebaut und nicht funktionssicher so eingeübt, daß sie mit absoluter Sicherheit funktionieren, dann sind sie, wenn sie gebraucht werden, eben nicht wirkungsvoll genug, um das *Sprachverstehen* zu *ermöglichen* oder zu *fördern*.

Das altersbedingte Nachlassen der Hörfähigkeit ist kein Vorgang (außer bei einem Hörsturz), der von heute auf morgen eintritt, sondern ein Prozeß, der sich gewöhnlich über eine Reihe von Jahren erstreckt und lange Zeit braucht, ehe wir ihn überhaupt im Alltag bemerken. Es dauert dann aber noch längere Zeit, um ihn als Einschränkung überhaupt zu akzeptieren; denn auch wenn er schon fortgeschritten ist, gibt es noch Situationen für die Kommunikation, wo das Hören allein für die Perzeption ausreicht. Auch diese Situationen lassen sich suchen und optimieren.

Aber da es ein *fortschreitender* Prozeß ist, sollte man sich rechtzeitig bemühen, sich die Grundlagen des Absehens anzueignen. Es gibt im Alltag genügend Möglichkeiten, dies zu tun, und so lange das Hören noch immer oder meist zum Verstehen ausreicht, besteht keine *absolute Notwendigkeit*, das Absehen zum ersten, zum *führenden* Kanal zu machen. Es läuft beim Sprachverstehen gleichsam nebenher. Aber auch solche Situationen sind übungsintensiv. Und ein wenig Absehen kann eigentlich jeder, und er kann das beim Fernsehen überprüfen.

Wenn jemand bei einer Fernsehübertragung erkennt, daß das Geschehen auf dem Bildschirm synchronisiert ist und das Gehörte nicht mit dem Gesehenen übereinstimmt, dann hat er bereits abgesehen. Er hat festgestellt, daß Wortklänge und die Bewegungen der Lippen nicht haargenau übereinstimmen. Das Fernsehen mit seinen vielen ausländischen Filmen liefert viele Beispiele für gute und noch mehr für *schlechte Synchronisation*, so daß es an Beispielen nicht mangelt.

Wenn der alternde Mensch akzeptiert, daß das Nachlassen der Hörfähigkeit ein gesetzmäßiger Prozeß ist, der keine Umkehr kennt, dann ist das Hineinwachsen in das Absehen eine Entwicklung, die über Jahre hinweg betrieben werden kann. Es ist ein Prozeß, wo das Absehen zunächst die Rolle eines Mitläufers hat, der immer mehr an Bedeutung gewinnt, bis es später zu einem gleichberechtigten Partner wird.

4.3 Wechselseitiger Ausschluß von Unsicherheiten bei Vokalen

Die andere große Gruppe von Sprachlauten, die in allen Sprachen verwendet werden, sind die *Vokale*. Im Gegensatz zu den Konsonanten, bei denen im Ansatzrohr neue akustische Effekte erzeugt werden, sind die Vokale Klänge, die im Ansatzrohr bei der *Überformung* des obertonreichen Stimmklangs durch *Resonanz* entstehen.

Damit Vokale zur Kommunikation überhaupt verwendet werden können, ist Stimmerzeugung nötig, die auch allgemein in der Kommunikation von großer Bedeutung ist. Die Stimme bewirkt die Tragfähigkeit des akustischen Sprachsignals. Die Lautstärke kann in erheblichem Umfang *verändert* und an den akustischen Hintergrund in der Sprechsituation angepaßt werden. Mit den Merkmalen Stimmklang (Timbre), Melodieführung, Rhythmus und Sprechtempo erhält die *emotionale Befindlichkeit* ihren Ausdruck. Diese Merkmale des ausdrucksvollen Sprechens sind mit der Vokalerzeugung prinzipiell verbunden. Sie können auch bei nachlassender Hörfähigkeit im Alter aufgenommen werden. Da alle Vokale die Stimme erfordern, sind alle ihre lautübergreifenden Merkmale untrennbarer Bestandteil der praktischen Kommunikation.

Durch die Gestaltung des Hohlraumes der Mund- und Rachenhöhle werden die verschiedenen Klänge erzeugt, durch die die Vokale ihren *typischen Klang* erhalten, den Klang, mit dem sie für die menschliche Kommunikation gebraucht werden. Diese besteht, je nach der Hohlraumgestalt des Ansatzrohres, aus mehreren Intensitätsgipfeln, die als *Formanten* bezeichnet werden. Die heutige, durch vielfältige Messungen belegte Vokaltheorie (FANT 1970) geht von vier Formanten aus, die in verschiedener Höhe im Frequenzspektrum liegen. Sie werden von unten nach oben bezeichnet, so daß der erste Formant, der den ersten Intensitätsgipfel bildet, der tiefste ist, der vierte der höchste.

Allerdings wurde auch festgestellt, daß im allgemeinen nur die beiden unteren Formanten die klangliche Eigenart des Vokals kennzeichnen, die oberen mehr den Individualklang und den emotionalen Ausdruck der Stimme bestimmen.

Vokale mit ihrer kennzeichnenden und differenzierenden Klangwirkung müssen auf alle Fälle eine gewisse *Dauer* haben. Ihre Dauer hat im Deutschen, aber durchaus nicht in allen Sprachen, eine manchmal sinnunterscheidende Bedeutung. Während in manchen anderen Sprachen die durchaus vorhandene und meßtechnisch nachweisbare unterschiedliche Dauer der Vokale an die Heraushebung im Akzent gebunden ist, ist sie im Deutschen *sinnunterscheidend.*

Es gibt Situationen, wo die Vokaldauer so wichtig ist, daß damit eventuell sogar gerichtliche Konsequenzen verbunden sein können. Ob ich jemand als »As« oder als »Aas« bezeichne, hängt lautsprachlich nur von der Dauer des Vokals ab. Aber mit dem Klang, den die Worte weitertragen, sind konträre Inhalte verbunden: Lob oder Beleidigung.

Die Dauer der Vokale ist dem Durchschnittsbürger kaum bewußt; er verwendet sie richtig, weil sie sich über das Gehör leicht und sicher auffassen lassen, mit dem Wortinhalt verbinden und einprägen. Schon das Kleinkind ahmt sie richtig nach. In der Schrift wird der unterschiedliche Klang der Vokale durch verschiedene Buchstaben bezeichnet. Das ist wichtig, und bei der Umsetzung von Lautsprache in Schrift lernen die Schulkinder, auf den Klang der Vokale zu achten. Wo die Dauer der Vokale zur Sinnunterscheidung notwendig wird, werden in der Schrift Hilfszeichen oder *zusätzliche* Markierungen verwendet, leider aber nicht einheitlich.

Einige dieser Regeln, von denen es, wie meist bei Sprache, eine Fülle von Ausnahmen gibt, besagen: Wenn ein Vokal kurz zu sprechen ist, wird der nachfolgende Konsonant verdoppelt (»kam« vs. »Kamm« – »den« vs. »denn«). Oder: Wenn ein Vokal lang zu sprechen ist, wird ein stummes »h« nachgestellt (»fahl« vs. »Fall«). Oder es wird die Verdoppelung des Vokalbuchstabens zur Kennzeichnung der Länge verwandt, wie im Eingangsbeispiel.

Weil die Kennzeichnung von Länge und Kürze der Vokale in der Schrift erst an der zweiten Stelle hinter der Art des Klanges rangiert, ist diese Eigenart der Dauer von Vokalen im Bewußtsein auch schwächer repräsentiert.

Auch bei nachlassendem Gehör sind die Dauer des Vokals sowie die *Klangmerkmale*, durch die sich die emotionalen Befindlichkeiten äußern, gut wahrnehmbar, durch das Absehen aber überhaupt nicht, weil es sich um rein akustische Repräsentationen handelt. Die Dauer der Vokale kann über das Absehbild nicht aufgefaßt werden, da die typischen Lippeneinstellungen bei den Vokalen im zusammenhängenden Sprechen durch *koartikulatorische Gleitbewegungen* überdeckt werden.

Wenn das Hören altershalber oder durch andere Einflüsse in seiner Leistungsfähigkeit nachgelassen hat, bleiben in erster Linie die *unteren Klangbestandteile* erhalten, während die Differenzierung durch die hohen Klanganteile, die den zweiten, vor allem aber den 3. und 4. Formanten betreffen, eingeschränkt ist.
Somit ergeben sich folgende Aureme (DING 1995):

- das lange a-Aurem, erkennbar an dem bis in den mittleren Frequenzbereich reichenden Klanganteil, der den 1. und 2. Formanten umfaßt,
- das kurze a-Aurem, erkennbar an den gleichen Klangeigen-

schaften und kurzer Dauer,
- das lange o-Aurem, die langen Vokale o, e, ä und ö enthaltend, erkennbar an der Dauer und dem mittelhohen ersten Formanten,
- das kurze o-Aurem, die kurzen Vokale o, e, ö, das schwachtonige e und das vokalisierte r enthaltend, erkennbar an der kurzen Dauer und dem mittelhohen ersten Formanten,
- das lange u-Aurem, die langen Vokale u, i und ü enthaltend, erkennbar an dem tiefliegenden ersten Formanten und der langen Dauer,
- das kurze u-Aurem, die kurzen Vokale u, i und ü enthaltend, erkennbar an der kurzen Dauer und dem tiefliegenden ersten Formanten,
- das Diphthong-Aurem au, die Diphthonge au und ei enthaltend, erkennbar an dem Abwärtsgleiten des ersten Formanten aus der Mittellage und
- das eu-Aurem, den Diphthong eu enthaltend, erkennbar an dem leichten Aufwärtsgleiten des ersten Formanten.

Wenn die oberen Formanten nicht mehr zur Binnendifferenzierung der Vokalklänge zur Verfügung stehen, werden die im Deutschen vorhandenen 19 Vokale auf 8 Aureme eingeengt; das rein auditive Sprachverstehen erleidet in manchen Situationen des Alltags Einbußen, die aber durch kommunikationsbewußtes Verhalten ausgeglichen werden können. Schon allein die *Verkürzung der Hörentfernung* kann die Perzeption erheblich verbessern, und natürlich auch die Vermeidung von Störschall.

Leider ist es in unserer Kulturwelt häufig so, daß wir vermeidbaren *Störschall selbst erzeugen*. Bei vielen Gelegenheiten, die wir auch zur Kommunikation nutzen, laufen Radio oder Fernseher mit, ohne daß jemand auf den Inhalt oder die Musiksendung besonders achtet. Dann ist der Schall, der aus dem Radio oder Fernseher kommt, als Störschall zu kennzeichnen. Diese Bemerkung ist nicht gegen bewußtes Radiohören oder Fernsehen gerichtet. Aber dann sollte man sich nicht dabei unterhalten.

Die 19 Vokale haben gute und deutliche Lippenbilder (Kineme), an denen man sie beim Absehen erkennen und auseinanderhalten kann. Sie sind schon einmal beschrieben worden, sollen hier aber zur Gegenüberstellung noch einmal aufgeführt werden:

- das weite Palatal-Kinem, enthaltend die Vokale langes und kurzes a, den Umlaut ä und den Diphthong ae, erkennbar an der weiten Mundöffnung bei großem Kieferwinkel,
- das enge Palatal-Kinem, enthaltend die Vokale langes und kurzes e, kurzes und langes i und das schwachtonige e, erkennbar an einer mittleren bis engen Kieferöffnung mit entspannten Lippen,
- das weite Velarkinem, enthaltend die Vokale langes und kurzes o, das lange und kurze ö sowie den Diphthong eu, erkennbar an der mittleren Kieferöffnung mit Lippenrundung,
- das enge Velarkinem, enthaltend die Vokale langes und kurzes u sowie das lange und kurzes ü, erkennbar an der engen Kieferöffnung mit starker Lippenrundung,
- das au-Kinem, das nur den Diphthong au kennzeichnet und an einer Gleitbewegung erkennbar ist, die den Kieferwinkel bei gleichzeitiger Lippenrundung verengt.

Wie auch bei den Konsonanten, so ergibt eine Verfolgung des Sprechens gleichzeitig durch Hören und Sehen einen *wechselseitigen Ausschluß* der einzeln vorhandenen Mehrdeutigkeiten.

Das ist übrigens schon im vorigen Kapitel kurz gestreift worden, als es um das Beispiel »Tiegel« ging. Der Vokal wurde beim reinen Absehen als das enge Palatalkinem erkannt, aber eine weitere Differenzierung, ob kurzer oder langer Vokal, ist beim Absehen nicht möglich. Deshalb ist die Ergänzung zu »Nickel« beim Absehen eine mögliche Variante und nicht grundsätzlich falsch.

Beim unvollständigen Hören allein wurde der Vokal durch die Versuchsperson als langer Vokal mit tiefem ersten Formanten erkannt. Diese Gruppe von Auremen enthält die langen Vokale u, ü, i. Daß sich der Hörer beim Test für »ü« in »Kübel« entschieden hat, ist eine mögliche Kombination, die sich so aus dem Zusammenhang ergeben hat, um ein sinnvolles Wort zu erhalten.

Wirken nun Absehen und Hören zusammen, dann ist das lange i die *einzige Variante*, die bei Kinem und Aurem übereinstimmt und mit Sicherheit zutreffen muß. Es ist hierbei bestätigt, daß sich die Unsicherheiten wechselseitig ausschließen.

Bei dem zweiten Vokal des Prüfwortes ist die Erklärung anders. Bei zweisilbigen deutschen Wörtern ist die zweite Silbe oft unbetont und wird mit dem Buchtaben e geschrieben. Unklar bleibt, ob die Zweisilbigkeit tatsächlich durch den Nebensilbenvokal bewirkt worden ist. Sowohl das Testwort »Tiegel« als auch die Fehlperzeptionen »Nickel« (nur über Absehen) und »Kübel« (nur über eingeschränktes Hören) bleiben richtig und kommunikativ einwandfrei verstehbar, wenn der Nebensilbenvokal einfach *weggelassen* und der Liquide »l« auf diese Weise zum Silbenträger wird.

Der Zwang zur Ergänzung ist bei einem Erwachsenen, der die Schrift beherrscht, so stark, daß er den Nebensilbenvokal auch dann zu *hören glaubt*, wenn er gar nicht vorhanden ist. Wir müssen das Wort auf alle Fälle mit dem »e« in der zweiten Silbe schreiben; also nehmen wir als unzweifelhaft an, daß dieser Vokal auch gesprochen worden ist, selbst wenn er gar nicht realisiert wurde.

Wenn Absehen und nachlassendes Gehör zusammenwirken, so heben sich die einerseits beim Absehen und andererseits beim unvollkommenen Hören vorhandenen Unsicherheiten der Binnendifferenzierung in den Kinemen und Auremen auf. Es bleiben nur wenige *Zweiergruppen* übrig, die sich auch bisensorisch nicht trennen lassen. Das muß man wissen, um bei der Suche nach sinnhaften kommunikativen Einheiten stets beide Möglichkeiten verfolgen zu können.

Diese vier Zweiergruppen, die bei den Vokalen *unauflösbar bleiben*, sind gebildet aus den Vokalen der dunklen Vokalreihe o und u, in der langen und kurzen Form einerseits und den mit ihnen verwandten Umlauten andererseits. So sind folgende vier Gruppen einerseits hör- und andererseits absehgleich; sie können auch bei bisensorischer Perzeption miteinander verwechselt werden: Die langen Vokale »o« mit »ö« und »u« mit »ü«, sowie die entsprechenden kurzen Vokale, also »o« mit »ö« (konnte vs. könnte) und »u« mit »ü« (mußte vs. müßte). Aber an diesen Beispielen ist es schon ersichtlich, daß die Wörter, in denen die verwechslungsfähigen Varianten auftreten, etymologisch verwandt sind. Die *Unauflösbarkeit* der bisensorischen Cluster hat bei der Perzeption der zusammenhängenden Sprache keine besonders hohe Bedeutung.

Nimmt man Konsonanten und Vokale für sich, so heben sich die perzeptiven Unsicherheiten bei der bisensorischen Perzeption von Lautsprache tatsächlich zu einem großen Teil auf. Doch ganz so groß, wie es in der Theorie scheint, ist der wechselseitige Ausschluß der Unsicherheiten nicht. Das liegt daran, daß die hohe Ausschlußquote auf der *gesonderten* Betrachtung und Analyse einerseits von Vokalen und andererseits von Konsonanten beruht.

Der Begriff dieser beiden Lautklassen ist aber schon von altersher daraus abgeleitet, daß die Vokale und die Konsonanten andere Eigenschaften haben, die aus der *Hörbarkeit* der Laute abgeleitet sind. Vokale haben ihren eigentümlichen Klang und werden mit Stimme gebildet. Konsonanten haben einen irgendwie gearteten *Geräuschanteil*, der zu einem stimmhaften Anteil hinzukommen kann. Bei den stimmlosen Konsonanten fehlt der Stimmanteil.

Diese aus dem *Höreindruck abgeleiteten* Merkmale, die jedem einleuchtend sind, der über einen ungestörten Höreindruck verfügt, sind nun auf das Absehen und auf das gestörte Hören (mit dem sich die Geräuschanteile nicht immer sicher wahrnehmen lassen,) übertragen worden. Es sind eindeutige Begriffe, die sich auch im Gedächtnis von Personen, die früher über ein voll leistungsfähiges Gehör verfügt haben, fest eingeordnet haben. Auch wenn die aktuelle Erkennung nicht mehr voll möglich ist, die *Erinnerung* an die Unterscheidung ist vorhanden und wirksam. Deshalb ist es durchaus berechtigt, mit diesen Erinnerungen zu operieren.

Nur in der Praxis ist es nicht immer möglich, zu unterscheiden, ob es sich um einen Vokal oder Konsonanten handelt, weil der typische Geräuschanteil eines Konsonanten (beispielsweise bei »w« oder »j«) nicht perzipiert werden kann.

Beim Absehen *allein* hingegen ist die Trennung von Vokalen und Konsonanten überhaupt nicht möglich, weil die Vokale keine optische Eigenart aufweisen, die es ermöglichte, sie von den Konsonanten abzugrenzen. Das führt zu der praktischen Konsequenz, bei der bisensorischen Perzeption von Sprache durch den altersschwerhörigen Menschen den auditiven Analysator zum *führenden Sinn* zu machen und das Absehen als zweiten, *untergeordneten* Kanal hinzuzuziehen. Diese Regel ist für Menschen, die ihr ganzes Leben Lautsprache allein über das Hören aufgefaßt haben, eine willkommene und angenehme Konsequenz.

4.4 Neurophysiologische Grundlage der bisensorischen Synthese

Ohne Zweifel ist die bisensorische Perzeption von Sprache durch Absehen und Hören eine Wahrnehmungsleistung. Damit gelten für sie auch die physiologischen Gesetze der Wahrnehmung. Gleichzeitig aber ist es eine *besondere Art der Wahrnehmung*, nämlich der Wahrnehmung von Sprache. Und diese ist von der der Umwelt, sei es die direkte visuelle, auditive, taktile oder eine andere Art von Wahrnehmung verschieden.

Früher war man der Meinung, die Außenwelt wirkte auf unsere Sinnesorgane ein und dadurch entstünde, im wesentlichen passiv, in uns ein Abbild unserer Umgebung. Nach heutigen Ansichten ist aber die Wahrnehmung kein passiver Vorgang, sondern es gehen in sie auch *aktive Komponenten* mit ein, ja sie bestimmen sie sogar. Jeder Mensch ist ständig von einer Fülle von Signalen umgeben, so vielen, daß er sie gar nicht alle verarbeiten kann; er muß *auswählen* und sich ihnen zuwenden. Die anderen Signale gehen für ihn verloren. Ein anderer Mensch in der gleichen Umgebung könnte sich gerade den anderen zuwenden.

Bereits die *Zuwendung*, die Richtung der Aufmerksamkeit auf ein Ereignis, ist ein aktiver Vorgang. Das Sehen wird zum Beobachten, das Hören zum Hinhören oder zum Horchen. Es scheint so, als ob für die weitere Verarbeitung der Signale geeignete Gedächtnisinhalte bereitgestellt und abgerufen würden, um sie mit den neu eintreffenden Signalen (optischer oder akustischer Art) in Verbindung zu bringen, zu vergleichen, zu identifizieren oder zu ergänzen.

Der Physiologe RITTER, der die modernen Theorien über die Wahrnehmung dargestellt hat, schreibt dazu (1987, 11): »Nach dieser Theorie [von GIBSON] entstehen Wahrnehmungen aus der Kombination von Empfindungen und Gedächtnisinhalten; die Verarbeitung erfolgt in einer linearen Kette mehrerer aufeinanderfolgender Stufen, wobei in den jeweils höheren Stufen vermehrt auf bereits verfügbare Gedächtnisinhalte und Kenntnisse zurückgegriffen werden kann.« (Siehe auch LURIJA 1992, 230)

Damit ist auch erklärt, wieso verschiedene Menschen auf das gleiche Signal ganz unterschiedlich reagieren können, weil sie zu diesem eben unterschiedliche Gedächtnisinhalte und Kenntnisse erworben haben und in den Wahrnehmungsprozeß einbringen und vielleicht auch mit unterschiedlicher Zielstellung diesen Prozeß der Wahrnehmung beginnen. Das alles aber erfolgt zum allergeringsten Teil bewußt, viel mehr unterbewußt.

Die Verarbeitung der Signale erfolgt in der Großhirnrinde. Durch afferente Nervenleitungen werden die von den Sinnesorganen aufgenommenen Signale zu speziellen Zentren geleitet, wo sie verarbeitet werden. So gibt es ein spezielles Zentrum für die Verarbeitung von akustischen Signalen im Schläfenlappen des Gehirns und eines für die Verarbeitung von optischen Signalen im Hinterhauptslappen. Obwohl diese Signale doch ganz unterschiedlich sind, weist die neurophysiologische Struktur dieser Zentren doch erhebliche Gemeinsamkeiten auf.

Diese Zentren im Großhirn bestehen im wesentlichen aus *drei Schichten*, die sowohl hinsichtlich der anatomischen Anlage als auch ihrer Funktion große Übereinstimmungen aufweisen. Diese Sachverhalte sind von LURIJA in dem Buch »Das Gehirn in Aktion« sehr übersichtlich beschrieben. Diese beiden Zentren sind, wie andere Sinneszentren auch, *hierarchisch* aufgebaut; es liegen drei Schichten übereinander (S. 39): »... das primäre (Projektions-) Feld, welches Impulse aus der Peripherie empfängt oder an sie sendet, das sekundäre (Projektions-, Assoziations-)Feld, in dem eintreffende Informationen verarbeitet und/oder Programme abgerufen werden, und schließlich das tertiäre, aus übergreifenden Zonen bestehende Feld.«

Um die primäre Hörrinde herum verfügt der Mensch über ein mächtiges, großes Zentrum, das die eintreffenden akustischen Signale in Richtung auf das Verstehen von Sprache analysiert und in dem die *Bedeutungen* der sprachlichen Einheiten, vor allem der einfachen, der Wörter, *zugeordnet* werden. Dieses Zentrum ist das sensorische Sprachzentrum, das von WERNICKE entdeckt und erstmals beschrieben worden ist. Es liegt im Schläfenlappen.

Es gibt noch ein zweites Sprachzentrum, das von BROCA entdeckt und beschrieben worden ist, von dem aus die komplizierten, ineinander gefügten Bewegungen der Sprechorgane initiiert und gesteuert werden. Dieses liegt in der motorischen Region des Gehirns, in der vorderen Zentralregion, am Fuße der vorderen Zentralwindung und ist mit dem sensorischen Sprachzentrum durch dicke Faserbündel verbunden. (LURIA 1970, 130)

Der Aufbau der wesentlichen Strukturen des Gehirns ist genetisch angelegt. Aber erst im Laufe des Lebens wird seine volle Funktionsfähigkeit erreicht. Dabei werden, wenn das Bedürfnis vorhanden ist, die einzelnen Zentren, gerade in den tertiären Zonen, netzartig miteinander verbunden. »Die tertiären Zonen dieses zweiten Gehirnsystems [des Systems zur Aufnahme, Verarbeitung und Speicherung von Informationen (S. 64)] oder, wie man auch sagt, die Zonen, in denen sich die kortikalen Endstücke der verschiedenen Analysatoren überlappen, sind dafür verantwortlich, daß Gruppen verschiedener Analysatoren aufeinander abgestimmt werden.« (LURIJA 1992, 70)

Dadurch ist es auch gut erklärbar, daß bei der Gegenstandswahrnehmung, beispielsweise eines Balles, nicht nur seine runde Gestalt wahrgenommen wird, sondern daß man, wenn man ihn sieht, auch weiß, wie er klingt, wenn er auf den Boden aufschlägt, wie er sich anfühlt, wie schwer er ist und wie er geworfen werden muß, um ein Ziel zu treffen. Alle diese Eigenschaften und frühere Abläufe von Handlungen sind mit im Gedächtnis gespeichert.

Durch diese *Vernetzung der einzelnen Sinnesqualitäten* wird erst das praktische Handeln des Menschen in seiner Umgebung möglich. »Die Wahrnehmung – und mehr noch die Widerspiegelung – eines Gegenstandes ist ein vielschichtiges Ereignis. Sie ergibt sich aus der polymodalen Tätigkeit, die zuerst expandiert, dann später gesättigt und kondensiert wird.« (LURIJA 1992, 70)

Die Wahrnehmung von Sprache ist aber etwas ganz anderes und viel kompliziertes. PAWLOW, der sich mit seinen Untersuchungen zu den bedingten Reflexen, die er vornehmlich an Hunden durchgeführt hat, große Verdienste um die Neurophysiologie erworben hat, sprach hier vom »zweiten Signalsystem«, das er dem ersten, dem direkten, gegenüberstellte.

Bei den Wahrnehmungen unserer Umwelt besteht die Aufgabe, die Gegenstände, Eigenschaften und deren Veränderungen möglichst genau und eingehend zu erfassen, um auf sie reagieren zu können. Es sind Ereignisse, die dem erkennenden Menschen direkt und unmittelbar gegenüberstehen. In dieser Welt sind ständig Handlungen nötig, um das *Gleichgewicht* zwischen dem Individuum und der Umgebung aufrechtzuerhalten. Solche Wahrnehmungen hat jedes Lebewesen, und um zweckmäßig und zielgerichtet handeln zu können, ist die Verbindung mit dem gespeicherten Erfahrungsschatz nötig.

Die Fähigkeit zur Wahrnehmung von Sprache hat nur der Mensch. Die Wörter und Wortfolgen *bezeichnen* etwas, was dem Menschen nicht unmittelbar, sondern mittelbar gegenübersteht, gebunden an ein Zeichen, das in der Lage ist, die Bedeutung für etwas zu übermitteln. Deshalb ist die Wahrnehmung von Sprache darauf ausgerichtet, nicht das Zeichen als unmittelbares Signal zu erfassen, sondern die *Bedeutung*, die es trägt und übermittelt.

In der Muttersprache hängen die Art, wie ein Wort gesprochen wird und was es bedeutet, so eng zusammen, daß wir beides gar nicht zu trennen vermögen, weil wir dies auch nicht brauchen. In einer Fremdsprache, die wir nur unvollkommen oder überhaupt nicht beherrschen, wird uns viel eher klar, daß in der Wahrnehmung von Sprache zwei Stufen enthalten sind. In der Fremdsprache (auch in der Muttersprache, wenn sie in einem Dialekt produziert wird, den wir nicht ordentlich beherrschen) erleben wir, daß ein oft recht kompliziertes *akustisches Primärprodukt*, ein akustisches Signal, erzeugt worden ist, an dem wir einige Einzelheiten erkennen: Die Individualität des Sprechers, seine Emotionalität, und das Ganze kann eingebettet sein in die augenblickliche Situation.

Aber wir sind nicht in der Lage, die Bedeutung der Wörter zu verstehen, die *Botschaft zu entschlüsseln*, die uns der Sprecher übermitteln möchte. Vielleicht ist es möglich, durch allgemeinverständliche Gesten einen ersten Kontakt zu schlagen. Doch das wesentliche, was im Sprachgebrauch der Muttersprache sofort zur Verfügung ist, fehlt in diesem Fall: das *Verstehen* der Äußerung.

Man kann sich vorstellen, daß das Primärsignal als unmittelbare Wahrnehmung aufgenommen und als Sprache *erkannt* wird. Man weiß dann, daß es als ein Zeichen dient, mit dem eine Bedeutung verknüpft sein muß. Eigentlich müßte nun eine weitere neuronale Stufe der Verarbeitung eingeleitet werden, eine Stufe, auf der die im Gedächtnis gespeicherten Gegenstandswahrnehmungen aufgerufen und zugeordnet werden müßten. Aber diese Zuordnung gelingt in der Fremdsprache nicht. In der Muttersprache werden dagegen, wie vorhin bei dem Beispiel »Ball« dargestellt, bei dem

Wort nicht nur der Begriff, sondern auch *die Gebrauchs- und Handlungseigenschaften* lebendig, die im Gedächtnis vorhanden sind, wenn die Verknüpfungen gelingen.

Wenn Wörter von Sprache wahrgenommen werden sollen, ist nicht nur vorwiegend *ein* Zentrum des Gehirns aktiv, sondern *viele*, in denen zu dem Wort Gedächtniseindrücke enthalten sind, von der konkreten Handlung und *direkten Erfahrung* bis hin zu indirekter Erkenntnis und zur bloßen *Abstraktion*. Alle diese im Gedächtnis bewahrten direkten und indirekten Einspeicherungen können aktiviert werden, und es scheint so, daß schon durch die Art des sprachlichen *Zusammenhanges* manche Gedächtnisinhalte aufgerufen und manche auch ausgeschlossen werden.

Wenn beispielsweise in einem Gespräch mit sportbegeisterten Kindern oder Jugendlichen das Wort »Ball« fällt, sind die schon angesprochenen Gedächtnisinhalte, die zum Umgang mit dem runden Leder gehören, im Hintergrund aktiviert. Die mit der zweiten Bedeutung zusammenhängenden Gedächtnisspuren bleiben dagegen im Dunkel. Sie werden ins Licht des Bewußtseins gerückt, wenn das Gespräch auf festliche *gesellschaftliche Ereignisse* hinsteuert, und sie lassen Erinnerungen auftauchen, die Musik, schöne Kleidung, engen Körperkontakt, fließende Bewegungen und überschäumende Emotionen zum Inhalt haben.

Oft hängt das Verstehen nicht nur von einem Wort ab, obwohl das Wort mit seiner Bedeutung natürlich die Grundlage darstellt, aber der Sinn der Äußerung wird von den *Beziehungen* getragen, in dem die einzelnen Bedeutungsträger zueinander stehen.

Manchmal wird dieses Geflecht der Beziehungen schon von der *Reihenfolge* der Wörter bestimmt. Die Umkehrung der Wortfolge kann auch den Sinn verändern. »Die Eltern lehren die Kinder«, beschreibt den Zustand, der gewöhnlich herrschen sollte. »Die Kinder lehren die Eltern«, kommt, wenn auch seltener, doch auch vor, vor allem, wenn Fehler zugegeben werden müssen. Es gibt also gewisse Regeln, wo schon allein die Reihenfolge den Sinn trägt. Man spricht hier von der »geraden Wortfolge«, die den Normalfall darstellt. Sie trägt viel zur *Entschlüsselung des Beziehungsgeflechts* bei.

Wo von der geraden Wortfolge *abgewichen* wird, ist der Sinn schwerer zu erschließen. In der Zeit, wo wegen des Rinderwahnsinns die Einfuhr von britischem Rindfleisch verboten war, wurde in der Öffentlichkeit für deutsches geworben. Man konnte auf Plakaten großgedruckt lesen: »Rindfleisch aus deutschen Landen ...« und vervollständigte in Gedanken »... ist gut«; denn gewöhnlich beginnt, eben bei gerader Wortfolge, ein Satz mit dem Subjekt, im Nominativ.

Aber der Satz auf dem Plakat wurde fortgesetzt »... können Sie ...«. Aha, denkt der Leser, umgekehrte Wortfolge, der Satz beginnt im 4. Fall, mit dem Akkusativ-Objekt. Der Leser denkt um und ergänzt »... ohne Gefahr genießen«. Aber bei dem Satz wird noch einmal, nun auch die zweithäufigste Variante geändert und fortgesetzt: »... vertrauen«. Die Eingangswörter werden zum Dativ-Objekt. Ein Beispiel dafür, daß es Werbefachleuten mitunter gelingt, aus dem Einfachen eine Verstehensfalle zu kreieren.

Eine Äußerung mit den wesentlichen Einzelheiten zu erfassen, ist Grundlage für das Verstehen. Aber nicht alles, nicht jede Einzelheit jedes Wortes muß lichtklar sein. Undeutliches oder Fehlendes kann aus der Erinnerung oder aus der Situation *ergänzt* werden. Das beweisen ganz deutlich die Grußformeln. Eine solche Ergänzung kann sowohl auf der simplen Signalebene erfolgen, wo die Ganzheit eines Objektes, das wir suchen, aus einem Detail, das sichtbar ist, ergänzt wird. Die Ergänzung kann aber bei Sprache auch auf der Zeichenebene erfolgen, wo fehlende Einzelheiten aus dem Sach- oder Sinnzusammenhang ergänzt werden.

Dabei ist die Ergänzung auf der Zeichenebene viel schwieriger und auch langwieriger zu erlernen. Das Mit- und Vorausdenken, das die Beherrschung grammatischer Regeln und viel Sachwissen zur Voraussetzung hat, stellt sich erst bei kommunikationsreifem Sprachbesitz ein, ist aber dann auch bleibender Besitz, wenn die Sinnesleistungen auf der Signalebene nachlassen. Der im vollen Sprachbesitz reif und alt gewordene Mensch verfügt damit über einen Schatz an *sprachlichem Wissen und Können*, der voll automatisiert ist, weil er lebenslang in allen möglichen Lebenslagen gebraucht worden ist.

Wenn im Alter die Sinnesleistungen nachlassen, so entstehen Perzeptionslücken auf der Signalebene. Es sind Lücken die bei nachlassender Hörfähigkeit noch durch Ergänzung geschlossen werden können. Das ist die erste Stufe. Wenn aber die Hörfähigkeit weiter nachläßt, werden die Lücken so groß, daß sie nicht mehr durch Ergänzung allein geschlossen werden können.

Dann ist der Zeitpunkt gekommen, den rein auditiven Perzeptionsweg mit einem zweiten, dem visuellen, zu kombinieren. Wie sich das unvollkommene Hören mit dem Absehen verbindet, wurde dargestellt. Es ist eine Kombination auf der *Signalebene*. Wenn die Verbindung gelingt, können die Fähigkeiten zur Sinnerschließung, die ein Mensch mit Lebenserfahrung mitbringt, wieder voll aktiviert werden.

Die neuropsychologischen Voraussetzungen für eine bisensorisch kombinierte Sprachperzeption sind im Gehirn mit seinen vielfältigen Verbindungen angelegt. Die tertiären Zentren von Hören und Sehen überlappen sich. So können sie auch für die Aufgabe der bisensorischen Sprachauffassung miteinander verbunden werden.

Die *Anlagen* für die Verbindung sind *vorhanden*. Sie müssen aber aufgebaut, eingeübt und *für die Anwendung aktiviert* werden. Und da sich im Alternsprozeß einerseits die Sinnesleistungen und andererseits die Lernfähigkeit vermindern, ist es notwendig, *rechtzeitig* den Entschluß zu fassen, Hören mit dem Sehen zum Sprachverstehen zu verbinden.

4.5 Kommunikative Ganzheiten im Gespräch

Unter dem Gesichtspunkt, daß zur Sprachperzeption Hören und Sehen zu einer Einheit verschmelzen, sollen nun noch einmal Gedanken aufgegriffen und weitergeführt werden, wie sie schon früher im Abschnitt 3.3 erörtert worden sind.

Bei einem Gespräch und vor allem dann, wenn dieses zum Austausch von Standpunkten dient, ist dies mit einem schnellen Wechsel der Rollen als Sprecher und Hörer verbunden. Die Äußerungen sind dabei kurz; denn es werden Argumente *ausgetauscht*. Dazu bedarf es keiner langatmigen Erklärungen. Das Gespräch wird spontan geführt. Eine intensive Vorbereitung mit vorformulierten Gedanken ist kaum möglich, weil man die Entgegnungen des Partners nicht kennt.

In einer solchen Situation wird die *Körpersprache* intensiv mit eingesetzt, und sie begleitet die Lautsprache. Zum Ausdruck der

Gedanken und der sie begleitenden Emotionen wird eine Reaktion verwendet, die den Körper ganzheitlich umfaßt. Aus der Sicht des Sprechers verwendet er Lautsprache. Denn auf sie ist das Bewußtsein gerichtet; der lautsprachliche Anteil wird gestaltet. Was aber sonst noch an Körperreaktionen abläuft, geschieht vorwiegend unbewußt, wird kaum oder doch wenig beachtet, aber es ist vorhanden, und läßt sich entdecken, wenn man nur *hinschaut*.

Wie der Partner bei einer solchen spontanen Äußerung reagiert, kann recht gut als »kommunikative Ganzheit« bezeichnet werden. Bei ihr bilden Lautsprache und Körperreaktion ein Ganzes und sind aufeinander bezogen. In einer kommunikativen Ganzheit sind hörbare und sichtbare Äußerungsformen zu einer unlösbaren, individuelle aber unterschiedlichen Einheit verschmolzen, so wie in ihrem Inhalt rationale und emotionale Bestandteile. Ein wesentliches Kennzeichen ist ihre *Kürze*. Aber in ihr kommt die Haltung, der *Standpunkt*, die Ansicht zu einem durchaus umfangreicheren Problem zum Ausdruck. Daher ist die kommunikative Ganzheit ein *komprimiertes Mittel* des Gedankenaustausches.

Solch ein Austausch von ganz persönlichen Stellungnahmen zu einer Ansicht, einem Vorgang, einer Handlung oder einem Problem kommt im lebendigen Gespräch häufig vor. Daher sind diese oft sehr kurzen, aber *inhaltsreichen* Äußerungsformen zu einem Teil konventionalisiert. Aber wie noch zu zeigen sein wird, kann eine solche Konvention auf einen Sprachraum beschränkt sein, kann aber, da gerade in den Körperreaktionen auch sehr viel Emotionales zum Ausdruck kommt, auch sprachübergreifend verwendet werden. Eine *konventionalisierte Geste* kann in anderen Kulturkreisen eine abweichende, teilweise sogar konträre Bedeutung, haben.

Natürlich sind die Mimik, Gestik und sonstigen Körperreaktionen nicht einheitlich, sondern ganz stark an die Individualität des Partners gebunden. Das gleiche gilt auch für den Wortschatz, der in solchen Situationen verwendet wird und in noch höherem Maße für die Emotionalität, die in Lautstärke, Stimmlage, Melodieführung, Sprechtempo, Raffungen und den Lautübergängen zum Ausdruck kommt. Daher ist es auch nicht leicht, allgemein zutreffende Züge von kommunikativen Ganzheiten darzustellen. Sie sind stark an die Persönlichkeit des Sprechers gebunden und nicht in allen Einzelheiten übertragbar.

Aber da es zu solchen Abgleichungen der Standpunkte vielfach im vertrauten Kreis kommt, und mit gut bekannten Personen, ist man doch in der Lage, sich die ganzheitlichen Reaktionen des Partners zu merken. Es kommt bei der Bewertung der kommunikativen Ganzheiten nicht so sehr darauf an, welches Wort in der aktuellen Situation verwendet worden ist, sondern zu erkennen, welche Haltung und *Einstellung* dahinterstehen. Jeder Mensch hat bei der Verwendung von kommunikativen Ganzheiten seine persönlichen Eigenheiten, und er *wiederholt* sie, ohne sie bewußt zu kontrollieren. Daher sind sie bei ihm zu *Äußerungsgewohnheiten* geworden.

Bei der Äußerung von häufig verwendeten Standpunkten, wie einerseits gedanklicher Übereinstimmung, Zustimmung, Bestätigung oder Bejahung und andererseits des Gegenteils bei anderer Meinung, Ablehnung, Verneinung, gibt es viele verbale Varianten, die verwendet werden können.

In solchen Situationen ist die Lautsprache nebensächlich; es ist nicht wichtig, zu wissen, mit welchem Wort oder welcher Floskel eine Ablehnung erfolgt ist. Viel wichtiger ist es, zu erkennen, daß die eigene Meinung *abgelehnt* wurde. Und dies kommt zwar auch verbal zum Ausdruck, viel eindringlicher aber in Mimik und Gestik. Dieser Anteil wird von BREINER (1984) als »Gemik« bezeichnet. Und beim lautsprachlichen Anteil ist nicht die *Lautfolge* das Wichtige, die zu dem Wort gehört, sondern die Art, mit welchen Mitteln des Ausdrucks dieses Wort gesprochen worden ist. Die wesentliche Information ist dann der Gefühlsausdruck, der bei ehrlicher, offener und vorbehaltloser Kommunikation mit der Körperreaktion *übereinstimmt*.

Da in solchen kommunikativen Situationen der Ausdruck dessen, was uns der Partner mitteilen möchte, *ganzkörperlich* übermittelt wird, ist es zweckmäßig, ihm zuzuhören und ihn gleichzeitig auch *scharf zu beobachten*. Das optimale Ergebnis wird erzielt, wenn Hören und Sehen zu einer *perzeptiven Einheit verschmolzen* sind.

Die *lautsprachlichen Formeln*, die bei den kommunikativen Ganzheiten verwendet werden, sind außerordentlich vielfältig. Eine gute Übersicht läßt sich aus dem Buch von Franz DORNSEIFF (1943) »Der deutsche Wortschatz nach Sachgruppen« entnehmen, das zu Rate gezogen und nach eigenen Beobachtungen aktualisiert worden ist.

Im folgenden sind häufig verwendete kommunikative Ganzheiten in quasi tabellarischer Form dargestellt. Der kommunikative Inhalt dient als Überschrift. Die Körperreaktionen sind mit * gekennzeichnet, während die lautsprachlich verwendeten Floskeln mit doppelter Einrückung folgen.

Bestätigung, Zustimmung, Bejahung, Übereinstimmung

* Nicken, Kopfnicken, blinzeln, Blicke tauschen

Ja. Ist gut. Machen wir. Bestens. O ja. Aber sicher. Sicher. Absolut. Bestimmt. Doch. Genau. Gewiß. Immer. Natürlich. Freilich. Richtig. Und ob. Na ja. Prima. Stimmt. Wenn's sein muß. O.k.

Verneinung, Nichtübereinstimmung, andere Ansicht

* Kopfschütteln, Abwinken

Nein. So nicht. Mit mir nicht. Ungern. Bedaure. Lächerlich. Ausgeschlossen. (Gott) bewahre (behüte). Kaum. (Alles) Quatsch. Unsinn. Nee. Im Gegenteil. Is' nich(t). Ja Scheibe. Keine Spur. Mit nichten. Auch das noch. Ach was. Das wär' gelacht. So siehst du aus. Das fehlte noch. Nicht bei (mit) mir. Niemals. Nicht in die Tüte. Nein danke. Keineswegs. Denkste.

Ablehnung

* Kopfschütteln, (symbolisches) Wegschieben

Nein. Zum Brechen. Zum Kotzen. Gott bewahre. Bist wohl irre (verrückt). Ein andermal. Später vielleicht. Das gibt's nicht. Aber, aber. Danke nein.

Abkehr

* Abwinken

Ach laß mich. Laß mich in Ruhe. Ohne mich. Kein Kommentar.

Beifall

* Händeklatschen, auf die Schulter klopfen

Bravo. Hurra. Vivat. (Ganz) famos. Fabelhaft. Eins a.

Zweifel
* Schulterzucken
(Ich) weiß nicht. Ist möglich. Schon möglich. Na ja. Noch nicht. Vielleicht. Sozusagen. Wer weiß?

Danksagung
* Verbeugung, angedeutete Verbeugung, Händedruck
Danke. Vielen (heißen / herzlichen) Dank. Ja danke. Danke (bestens / schön). Sehr freundlich. Sehr gütig.

Bitte
* bittender Blick, flehender Blick
Bitte. Ja bitte. Ach bitte. Bitte schön.

Befehl
* Strenger Blick, aufrechte (straffe) Haltung
Mach das. (Nu aber) dalli. Hau ab. Hinaus. Kehrt marsch.

Gruß bei der Begegnung
* Blickzuwendung, (angedeutete) Verbeugung, Finger an den Hut
Guten Morgen. Morg'n. Guten Tag. Tag. Tach. Tagchen. Guten Abend. N'amd. Grüß Gott. Hallo. Wie geht's? Mahlzeit.

Gruß beim Abschied
* Blickzuwendung, Winken (mit offener Hand)
Auf Wiedersehen. Adieu. Tschüs. Ade. Mach's gut.

Mißvergnügen
* Achselzucken, Naserümpfen, Stirnrunzeln
Na. So so. Steht mir bis hier. Stinkt mich an. Leider. Schade. Jammerschade. Na und?

Gelangweilt
* Däumchen drehen, Fingertrommeln, Blick nicht zum Partner
Laß mich zufrieden (in Ruhe). Kein Bock. Kein Interesse.

Enttäuschung
* Hängende Schultern, Achselzucken, Blick nach unten

Ach Gott. Aus. Vorbei. Vorüber. (Eigentlich) schade.
Leider. Jammerschade. Aus der Traum. Alle. Is(t) nichts mehr.

(Begeisterter) Ausruf, Appell
* Ausgebreitete Arme
Oh. Schön.

Zuwendung, offen, aufnahmefähig
* Suche nach Blickkontakt
Was ist? Schieß los. Fang an.

Frage
* fragender Blick, Kontaktsuche
Wie? Wieso? Wie bitte? Is was? Nu? Na und? Woher (denn)?
Ja? Was? Warum? Und wie?

5 Kommunikationsstrategien

Gewöhnlich ist unser Kommunikationsverhalten so eingestellt, daß der Perzipient versucht, allein *über Hören und Sprechen* mit dem Partner Gedanken auszutauschen. Wir achten nicht darauf, ob die Gesichter der Partner einander zugewandt sind und vertrauen darauf, daß sich die Schallwellen im Raum gleichmäßig nach allen Richtungen ausbreiten. So ist die Kommunikation auch dann möglich, wenn die Augen eines oder beider Partner geschlossen oder durch eine manuelle Tätigkeit beansprucht sind. Dann ist Kommunikation ohne Hinsehen notwendig, und sie ist auch dann möglich, wenn wir den Partner von hinten, über die Schulter oder von der Seite ansprechen müssen.

Es gibt aber auch Situationen, wo die Einbeziehung des zweiten Perzeptionsweges *möglich* wäre, wo sie aber *aus Gewohnheit* oder Nachlässigkeit *unterbleibt*, weil sie einfach nicht nötig ist. Das Hören bewältigt die lautsprachliche Kommunikation in den meisten üblichen Situationen des Alltags allein. Nur wenn die Kommunikation in erheblichem Störlärm vollzogen werden muß, wie bei einer Begegnung an einer lärmerfüllten Straßenecke, wird der zweite Perzeptionsweg *mit einbezogen*. Und das Erstaunliche dabei: Obwohl keiner der Partner bisher auf das Absehen geachtet hat, wird die Verständigung besser. In geringem, aber für die Kommunikation förderlichem Ausmaß, verfügt jeder über die *Grundfähigkeiten*, den zweiten Perzeptionsweg für Lautsprache zu nutzen.

Wenn nun durch den Prozeß des Älterwerdens auf natürliche Weise oder durch Lärmschädigung infolge von ständiger Überanspruchung des Hörens durch zu laute Musik die Leistungsfähigkeit des auditiven Analysators so weit nachgelassen hat, daß die Perzeption von Lautsprache nicht mehr in allen Situationen des Alltags gewährleistet ist, sollte man dazu übergehen, das Hören durch den zweiten Perzeptionsweg *systematisch* und *bewußt zu ergänzen*, indem man Strategien anwendet, die die Perzeption von Lautsprache durch gezielte und bewußte Einbeziehung des anderen Perzeptionsweges erheblich verbessern. Die Möglichkeiten dafür sind *vorhanden*. Man muß sie nur kennen, um sie zu nutzen.

Bei diesen Strategien gibt es zwei Richtungen. Die eine betrifft den Perzipienten. Er kann durch sein Bestreben und sein Verhalten bereits die Bedingungen für die Kommunikation optimieren. Aber wenn der andere, während er spricht, ihn nicht ansieht oder sich nicht auf die verminderte Perzeptionsqualität seines Partners einstellt, dann bleibt nichts anderes übrig, als ihm das *zu sagen*, auch mehrmals zu sagen, und ihn im vertrauten Kreis zu einem partnerfreundlichen Verhalten zu *erziehen*.

5.1 Einstellung des Perzipienten

Der Perzipient kann bei der Optimierung der Bedingungen einige Regeln beachten, die schon mehr als 100 Jahre Gültigkeit und sich seitdem in der Schwerhörigenpädagogik bewährt haben. Als Perzipient muß man diese Regeln kennen und dann auch versuchen, sie in der Praxis umzusetzen.

5.1.1 Auswahl der richtigen Entfernung

Jede Kommunikation findet in einer eingrenzbaren *Entfernung* statt. Lautsprachliche Kommunikation ist noch möglich, wenn die Entfernung zum Hörer einige Dutzend Meter beträgt. Das ist bei einem Vortrag oder einer Predigt in einem großen Raum der Fall. So weit trägt die menschliche Stimme, auch ohne technische Hilfsmittel. Wegen des *Nachhalls* in großen Räumen muß allerdings das Sprechtempo den akustischen Bedingungen angepaßt werden. Unter den Bedingungen des Alltags sind die Entfernungen kleiner. Stimme und Sprechweise beispielsweise des Lehrers müssen an die Größe eines Klassenzimmers angepaßt sein.

Wenn wir dagegen unserem Nachbar etwas sagen wollen, was nicht für die anderen bestimmt ist, nähern wir unseren Mund seinem Ohr und sprechen oder flüstern dem Partner direkt hinein, was nur für ihn und niemand sonst bestimmt ist. So können wir feststellen, daß der *Optimalbereich* für den Gebrauch von *Lautsprache* von einigen Dutzend Metern bis zur Distanz Null reicht. Wenn wir rufen, läßt sich die Obergrenze noch ein wenig hinausschieben. Aber ob das Signal den Partner erreicht, hängt stark von den störenden akustischen Bedingungen ab. Die begrenzte Reichweite ist mit ein Grund dafür gewesen, mit Hilfe der Technik die natürlichen Obergrenzen der Reichweite zu überschreiten.

Wenn der andere Weg zum Sprachverstehen einbezogen werden soll, sind die *Bedingungen anders*. Die Entfernung zwischen Sprecher und Hörer sollte so sein, daß der Absehende das Gesicht des Partners in allen Einzelheiten gut beobachten kann. Der Körperausdruck ist auch wichtig, aber im Gesicht sind die wesentlichen Informationen sichtbar, vor allem die Lippenbewegungen und die Mimik, durch die der emotionale Ausdruck offenbart wird.

Von diesen Prämissen ausgehend, sollte die Entfernung weder zu groß noch zu klein sein. Die *obere Grenze* der Entfernung sollte bei etwa *drei bis vier Meter* liegen. Dann ist, bei guten sonstigen Sichtbedingungen, noch zu erkennen, wenn die Zungenspitze an die Zahnreihen geführt wird. Das ist beim zusammenhängenden Sprechen ein wichtiger Gliederungsaspekt. Die Gestalt der Lippen, vor allem auch die verschiedenen Arten des Lippenschlusses, lassen sich auf diese Entfernung noch gut ausmachen.

Auch die Beobachtung von Einzelheiten des *Mienenspiels* ist innerhalb dieses Rahmens noch gut möglich: Die Öffnung und Weite der Augenlider, das offene oder verschlossene Gesicht, die Anspannung des Blickes oder daß Vorbehalte offen bleiben. Es ist immer gut, wenn am Mienenspiel der Wahrheitsgehalt und die Verläßlichkeit einer Äußerung überprüft werden können. Das kann die Kommunikation nur fördern.

Bei *größerer* Entfernung, wie schon in einem normalen Klassenzimmer auf den hinteren Bänken, *verarmt das Absehbild* an wesentlichen Kennzeichen, und auch das Mienenspiel wird ärmer an Einzelheiten. Nur braucht man sich um die Obergrenze der optimalen Entfernung zur Einbeziehung des anderen Weges zur Sprachperzeption meist keine Gedanken zu machen, weil im Alltagsgespräch, vor allem im vertrauten, die Grenze gewohnheitsgemäß nicht überschritten, eher unterschritten wird. Nur wenn man jemand noch etwas hinterherruft, wird die Entfernung größer. Aber dann ist ohnehin die Lautstärke auf das Rufen eingestellt, und das Gesicht ist abgewandt.

Während es bei der lautsprachlichen Kommunikation praktisch keine *untere Grenze* gibt, ist eine solche bei der visuellen Sprachperzeption wohl vorhanden. Sie liegt bei etwa einem *halben Meter*. Das Ziel, den gesamten Ausdruck von Gesicht und Körper visuell im Blickfeld zu behalten, ist bei kürzerer Entfernung nicht mehr erreichbar; es werden zwar noch Einzelheiten, wie die Lippenbewegungen, gut erkannt, aber es ist nicht mehr möglich, sie in das Gesamt des Gesichtsausdrucks einzuordnen. Vor allem die Gestik und die Körperhaltung sind nicht mehr auf einen Blick, sondern nur mit *Blickwendung*, zu erfassen.

Aber es ist nötig, Lippenbewegungen und Körperhaltung mit dem Gehörten zu verbinden, um zu erkennen, ob die Mitteilung rein sachlich, überheblich oder zaghaft-selbstzweifelnd gemacht worden ist. Das ist eher an der Körperhaltung als Ganzem als am Gesichtsausdruck erkennbar. So läßt sich das Verstandene leichter in die Wirklichkeit einordnen.

5.1.2 Die Notwendigkeit der richtigen Beleuchtung

Damit bei der visuellen Sprachperzeption genügend Einzelheiten im Gesicht des Sprechers erkannt werden können, muß dieses gut, zumindest aber ausreichend, *beleuchtet* sein. Das bedeutet, es müssen alle Einzelheiten erkennbar sein, vor allem, wie sie sich verändern. Gerade am ausdrucksvoll bewegten Gesicht wird das offenbar, was die Emotionen hinter den Worten betrifft. Ein unbewegtes, »steinernes« Gesicht taugt wenig zum Absehen.

Diese Bewegungen vollziehen sich auf der dreidimensionalen Oberfläche, und deshalb muß die Beleuchtung so sein, daß das Gesicht in seiner *dreidimensionalen Plastizität* gut erkennbar ist. Räumliche Tiefe ist für die visuelle Perzeption nicht nur förderlich, sondern geradezu unerläßlich.

Auch hier ist, wie bei der Entfernung, ein Optimalbereich vorhanden. Die Beleuchtung darf *nicht zu hell* oder zu grell sein. Eine grelle Beleuchtung direkt von vorn ergibt keine Tiefe, keine Dreidimensionalität; sie ebnet das Gesicht nur ein; es wirkt flächig, die Tiefenwirkung geht verloren. Und wenn die grelle Beleuchtung auch noch von der Seite kommt, wird das Gesicht von *Schlagschatten* überzogen, die sich bei Kopfbewegungen auch noch bewegen und die artikulatorischen Bewegungen überlagern.

Nun ist grelle Beleuchtung aus einer Richtung nicht immer zu vermeiden. Die Sonne läßt sich nicht abstellen. Aber keiner ist gezwungen, sich nun gerade im grellen, *ungeschützten Sonnenlicht* zu unterhalten. Selbst am Strand ist es möglich, sich ein schattiges Plätzchen zu suchen. Man braucht dem Partner dabei nicht unbedingt zu sagen, daß die Schlagschatten stören, sondern kann andere Gründe vorschieben.

Allerdings kann auch Halbschatten in der Deckung eines *Baumes* ungünstig sein, wenn Licht und Schatten über das Gesicht des Sprechers huschen. Um die Lippenbewegungen und die Mimik beobachten zu können, ist *gleichmäßige*, *ausreichende*, die dreidimensionale Plastizität unterstützende Beleuchtung nötig.

Je geringer die Beleuchtung wird, desto schwieriger werden das Absehen und die Verfolgung von Mimik und Gestik. In der Dunkelheit wird Absehen ohnehin unmöglich.

Meist sind die Beleuchtungsquellen im Raum fest gegeben. Gewiß, am Abend kann man die Beleuchtungsquellen einschalten, und meist verfügt ein Zimmer, in dem die Unterhaltung stattfindet, ohnehin über mehrere Lichtquellen. Dann kann man *auswählen* oder den Partner bitten, die optimale Beleuchtung zu schaffen. Wer noch genügend gut hören kann, braucht auf die Beleuchtung nicht zu achten, und zu bestimmten Gesprächen ist Schummerbeleuchtung schön und manchmal auch sehr stimmungsvoll. Aber um bei eingeschränktem Hörvermögen optimales Verstehen zu sichern, ist eben geeignete Beleuchtung nötig.

Bei *Tageslicht* sind in einem Raum Hell und Dunkel unregelmäßig verteilt. Große Helligkeit ist in der Nähe der Fenster vorhanden. Man kann sich unauffällig diese *günstigen Stellen* suchen, indem man seinen Partner in eine dieser Lichtzonen dirigiert, oder, wenn es nicht anders geht, ihn auffordern dorthin mitzugehen. Unmittelbar am Fenster ist es in unseren Wohnräumen am hellsten. Ein paar Schritte, vor ein Fenster, sind oft eine Kleinigkeit. Aber wer die visuelle Ergänzung braucht, muß sich so stellen, daß er das

Fenster im Rücken hat und folglich das Gesicht des Partners gut beleuchtet ist. Tageslicht, das durch ein Fenster einfällt, ist über eine Fläche verteilt und daher gut geeignet, die Plastizität des Gesichts hervortreten zu lassen.

Wenn eine Besprechung unter mehreren Personen stattfindet, habe ich als einer, der das Absehen zur Unterstützung braucht, unter bestimmten Bedingungen die Möglichkeit, die Bedingungen der Raumbeleuchtung zu nutzen, vorausgesetzt, daß dies die vorherbestimmte Sitzordnung nicht verbietet. Wenn ich die freie Platzwahl haben will, muß ich *rechtzeitig da* sein, etwas früher als die andern. Dann kann ich mir einen Platz *aussuchen*, der das Fenster im Rücken hat. Dann sind die Gesichter der Partner auf der Gegenseite gut beleuchtet.

Der Lichteinfall in unserem natürlichen Leben kommt meist *von oben*. Die Sonne steht tagsüber hoch am Himmel; ihre Strahlen fallen herab. Und auch in unseren Wohnräumen sind die Lichtquellen oben an der Decke angebracht. Daher liegen manche Organe, die wir zum Sprechen brauchen, stets im Schatten: Der Mundboden sowie der Kehlkopf. Sie könnten, wenn sie beleuchtet wären, manchen Hinweis auf artikulatorische Besonderheiten liefern: Die Bewegungen des Mundbodens könnten Rückschlüsse auf den hinteren Zungenrücken erlauben, die Vertikalbewegungen des Kehlkopfes auf die Stimmführung. Da aber die Partien des Mundbodens und des Halses fast immer im Schatten liegen, sind sie für die visuelle Sprachperzeption wenig ergiebig.

5.1.3 Vermeidung eines ungeeigneten Hintergrundes

Wenn der Perzipient das Gesicht des Sprechers beobachtet, dann ist es auf jeden Fall *vor einem Hintergrund* zu sehen; es ist nie allein vorhanden, und es muß gut sichtbar sein, also Vordergrund.

Aber was dahinter ist, kann auch stören, obwohl es das nicht sollte. Störungsmöglichkeiten gibt es eine ganze Menge. Ein Hintergrund, auf dem sich etwas *bewegt*, lenkt ab. Das ist oft in einer Gaststätte der Fall. Selbst wenn sich jemand Bekanntes dort vorbeischiebt, der keinen Krach macht und sich bemüht, rücksichtsvoll zu sein; die Tatsache der Ablenkung bleibt. Das Bewegte zieht ganz selbstverständlich die Aufmerksamkeit auf sich, auch wenn es eine gleichmäßige, konstante Bewegung ist, wie die eines Uhrpendels oder die ganz friedlichen Fische in einem Aquarium.

Gut ist es, wenn der Hintergrund *dunkler* als das Gesicht ist. Dann ist der Vordergrund schon allein durch die Beleuchtung herausgehoben, und eine Blendung durch den Hintergrund kann nicht eintreten.

Im Gespräch ist es möglich, den Partner so zu *dirigieren*, daß er vor einen geeigneten Hintergrund kommt und das Gesicht außerdem gut beleuchtet ist. Bei der aktiven Auswahl der Optimalbedingungen für eine Einbeziehung des anderen Perzeptionskanals geht es nicht um die Frage entweder – oder, sondern um die Frage sowohl – als auch.

Wenn eine Diskussionsrunde bevorsteht, darauf wurde schon hingewiesen, sollte man zunächst die Beleuchtungsverhältnisse im Raum berücksichtigen (Fenster im Rücken), aber auch den Hintergrund sorgsam beachten, wenn es Unterschiede gibt. Wenn die Sonne bis ins Zimmer einfällt, sollte man bedenken, daß die Sonne *wandert*, damit also sich Licht und Schatten während der Diskussion zwangsläufig verändern.

5.1.4 Herstellen gleicher Augenhöhe

Die Einbeziehung des Absehbildes in die Sprachperzeption ist am wirkungsvollsten, wenn das Gesicht des Partners *von vorn* betrachtet werden kann. Die Einbeziehung ist aber auch aus schrägem oder seitlichem Blickwinkel möglich. Ganz von der Seite fällt allerdings die Möglichkeit weg, den Zungenspitzenkontakt zu erkennen, der als gliederndes Merkmal im Bewegungsablauf der Lippen eine beträchtliche Bedeutung hat.

Der Blickwinkel hat also in der Horizontale einen beträchtlichen Spielraum für die Variation. Das ist für eine Diskussion am runden Tisch relativ günstig. Ausgeschlossen sind hierbei die unmittelbaren Nachbarn. Zu denen ist aber die Hörentfernung sehr kurz, damit die Lautstärke höher, und die Hörbedingungen sind besser.

In der *Vertikale* sind die Bedingungen *kritischer* einzuschätzen. Wenn die Augenhöhe beider Partner etwa gleich ist, sind die Bedingungen am besten. Weicht die gedachte Linie des Blickkontaktes erheblich von der Horizontalen ab, sei es nach oben oder nach unten, dann verschlechtern sich die Bedingungen schnell.

Daher sollte man bedacht sein, etwa *gleiche Augenhöhe* herzustellen. Wenn der Partner steht, sollte man dies auch tun. Wenn er sitzt, wäre es das Günstigste, sich auch zu setzen, wenn dies nicht gegen gesellschaftliche Konventionen verstößt.

Die Regel gleicher Augenhöhe gilt auch für das Gespräch mit Kindern. Auch hierfür ist nach Möglichkeit gleiche Augenhöhe einzuhalten. Man kann sich setzen, während das Kind steht.

5.1.5 Beim Gespräch selbst aktiv sein

Bisher waren es äußere Bedingungen, die vom Perzipienten optimiert werden können. Mindestens genau so wichtig, wenn nicht sogar noch wichtiger ist es, innere Bedingungen oder *Einstellungen* auf seiten des Perzipienten so zu gestalten, daß günstige Voraussetzungen zum Sprachverstehen entstehen.

Eine Kommunikation ist der Austausch von Gedanken, die geäußert werden. Dabei werden gemeinhin unterschiedliche Ziele verfolgt, und grundsätzlich stehen sich dabei auch gleichberechtigte Partner gegenüber. Aber in der Praxis ist es doch oft so, daß der eine Partner der aktivere Teil ist, der andere mehr der, der sich führen läßt, wie bei vielen Handlungen im täglichen Leben, die man zu zweit oder zu mehreren macht.

Sicher sind, wie im täglichen Leben auch, die Situationen recht unterschiedlich, auch die Anliegen, die geäußert werden. Wenn ein Partner Schwierigkeiten hat, das Anliegen des anderen zu erfassen, sollte er versuchen, in dem Gespräch die *Initiative* an sich zu ziehen. Das ist leicht und eigentlich auch natürlich, wenn man dem Partner unbedingt etwas mitteilen möchte oder ihm ein Anliegen vorträgt. Dann ist der Kreis für mögliche Entgegnungen, Einwürfe oder Antworten *eingeengt*, gleichsam vorbestimmt.

In einer solchen Situation kann man leichter kombinieren, was die Antwort oder die Gegenrede besagen könnte, zumal dann auch die Mimik weitere Hilfen zum Verstehen bietet.

Es gibt aber auch Situationen, wo man *vom Partner* mit bestimmten Informationen, Anliegen oder Inhalten *überhäuft* wird, die ihm wichtig sind, die aber schwerer zu verstehen sind. Daß sie wichtig sind, zumindest für den Sprecher, ist an der begleitenden Mimik unschwer zu erkennen. In einem solchen Fall ist es kaum möglich, die Führung des Gesprächs an sich zu bringen, aber es ist möglich, die Initiative *umzukehren*.

Möglichkeiten dazu bieten *Zwischen- und Gegenfragen*. Das ist zwar nicht die feine Art der Konversation, wo die Höflichkeit Zurückhaltung gebietet, aber es ist eine Möglichkeit, zumindest bei Teilen, die Initiative des Gesprächs an sich zu bringen.

Man berücksichtigt hier eine allgemeine Grundregel der Kommunikation, daß eine *Antwort* auf eine Frage viel leichter zu verstehen ist, als wenn man eine Frage beantworten muß. Die Frage engt den Kombinationsraum, in dem die Antwort liegen muß, von vornherein ein.

Bekannt sind solche *Prüfungsgespräche*, bei denen der Prüfling mit dem Examinator in eine scheinbar zwanglose Unterhaltung kommt. Das setzt aber im Prinzip zweierlei voraus: Erstens muß der Prüfling den Stoff, oder zumindest ein Teilgebiet davon, sehr gut beherrschen und mit ihm scheinbar zwanglos umgehen können, und zweitens muß er von irgendwoher erfahren haben, mit welchem Spezialgebiet oder mit welchen Problemem sich der Examinator gerade beschäftigt.

Solche Grundregeln verlangen aber, daß der Perzipient, der Schwierigkeiten beim Verstehen hat, gut *mit der Sprache umgehen* können muß. Bei einem älteren Menschen, der beim Sprachverstehen auf die Ergänzung des Hörens durch die visuelle Perzeption angewiesen ist, sollte man das aber annehmen, da ihm lange Zeit seines Lebens die Lautsprache zur Kommunikation gedient hat und er sie in allen möglichen Lagen des Alltags nutzen gelernt hat.

Auch in einem amtlichen Gespräch, wie sie zuweilen anstehen, sollte man *durch Fragen* die Initiative nicht völlig aus der Hand geben. Es gibt Dinge und Sachverhalte, die dem Amtsinhaber durch langen und immer wiederholten Gebrauch zur Selbstverständlichkeit geworden sind, die aber trotzdem nicht zum Allgemeinwissen gehören und nicht zum allgemeinen Kommunikationsinhalt. Hier sind Fragen oder die *Bitte um Erklärung* sachlich berechtigt.

In beiden Fällen wird zunächst einmal der automatisierte Redefluß des Amtsinhabers *rechtens unterbrochen* und der Raum für das Verstehen einer Entgegnung eingeengt, indem das Thema mitbestimmt wird.

Die aktive Gestaltung eines Gesprächs verlangt vom Partner, der den visuellen Kanal einbeziehen möchte oder muß, einen guten Überblick über den Inhalt, immense Wachsamkeit und *geistige Regsamkeit* und darüber hinaus noch das Durchschauen der Persönlichkeit des Partners. Im vertrauten Kreis ist das leicht. Aber auch der Vertraute ist Stimmungen unterworfen, und er reagiert anders, wenn er entspannt, aufgeregt oder mürrisch ist.

Bei Personen, die man noch nicht kennt, muß man versuchen, ihre *Eigenheiten zu erkennen* und in die Kommunikation einzubeziehen. Dazu tragen genaue Beobachtungen seiner Mimik, Gestik und Körperreaktionen und deren Veränderungen während des Gesprächs bei.

5.1.6 Mitsprechen, Mitdenken, Vorausdenken

Wenn sich im Gespräch Rede und Gegenrede schnell abwechseln, und die Äußerungen relativ kurz sind, dann ist es notwendig, die Zeit für die Formulierung der Entgegnung zu nutzen, während der Partner spricht und Argumente zu prüfen. Eine solche Kommunikationsstrategie ist schon bei vollem Sprachverstehen schwierig und wird dann noch schwieriger, wenn man sich bemühen muß, überhaupt zu verstehen, was der Partner gesagt hat.

Aber in solchen Formen des Gesprächs kann die Beobachtung der *Körperreaktionen*, vor allem der *Mimik*, viel zum Verstehen beitragen. Vielfach werden solche Gespräche mit schnellem Rollenwechsel mit einem hohen Anteil an emotionaler Ladung geführt. Die Äußerungen sind echt *spontan*, und die Lautsprache muß jeweils dem Stand des Gesprächs entsprechend formuliert werden.

Es gibt auch andere Formen des Gesprächs, wo der Sprecher relativ lange seine Rolle beibehält, weil er etwas berichtet, erzählt oder zusammenfassend darstellt, wie seine Meinung zu einem bekannten Problem. Hier kommt es für den anderen Partner darauf an, das Wesentliche des Inhalts zu verstehen, Einzelheiten und Zusammenhänge zu erfassen und mit der eigenen Meinung zu vergleichen, um Übereinstimmendes und Abweichendes zu erkennen.

In solch einem Fall ist es notwendig, der sprachlichen Gestaltung *zu folgen*, möglichst viele Einzelheiten zu erfassen. Wenn in einer solchen Situation die Sprachperzeption eingeschränkt ist, sollte die Strategie eine andere sein. Die Beobachtung von Mimik und Gestik ist dabei nicht so reich an Informationen, weil es sich vielfach um Mitteilungen handelt, die der Sprecher schon früher gemacht und durchdacht hat. Die Äußerungen erfolgen zwar spontan, aber mehr rational als emotional bestimmt.

Auch bei der bisensorischen Sprachperzeption bleibt das Absehen ein *Lückenbild.* Zwischen gut erkennbaren, leider aber mehrdeutigen Kinemen bleiben Lücken nichterkennbarer Laute, die geschlossen werden müssen. Eine Möglichkeit, auf die bereits hingewiesen wurde, ist das *Mitsprechen*, die Einbeziehung der Sprechmotorik. Wenn Lücken in der fortlaufenden Spracherfassung bleiben, so können sie durch Mitsprechen ausgefüllt werden, weil es nur eine begrenzte Zahl von Ergänzungsmöglichkeiten gibt.

Bei einem Gespräch wird sich ein lautes Mitsprechen von selbst verbieten, weil es das Gespräch stören würde. Aber das Mitsprechen kann auch erfolgen, indem man die Sprechbewegungen ohne Stimme aktiviert. Und es gibt sogar noch eine weitere Stufe, die aber nur denjenigen zugänglich ist, die schon viel Erfahrung mit der Einbeziehung der eigenen Sprechmotorik haben.

Wenn man ältere Leute beobachtet, die mit dem Lesen noch ihre Schwierigkeiten haben, die eventuell das Lesen erst im späteren Lebensalter erlernt haben, so kann man sehen, wie sie beim Lesen die Lippen mitbewegen, wie sie das *Verstehen des Gedruckten* über das Mitsprechen fördern. Wer viel mit Schriftlichem zu tun hat, macht diese Mitbewegungen der Sprechorgane nicht. Das Lesen wird zu einem stummen, bewegungslosen und simultanen Erfassen der Schrift. Das ist sozusagen die höchste Stufe, bei der eine direkte Verbindung zwischen Schrift und Verstehen entstanden ist.

Auch bei der Einbeziehung des Absehens kann eine solche Höchststufe erreicht werden, indem die Sprechorgane nicht bewegt werden, sondern sich der Perzipient nur *vorstellt*, wie sie bewegt werden, ohne die Bewegungen wirklich auszuführen oder auch nur anzudeuten. Ein solches Vorstellen von Bewegungen ist auch bei handwerklichen Manipulationen möglich, indem man vor einer komplizierten Handlung im Geist noch einmal die Reihenfolge der Handgriffe durchgeht.

Durch das Mitsprechen wird die genaue Erfassung der Mitteilung gefördert. Man kann dem Sprecher leichter folgen und hat somit die Möglichkeit, nicht nur der Äußerung, sondern auch dem gedanklichen Inhalt zu folgen, ihn gleichsam nach den Angaben des Sprechers zu rekonstruieren. Um die Einzelheiten zu einem Gesamtbild zu ordnen, helfen dem Perzipienten vielfach die *Gesetze der Logik*, wenn es sich um Sachzusammenhänge handelt und die *Regeln der Grammatik*, wenn sprachliche Zusammenhänge erschlossen werden sollen.

Wenn alle Einzelheiten erfaßt und verstanden werden, ist es möglich, die Gedankengänge des Sprechers nachzuvollziehen, im günstigsten Fall sogar ihnen *vorauszueilen*. Das kann auf Satzebene geschehen. Manchmal ist es möglich, den Sinn und den Verlauf eines Satzes vorausschauend zu vervollständigen, wenn man den ersten Teil richtig aufgefaßt hat; denn vielfach ist es so, daß auf den gedanklichen Schwerpunkt nur noch das folgt, was der *grammatischen Vollständigkeit halber* gesagt werden muß. Gedanken können aber viel schneller sein als das Sprechen, und der Sprecher muß es realisieren. Dann braucht der Perzipient nur noch zu *kontrollieren*, ob das Ende des Satzes genau so verläuft, wie er vermutet hat. Kontrolle ist leichter als Strukturierung.

Eine ähnliche Modellierung des Zukünftigen, wie es LEONTJEW bezeichnet, ist auch auf der Ebene der logischen Zusammenhänge möglich. Wenn es gelingt, die gedanklichen Entwicklungen des Sprechers mitzugehen und weiterzudenken, ist auch hier ein Verstehen auf der Basis der Modellierung des Zukünftigen möglich.

5.2 Anweisungen an den Partner

Kommunikation ist ein zweiseitiger Vorgang, und er kann *von beiden Seiten* aus *optimiert* werden. Wer die Einbeziehung des anderen Perzeptionsweges braucht, um zu verstehen oder besser und leichter zu verstehen, kann auch die Bedingungen optimieren. Aber er ist beim Verstehen auf den Partner angewiesen. Und dieser verhält sich oft so sorglos und vordergründig auf das Akustische der Lautsprache eingestellt, daß eine Optimierung nicht gelingt.

Gewöhnlich ist die Sprachperzeption durch langen Gebrauch so einseitig auf das Akustische konzentriert, daß der Partner nicht bedenkt oder *gar nicht weiß*, daß es auch einen anderen Weg der Sprachperzeption gibt, dessen Einbeziehung dem anderen helfen könnte, Lautsprache besser und leichter zu verstehen. Es sind *Gewohnheit* auf der einen und *Gedankenlosigkeit* auf der anderen Seite, die den Partner so sprechen lassen, daß eine Einbeziehung des anderen Perzeptionsweges nicht möglich ist.

Deshalb muß man als Betroffener dem Partner *Anweisungen* geben, die geeignet sind, die Einbeziehung des zweiten Perzeptionsweges zu erreichen oder zu erleichtern. Wer diese besondere Art der Kommunikation braucht, muß wissen, welche Haltungen des Partners die Kommunikation verbessern und was er vom Partner fordern kann. Er muß durch seine Anweisungen das Verhalten des Partners steuern.

Dies alles sollte nicht in der Form eines Gebots vorgebracht werden, sondern in *gewinnender Form*. Der Ton macht die Musik, sagt der Volksmund. Das Ziel ist, daß der Partner die Anweisungen beherzigt und befolgt, und nicht als Diktat oder Pflichterfüllung auffaßt. Es ist durchaus möglich, diese Hinweise mit einem Lächeln, wie beiläufig zu geben, ohne daß man, was manchmal peinlich ist, dem Partner langatmig erklären muß, wozu diese Hinweise dienen.

Diese Hinweise sind auch für jeden günstig, der über ein volles Gehör verfügt, aber wegen des *Störschalls* die Einbeziehung des visuellen Kanals braucht. Die gleichen Regeln, wie sie hier entwickelt werden, sind auch für jede Kommunikation im Störschall richtig und wichtig, wenn der Störschall die Lautsprache teilweise überdeckt. Gerade in einem Raum, der von vielen Menschen besucht wird, kann der Störschall erheblich sein, wie auf einem Empfang oder einer Party. Auch hierbei kann die Einbeziehung des visuellen Kanals das Sprachverstehen erheblich fördern.

5.2.1 Schau mich an!

Das Gesicht vermittelt die meisten und deutlichsten Informationen über die Äußerungen des Partners. Den besten Eindruck erhält man, wenn man dem Partner direkt ins Gesicht, unmittelbar *in die Augen* sehen kann. Es sind nicht nur die Lippenbewegungen und der Zungenspitzenkontakt, die die entscheidenden visuellen Eindrücke vermitteln, sondern auch der mimische Ausdruck. Die Augen verraten oft mehr als die Lippen, mehr als das gesprochene und gehörte oder abgesehene Wort.

Durch die Lautsprache wird der Sinn des Gesprochenen übermittelt, durch die Augen viel mehr, auch der Hintersinn und wie das Gesprochene *gemeint* ist. Deshalb wird in der Rhetorik auch der unmittelbare Blickkontakt besonders betont. (STELZIG 1978, 162) Am Gesichtsausdruck kann man erkennen, ob das Gesprochene ohne Einschränkungen und offen so gemeint ist, wie es mit den Worten gesagt wird. An diesem offenen und ehrlichen Gesichtsausdruck, der sich dem Partner zuwendet und öffnet, sind nicht nur die Augen, sondern auch Gesicht und Körper beteiligt.

Man kann auch erkennen, ob das, was man selbst zu sagen hat, mit Distanz, mit Kritik oder Vorbehalt aufgenommen wird. Auch dafür ist die Entfernung, die für die Einbeziehung des zweiten Perzeptionsweges als günstig dargestellt wurde, hervorragend geeignet. In einer Entfernung, die nicht größer als 3 bis 4 Meter ist, lassen sich die Einzelheiten des *Gesichtsausdrucks* noch gut erkennen. Der Blickkontakt, der durch die Zuwendung des Gesichts zustandekommt, ist für jede Form der Kommunikation günstig. Wenn aber die Lippenbewegungen einbezogen werden müssen, wird diese Zuwendung nötig.

Der unmittelbare Blickkontakt ist natürlich eine zweiseitige Angelegenheit. Auch für den Partner, der mit einem spricht, werden die feinsten Ausdrucksbewegungen erfaßbar. Man öffnet sich dem Partner ganz. Für eine ehrliche, offene Kommunikation ist das nur förderlich.

Für die Unterstützung des Verstehens, zur Gliederung des Gehörten und zum Entnehmen des Sinnes dessen, was gesprochen worden ist, sind aber die Lippenbewegungen und der Zungenspitzenkontakt das Wichtigste. Daß dabei auch die Bewegungen des Unterkiefers eingeschlossen sind, wurde früher schon gesagt.

Da sich die Schallwellen nach allen Seiten im Raum ausbreiten und auch um den Kopf herumgeführt werden, braucht man im Alltag den Blickkontakt nicht, und man sucht ihn auch nicht. Er ist nicht selbstverständlich. Deshalb sieht man im Alltag oft *aneinander vorbei*. Der andere, mit dem man kommuniziert, wird manchmal, vor allem wenn die Kommunikation zur Selbstdarstellung verwendet wird, zur Nebensache.

Man unterhält sich, während die Augen auf eine andere Tätigkeit gerichtet sind. Alles das sind Haltungen, die im Alltag oftmals zur Gewohnheit geworden sind, und so kommt es nicht selten vor, daß man nicht nur aneinander vorbeisieht, sondern auch *aneinander vorbeiredet*.

Für den, der mit der Kommunikation Schwierigkeiten hat, kommt es aber darauf an, daß er die vermehrte Konzentration, die ihn die Kommunikation kostet, nur dann aufwendet, wenn etwas Wichtiges mitzuteilen ist. Auch dazu trägt der Blickkontakt bei. Wenn der Partner ihn nicht von selbst anwendet, so muß man ihm sagen: Schau mich an!

5.2.2 Sprich natürlich, aber nicht überhastet!

Wenn der Partner erfährt, daß der Hörer Probleme mit dem Hören hat, so ist oft zu beobachten, daß er helfen will und sich voll kooperationsbreit gibt. Nur besteht eine solche spontane Hilfe dann darin, daß sich der Sprecher bemüht, so deutlich wie möglich zu sprechen, zumindest seiner eigenen Meinung nach. Gerade das aber ist falsch.

Denn das Sprechen sieht dann so aus, daß die artikulatorischen Bewegungen willkürlich gesteuert und *maßlos übertrieben* werden. Er spricht dann so, wie es ein Nußknacker tun würde. Dabei werden die durchgehenden Bewegungsabläufe an den Silbengrenzen unterbrochen und neu angesetzt. Die Differenzierung von Sinnwichtigem und Unwesentlichem wird aufgehoben, indem *jede Silbe* ihren artikulatorischen Impuls bekommt. Der natürliche Sprechrhythmus, der vom Sinn ausgeht, verwandelt sich in eine undifferenzierte, durchgehend akzentuierte Monotonie. Dazu kommt noch oft, daß jede Silbe mit einer nickenden *Kopfbewegung* begleitet wird, so daß nicht einmal die Mundpartie ein im Raum einigermaßen ortsgleiches Bild liefert.

Mit einer solchen »Hilfe« ist dem Perzipienten, der den anderen Perzeptionsweg nutzen möchte, überhaupt nicht gedient. Bei den meisten Menschen läuft das Sprechen als automatisierter Prozeß ab. Sie haben auch noch nie so recht darüber nachgedacht, wie sich die Sprechorgane bei der Formulierung einer Mitteilung bewegen. Wenn der Sprecher nun den Bewegungsautomatismus *bewußt steuert*, müssen zwangsläufig *Übertreibungen* eintreten; denn er tut nur das, was er vom Sprechen weiß. Und dieses Wissen ist zum überwiegenden Teil aus der Kenntnis des Schreibens und Lesens abgeleitet. Und dort haben wir die Silbentrennungsregeln, die Wortabstände, vor allem aber die Tatsache, daß die Laute unabhängig davon, wo sie stehen, ob in betonter oder unbetonter Position, immer *gleich geschrieben* werden. Also meint er dann auch, alle Laute gleich deutlich zu sprechen zu müssen. Und er fühlt sich bemüht, alle Laute, nur deshalb zu sprechen, weil sie geschrieben werden, obwohl sie in unbetonter Position oft gar nicht gesprochen, sondern reduziert oder ausgelassen werden.

Wenn die Lippenbewegungen bewußt vollzogen werden und der Partner mit *übertriebener Intensität* spricht, wird auch die Mimik, aus der sich gewöhnlich begleitende Informationen entnehmen lassen, maßlos verfälscht. Die ganze Mimik wird unnatürlich und geht ins *Grimassieren* über. Die das Sprechen begleitenden natürlichen Reaktionen werden ausgelöscht und von den gewollten, übertriebenen Bewegungen überdeckt. Was man vom Gesicht sehen kann, taugt nichts mehr für das Sprachverstehen.

Deshalb ist, sollte der Partner zum übertriebenen, gewollten, grimassierenden Sprechen übergehen, der Hinweis berechtigt: Sprich natürlich! Das bedeutet, daß darüber, *wie* gesprochen wird, nicht weiter nachgedacht wird, sondern daran, *was* man dem Partner sagen will. Vom bewußten Sprechen zum vollkommen normalen, natürlichen zurückzufinden ist nicht leicht. Vielleicht bleiben nicht ganz verdrängte Reste im Bewußtsein haften, und der Sprecher bemüht sich, gewollt »natürlich« zu sein. Dann kann es durchaus sein, daß der Sprecher in ein *anderes Extrem* verfällt.

Natürliches Sprechen braucht seine Zeit; aber gerade diese hat der moderne Mensch oft nicht. So besteht eine Unsitte der Alltagskommunikation darin, daß *überhastet* gesprochen wird, um in der knappen Zeit möglichst viel an Information loszuwerden, ungeachtet dessen, ob der Partner diese Informationen überhaupt braucht, ob er sie versteht und verarbeiten kann.

Die Folge einer solch überhasteten Redeweise ist, daß manche der unbetonten Silben und nebensächlichen Wörter nur angedeutet oder auch überhaupt nicht realisiert werden. Sie müssen, wenn überhaupt eine Kommunikation zustandekommen soll, vom Perzipienten ergänzt werden. Manchmal ist eine solche Ergänzung möglich, wenn sich das Reduzierte oder Weggelassene auf die gemeinsame Situation bezieht, in der das Gespräch stattfindet. Kann die Situation aber keine Hilfsinformationen beisteuern, so bedeutet dies: Was der Sprecher an artikulatorischer Energie einspart, muß vom Hörer als *zusätzliche* Ergänzungsleistung aufgewendet werden. Jedes überhastete Sprechen ist eine Unart, die heute ganz allgemein üblich geworden ist. Es ist Ausdruck einer allgemeinen Haltung, die in unserer Gesellschaft Platz gegriffen hat, die auftretenden Schwierigkeiten den schwächsten und hilflosesten Gliedern aufzubürden.

Somit ist der Zusatz der Anweisung an den Partner berechtigt, wenn man ihm sagt: Sprich natürlich, aber nicht überhastet!

5.2.3 Halte den Kopf ruhig!

Manche haben beim Sprechen die Angewohnheit, Mitbewegungen bei den wichtigen Passagen mit dem Kopf zu machen, vor allem bei den *Akzenten*, die sie herausheben wollen.

Der Akzent wird ja auf diejenigen Stellen im Text gelegt, die der Sprecher für besonders wichtig hält, und sie werden mit größerer neuronaler Intensität produziert. Deshalb sind die Akzente durch größere Lautstärke, meist auch durch höhere Stimmlage, durch exaktere Ausformung der Laute durch intensivere artikulatorische Bewegungen, durch Vollständigkeit der Lautfolge und demzufolge auch durch relativ gemäßigtes Sprechtempo ausgezeichnet. Diese natürlichen Merkmale des Akzents sind selbstverständlich auch bei der Perzeption eine Hilfe. Vor allem die präzisere Lautausprägung bei größerer Lautstärke erleichtert die Perzeption und entlastet den Perzipienten bei der Ergänzung.

Und da ohnehin durch die Akzentuierung das Sinnwichtige hervorgehoben wird, unterstützt sie, sofern sie richtig angewandt wird, auf natürliche Weise das Sprachverstehen.

Die Akzentuierung wird durch erhöhte neuronale Aktivität bewirkt. In dem Bestreben, gut und deutlich zu sprechen, geschieht es mitunter, daß diese *erhöhte Aktivität* im Akzent auch auf die Muskulatur des Gesichts oder sogar des Körpers übergeht, vor allem, wenn unter hoher emotionaler Spannung gesprochen wird. Dann bewegen sich im Akzent, außer der Sprechmuskulatur, auch Teile des Körpers mit: Der *Kopf* markiert den Akzent, aber auch die Arme werden mitbewegt, die *Hände* und *Unterarme* werden einbezogen und die Hände zur Faust geballt.

Diese gestischen Mitbewegungen sind sehr aufschlußreich und geben dem Perzipienten Hinweise zur Emotionslage des Sprechers. Solche Informationen sind sehr wichtig und wertvoll. Leider ist aber *eine* Bewegung dabei, die das Absehen ungemein erschwert, weil das Lippenbild unruhig wird, und sich feine Veränderungen der Lippengestalt dabei nicht erkennen lassen und sich Veränderungen durch unterschiedlichen Blickwinkel ergeben: Leichte bis heftige *Nickbewegungen des Kopfes*. Wenn wir deshalb dem Sprecher sagen müssen: Halte den Kopf ruhig!, so bedeutet das nicht, daß sämtliche emotionalen Mitbewegungen unterlassen werden sollten; sie unterstützen das Verstehen. Aber sie sollten sich nicht auf den Kopf und seine Position vor dem Hintergrund erstrecken.

5.2.4 Bleib beim Thema!

Bei einem Vortrag ist das Thema festgelegt und bekannt, und ein guter Redner hält sich auch daran und entwickelt den Stoff systematisch. Eine solche Gedankenkette, wo sich die Inhaltsfolgen *auseinander entwickeln*, ist leichter zu verstehen, als wenn unzusammenhängende Sachverhalte aufgefaßt werden müssen.

Vor allem wiederholen sich die *Schlüsselbegriffe* und die in ihrem Umfeld gebrauchten Wendungen zwangsläufig. Dann besteht schon eine im voraus gewisse Sensibilisierung dafür, und gerade die wichtigen Wörter, die den Sinn tragen, brauchen nicht aus den Tiefen des Gedächtnisses herangeholt zu werden; sie liegen gleichsam obenauf.

Beim Alltagsgespräch ist das oft anders, vor allem, wenn man sich einige Tage oder gar Wochen nicht gesehen hat. Dann ist so viel geschehen, daß man dem Partner über das Wichtigste und auch über die Kleinigkeiten berichten möchte. Der Volksmund sagt völlig zu Recht: Wes das Herz voll ist, des gehet der Mund über.

Diese Fülle von Ereignissen ist *für den Sprecher* zwar eine *Einheit* von Erinnerungen; für den Angesprochenen ist es aber ein Konglomerat von vielen unzusammenhängenden Einzeltatsachen, die eben *nicht* durch das Erleben zusammengehalten werden. So etwas zu verstehen ist viel schwerer als Zusammenhängendes, weil die Schlüsselbegriffe, um die die einzelnen Mitteilungen zentriert sind, wechseln. Sie müssen in der Tiefe des Gedächtnisses gefunden, aus ihr geholt und sensibilisiert werden.

Wenn ein solcher Wasserfall an Ereignissen ausgeschüttet wird, geschieht es dann auch, daß einem, während man berichtet, etwas *einfällt*, das zu einem ganz anderen Ereignis gehört und in einem *anderen Zusammenhang* steht. Wird es sofort geäußert, entsteht ein Gedankensprung. Einem solchen vermag das uneingeschränkte Verstehen unter optimalen Kommunikationsbedingungen zu folgen. Sind diese aber nicht vorhanden, beispielsweise schon, weil der Störlärm beträchtlich ist, dann schafft ein Gedankensprung immer Schwierigkeiten, den Gesprächsinhalt völlig zu erfassen. Reißt der Faden des Verstehens ab, kann oder muß man durch *Fragen* den Zusammenhang neu knüpfen.

Es gibt auch Gespräche, bei denen der Sprecher absichtlich das Thema wechselt, weil er einer Tatsache ausweichen möchte, die für ihn unangenehm ist oder auf ein Gebiet führen würde, das er seinem Partner nicht offenbaren möchte.

Solche *Gedankensprünge* oder gar *Themenwechsel* sind schon allgemein für jeden Perzipienten schwierig. Für den, der auf Einbeziehung des anderen Perzeptionsweges angewiesen ist, sind sie etwas sehr Unangenehmes und Schwieriges, weil dann das Umfeld, in dem Ergänzungen sensibilisiert werden müssen, gewechselt werden muß. Der Faden für die notwendigen Ergänzungen scheint plötzlich wie abgeschnitten. Es fallen nicht nur *einzelne Wörter* aus, die den Sinn tragen, sondern die gesamte Kommunikation bricht zusammen.

Deshalb richtet sich die Forderung, im Zusammenhang zu sprechen, nicht gegen ein lockeres Gespräch, sondern gegen eine Unsitte, ja sogar gegen eine Rücksichtslosigkeit dem Partner gegenüber. Die Forderung ist also, wenn dagegen verstoßen wird, völlig berechtigt: Bleib beim Thema!

5.2.5 Schreib mir das Thema (den Schlüsselbegriff) auf!

Beim Beginn eines Gesprächs ist es oft nicht ganz einfach, zu erfassen, *worum* es eigentlich geht. Man kann auf Umwegen zum Thema kommen. Oft handelt es sich bei einer Mitteilung um einen Sachverhalt, in dessen Mittelpunkt ein *Schlüsselbegriff* steckt.

Gerade unter erschwerten Kommunikationsbedingungen ist es von Vorteil, wenn man diesen Schlüsselbegriff schon vorher kennt, einerseits, um die eigenen Gedanken, die mit ihm zusammenhängen, zu aktivieren, andererseits, um alles, was objektiv mit ihm im Zusammenhang steht, sensibilisieren zu können. Die *Voreinstellung* auf die Zusammenhänge des Themas ist wichtig.

Dazu ist es aber notwendig, daß man sie erfährt. Im normalen, zwanglosen Gespräch taucht dieser Schlüsselbegriff dann irgendwann und vielleicht noch an einer untergeordneten Stelle auf, so daß es schwierig ist, ihn überhaupt zu erfassen. Weil das Verstehen viel leichter ist, wenn man den Zentral- oder Schlüsselbegriff *kennt*, ist es zweckmäßig, ihn zu erfragen oder, noch besser, ihn sich aufschreiben zu lassen.

Bei der normalen Kommunikation ist das Sprechtempo nicht festgelegt. Und manche Sprecher wollen dadurch glänzen, daß sie gerade diesen Schlüsselbegriff schnell sprechen, vor allem im Fernsehen oder auch im Radio, um damit zu zeigen, daß sie ihn *beherrschen*. Wenn man ihn langsam spricht, könnte dies ja so ausgelegt werden, als ob man selbst Probleme oder Schwierigkeiten damit hätte. Um den anderen damit zu beeindrucken, daß man selbst über der Sache steht, wird er schnell gesprochen. Schnell heißt aber hierbei: Undeutlich, verwaschen.

Gerade unter erschwerten Bedingungen des Verstehens ist es zweckmäßig, diesen Schlüsselbegriff in dem anderen Kommunikationsmittel einzufordern, der *Schrift*. Natürlich kann man von dem anderen nicht verlangen, daß er Schreibzeug bei sich hat. Für jemand, der Schwierigkeiten mit dem Verstehen hat, ist es aber angebracht, daß man Geeignetes stets bei sich hat: einen Block oder ein gar ein Heft, wie es BEETHOVEN in seiner schlimmsten Zeit ständig bei sich führte, als er völlig ertaubt war.

Wer es sich angewöhnt hat, das eingeschränkte Hören durch das Absehen zu ergänzen, braucht sich nicht, wie es BEETHOVEN nötig hatte, *alles* aufschreiben zu lassen, sondern nur den Schlüsselbegriff. Was sich um ihn rankt, ist viel leichter zu verstehen, wenn man ihn kennt oder zu *ergänzen*, wenn man Teile davon versteht. Der Schlüsselbegriff, von dem die inhaltlichen, logischen, sachlichen und grammatisch-sprachlichen Beziehungen ausgehen und durch den sie *zentriert* werden, muß aber eindeutig und klar sein.

Deshalb ist es für das Verstehen günstig, wenn nicht gar unumgänglich, daß man diesen Schlüsselbegriff kennt und unverrückbar festhalten kann. Das Schriftbild liefert und bewahrt ihn in allen Einzelheiten, und man kann auf ihn immer wieder zurückkommen, weil ihn das Schriftbild dauerhaft festhält.

Das Aufschreibenlassen geht schnell; das Gespräch wird, wenn man Block und Stift bereithält, dadurch nur unwesentlich aufgehalten. Der Sprecher wird dadurch auch darauf hingewiesen, daß sein Partner mit dem Verstehen generell Schwierigkeiten hat, wenn er es nicht schon vorher durch andere Hinweise und Aufforderungen gemerkt haben sollte.

In der Aufforderung, den Schlüsselbegriff *aufzuschreiben*, steckt auch ein psychologisches Problem. Im Gespräch kann es vorkommen, daß dem Sprecher selbst gar nicht so recht bewußt ist, was in dem, was er sagen will, das wichtigste Wort, der eigentliche Schlüsselbegriff ist. In vielen Gesprächen des Alltags wird frisch drauflos erzählt, und gesagt, was einem gerade in den Sinn gekommen ist. Wenn man den Sprecher auffordert, den Schlüsselbegriff (oder das Thema) aufzuschreiben, ist er gezwungen, über das, was er eigentlich sagen will, *vorher nachzudenken* und genauer zu überlegen, was mitteilenswert ist. Das Aufschreiben ist gleichzeitig Zwang zum Nachdenken. Was der Sprecher dann äußert, ist tiefer durchdacht, konzentriert.

Das Thema vorher bekanntzugeben, ist in Schulen, wo Schwerhörige unterrichtet werden, ein gängiges Verfahren. Wenn der Lehrer seinen Unterricht gut geplant und vorbereitet hat, dann stehen solche Schlüsselbegriffe bereits an der Tafel, und daß der nächste jetzt an der Reihe ist, wird nur durch eine kurze Kopfwendung oder Geste angedeutet. Der Gang der Wissensvermittlung wird dadurch überhaupt nicht aufgehalten.

Bei gut vorbereiteten Sitzungen erhält jeder Teilnehmer eine *Tagesordnung* mit den Themen, die nacheinander abgehandelt werden. Dann sind die Themen bekannt, und die Tagesordnungspunkte enthalten vielfach den Schlüsselbegriff, so daß sich hierbei Rückfragen oder das Aufschreiben erübrigen.

5.2.6 Laß Überflüssiges weg! (Quassele nicht 'rum!)

Sprachverstehen ist eine *anstrengende* Tätigkeit. Manch einer stellt das nach längerer Zeit des Zuhörens erstaunt fest. Eigentlich, meint er, habe ich doch stundenlang gar nichts gemacht, als nur still dagesessen und bin doch müde, erschöpft. Eine solche Fehleinschätzung rührt daher, weil unter »Tätigkeit« oft nur körperliche, mit Bewegung verbundene Aktivität, verstanden wird. Es gibt aber auch *geistige Tätigkeiten*, und zu ihnen gehört auch das Zuhören, insbesondere das Sprachverstehen.

Dabei handelt es sich nicht nur um das Hören von Sprache, sondern vor allem um die konzentrierte Verarbeitung und die Zuordnung des Gehörten, sowie das Ergänzen des unvollständig Aufgefaßten. Die Aufgabe gipfelt in der *Sinnerfassung*, letztlich vor allem aber in der *kritischen Bewertung* des soeben Vernommenen und seine Bewahrung im Gedächtnis. Wenn es sich um einen längeren Vortrag handelt, kann man seinen eventuell abweichenden Standpunkt nicht sofort lauthals kundtun kann. Man muß versuchen, Kritik, Übereinstimmung mit eigenen Erkenntnissen und die Ergänzung des eigenen Wissens im Gedächtnis zu bewahren oder kurz zu *notieren*, so daß man später in der Diskussion reagieren kann.

Es ist eine Fülle von geistigen Tätigkeiten, die mit dem Sprachverstehen unmittelbar oder auch mittelbar verbunden sind und durch das Zuhören ausgelöst werden. Kein Wunder, daß Studenten nach mehreren Stunden Vorlesungen müde und erschöpft sind, und dies, obwohl sie mit den äußeren Bedingungen der Aufnahme und Verarbeitung des Zuhörens keine Schwierigkeiten haben: Der Hörsaal ist vielfach ruhig, es gibt kaum Störgeräusche, und sie verfügen über ein völlig normales, jugendliches und noch durch keinerlei Alterungsprozesse beeinträchtigtes Hörvermögen. Ihr Sprachverstehen kann auf einer optimalen peripheren Wahrnehmungsleistung aufbauen.

Wie viel mehr an geistiger Energie muß aber aufgewendet werden, wenn das Hören durch Abbauprozesse eingeschränkt ist, wie sie im fortgeschrittenen Lebensalter gesetzmäßig eintreten! Auch dann ist das Sprachverstehen noch möglich, wenn der Mensch über *umfassenden Sprachbesitz* verfügt. Und jeder Mensch, der lebenslang seine Muttersprache gesprochen hat, verfügt darüber. Daß es mit der Sprachauffassung Schwierigkeiten gibt, merkt man am ehesten bei fremdsprachlicher Kommunikation, wenn die Fremdsprache nur unvollkommen beherrscht wird oder mittlerweile viel von ihr vergessen worden ist. Was in der Muttersprache noch gut geht, ist in der Fremdsprache nicht mehr möglich.

Dieser Sachverhalt erklärt sich daraus, daß in der muttersprachlichen Kommunikation das, was nicht oder nur bruchstückhaft gehört worden ist, aus der Erinnerung des vollen Sprachbesitzes ergänzt wird, ohne daß dies bewußt wird. Der momentane *Höreindruck* und die *Ergänzung* stehen in unmittelbarer Wechselwirkung. Wenn *alles* gehört wird, kann die Ergänzung *entfallen*. Wenn das Hören Lücken aufweist, ist die Ergänzung gefordert, unter Umständen hoch gefordert.

Und wenn das Hören so weit abgebaut ist, daß es durch visuelle Wahrnehmungen komplettiert werden muß, ist die Ergänzung eine wichtige Komponente, ohne die ein Sprachverstehen nicht mehr zustandekommt. Daß diese Ergänzung auf verschiedenen Ebenen verläuft und daß die Lücken auf unterschiedliche Weise gefüllt werden können, wurde bereits früher dargelegt.

Sprachverstehen, damit wurde dieser Abschnitt eingeleitet, ist eine anstrengende Tätigkeit. Das sollte auch der Partner wissen und akzeptieren. Vor allem, wenn die Ergänzung hoch gefordert ist, muß sich der Altersschwerhörige mächtig anstrengen.

Analysiert man Alltagsgespräche, so sind es einerseits *wichtige*, lebensnotwendige Mitteilungen, die den Inhalt der Kommunikation ausmachen. Sie helfen, die komplizierten Alltagssituationen zu meistern. Daneben kommen aber auch Passagen vor, die überhaupt nicht wichtig sind: *Wiederholungen* des eben Gesagten, nicht ernst oder scherzhaft Gemeintes, oder auch absolut *Unwichtiges*.

Wie groß ist die Enttäuschung für einen mit Verstehensschwierigkeiten, wenn er sich unter voller Anspannung seiner geistigen Kräfte bemüht hat, den Inhalt des Gesagten zu verstehen und dann feststellen muß: Es ist etwas *völlig Belangloses*!

Wenn der Partner eine solche Haltung an den Tag legt, die die Schwierigkeiten des Partners verkennt oder absichtlich negiert, dann kann man ihm sagen: Laß Überflüssiges weg! oder in der salopp-umgangssprachlichen Form: Quassele nicht 'rum!

5.2.7 Wer sprechen will, soll es anzeigen!

In einer Gesprächsrunde, auch in einer Sitzung, ist es oft nicht leicht herauszufinden, *wer* eigentlich spricht, vor allem, wenn die Beiträge, die der einzelne liefert, kurz sind. Normalerweise hilft dabei das *Richtungshören*, und wenn man beim Redebeginn nicht das Gesicht des Sprechers sehen und das Mienenspiel beobachten kann, so hört man doch, was gesagt wird.

Bei jemand, der auf das Absehen zur Ergänzung des Verstehens angewiesen ist, ist das anders. Erstens ist mit der Minderung des Hörvermögens auch das Richtungshören *eingeschränkt*. Er hat Schwierigkeiten, den *Sprecherwechsel* zu erfassen, wenn sich die Stimmen nicht erheblich unterscheiden oder wenn ihm die Teilnehmer der Gesprächsrunde nicht aus vielen Begegnungen bekannt und vertraut sind.

Wird aber der notwendige Blickwechsel nicht rechtzeitig vollzogen, so gehen dem, der auf visuelle Zusatzinformationen angewiesen ist, die oft wichtigen *Anfangsinformationen* verloren. Er muß sich, um die visuelle Perzeption einbeziehen zu können, schon eingestellt haben; denn in einer Gesprächsrunde ist es meist nicht ganz so ruhig und störungsfrei wie beim intimen Gespräch. Erstens ist der *Raum größer* und damit reicher an Nachhall, und zweitens sind die Teilnehmer mitunter damit beschäftigt, ihre Unterlagen geräuschvoll zu ordnen oder zu sortieren.

Wenn jemand auf die Einbeziehung des Absehens angewiesen ist, dann besonders in einer solchen Situation, wo das Absehen zum führenden Sinn wird und das Hören unterstützt. Dann aber ist es ganz wichtig, schon *vor* dem eigentlichen Sprechbeginn das Gesicht des Sprechers beobachten zu können.

Wenn in einer Gesprächs- oder Diskussionsrunde der Vorsitzende das Recht zu sprechen erteilt, und die jeweiligen Redner durch eine *Geste* auffordert, dann ist das gut, und jeder kann sich auf den Beitrag einrichten. Solche Gesten genügen oft auch dem, der die Einbeziehung des Visuellen braucht.

Manchmal aber ist es auch so, daß jeder, der etwas sagen will, das ungebeten tut. Ganz schlimm ist die Unsitte des Hineinredens, wie sie heutzutage oft in Talk-Shows im Fernsehen praktiziert wird. Sie stellt eine grobe Unhöflichkeit dar, und man kann sie sich mit gutem Recht verbitten, indem man öffentlich und mit Nachdruck fordert, jeden *ausreden* zu lassen. Das gehört einfach zu einer guten Redekultur, und man kann auf das Niveau einer Diskussionsrunde hinweisen.

Wenn kein Vorsitzender vorhanden ist, kann man die Teilnehmer bitten, zuzustimmen, daß bei einem Rednerwechsel der Sprecher anzeigt, daß er das Wort übernehmen wird. Dann ist es möglich, schon die Anfangsinformation visuell unterstützt zu perzipieren. Wenn man sich scheut, sich selbst als Grund für diese Maßnahme anzuführen, finden sich leicht andere Gründe, wie die Nebengeräusche im Raum oder dessen Halligkeit.

Nachwort: Optimierung der Kommunikation als soziale Aufgabe

Der Text hat versucht, das Wesen und die Gestaltung der Kommunikation bewußt zu machen. Denn gewöhnlich läuft das, wie wir mit unseren Nächsten den geistigen Kontakt herstellen, unbewußt ab. Es wird von einem großen Reservoir an *Automatismen* getragen, die wir im Laufe unseres Lebens erlernt und die sich *verfestigt* haben, so daß wir unsere Aufmerksamkeit voll den sprachlichen Inhalten zuwenden können.

Wenn es aber nötig ist, uns neue Verfahren und Weisen der Kommunikation anzueignen, dann kann dies nur auf dem Weg über das Wissen geschehen mit dem Ziel, neue und der jeweiligen Situation *besser angepaßte* Automatismen zu erwerben. Dazu muß die gesellschaftliche Situation für die Kommunikation umgestaltet und den veränderten Perzeptionsbedingungen des alternden Menschen angepaßt werden.

Daß der Mensch Einfluß auf seine Umwelt nimmt, ist überhaupt nichts Außergewöhnliches, sondern geradezu das Normale. Wir leben fast ausschließlich in einer Umwelt, die von Menschenhand geschaffen und gestaltet worden ist. Wir wohnen in Häusern und nicht mehr in Höhlen, haben Wasser und elektrischen Strom zu unserer Verfügung, lassen durch gläserne Fenster das Tageslicht herein und schaffen uns im Inneren eine Temperatur, die uns Behaglichkeit ermöglicht. Unberührte Natur ist in unserer Welt ganz selten geworden.

Für die Kommunikation benutzen wir die technischen Hilfsmittel wie Telefon oder Handy, lassen uns die Ereignisse der Welt und die Produkte der Kultur mit dem Fernsehen oder durch das Radio ins Haus kommen. Weil aber *alles vorhanden* ist, kommen wir gar nicht auf die Idee, auch die Kommunikation im täglichen Leben zu ändern. Es ist aber nötig, sie so *umzugestalten*, daß keine Verluste auftreten, die den alternden Menschen von der Unterhaltung mit anderen isolieren und ihn in die geistige Einsamkeit drängen.

Was es mit der Kommunikation im Alltag auf sich hat, soll an einem Beispiel erläutert werden, das zwar, wie andere Vergleiche auch, hinkt, aber doch genügend Übereinstimmungen bietet, um das Wesentliche zu erläutern.

Wenn wir eine Wohnstätte haben, richten wir sie so ein, daß wir uns darin wohlfühlen. Die meiste Sorgfalt richten wir auf den *Wohnraum*, in dem wir uns am meisten und am längsten aufhalten. Es müssen bequeme Sitzmöbel vorhanden sein, so angeordnet, daß man bequem etwas essen, naschen und fernsehen kann, mit behaglicher Temperatur, intimer oder voller Beleuchtung, und alles leicht zu erreichen, um von einer entspannenden zu einer anderen Tätigkeit überzugehen.

Da ein solcher Wohnraum mit Möbeln und anderen Gegenständen ausgestattet ist, bleibt die einmal gewonnene Anordnung bestehen; sie verändert sich nicht. Und doch gibt es Tätigkeiten, die ausgeübt werden müssen, um die Funktionsfähigkeit des Wohnraumes aufrechtzuerhalten und an die jeweiligen Absichten und Bedürfnisse anzupassen.

Wenn man *essen* möchte, muß man die Nahrungsmittel aus dem Kühlschrank heranschaffen. Wenn es dunkel wird, muß man die *Beleuchtung* einschalten, und vieles mehr. Wenn Gäste erwartet werden, ist ein umfangreiches Programm zu absolvieren. Im Grunde bleibt aber die Ausstattung des Wohnraumes gänzlich unangetastet und wird zu den besonderen Zwecken auf unterschiedliche Weise genutzt.

Auf die Ausstattung und Einrichtung des Wohnraumes wird viel Liebe und Sorgfalt verwendet. Das ist überall so, und es ist gut. Kann sich doch das tägliche oder festliche Leben und Erleben im langgewohnten Rahmen vollziehen. Gerade dafür braucht ein Mensch Stetigkeit und im Grunde auch eine gewisse Konstanz, um sich wohl, sicher und geborgen zu fühlen.

Man fragt sich, warum der alternde Mensch, dessen Sinnesleistungen langsam nachlassen, sich nicht auch bemüht, einen *Kommunikationsraum* zu schaffen, sondern alles, was mit der Kommunikation zusammenhängt, dem Zufall und der *Bestimmtheit von außen* überläßt. So, wie er sich im Laufe der Jahre einen Wohnraum geschaffen und an die alltäglichen Bedürfnisse angepaßt hat, muß er sich bemühen, die Bedingungen für die Kommunikation mit seinen Lieben und Vertrauten den *veränderten Bedingungen anzupassen*.

Im Alltag ist es doch genau so: Wenn festgestellt wird, daß die Einrichtung verschlissen und alt ist, so wird *modernisiert*, ganz gleich, ob es sich um eine neue Polstergarnitur, einen neuen Fernseher oder ein neues Radio handelt.

Gewiß gibt es gravierende Unterschiede: Die Einrichtungsgegenstände für den Wohnraum sind *sichtbar*. Wir werden mit Prospekten dafür geradezu überschwemmt, und man kann sich gut vorstellen, wie ein neues Objekt zu den altgewohnten paßt. Es fehlt nicht an Angeboten und Vorbildern.

Im Gegensatz dazu ist der Kommunikationsraum *nicht zu sehen*. Aber wer dieses Buch hier aufmerksam gelesen hat, weiß, worauf es ankommt und was dazu gehört. Aber auch sonst ergeben sich doch viele Parallelen. Man weiß, *welche Personen* in einen solchen Kommunikationsraum gehören, und weiß auch, wer zu den engsten Vertrauten gehört. Die sollten so in die Kommunikation einbezogen werden, daß diese immer gelingt.

Aber so, wie wir uns entschließen müssen, wenn wir ein Zimmer neu einrichten wollen, so müssen wir auch einen Entschluß fassen, wenn es notwendig ist, die alltägliche Kommunikation *umzustellen*. Und noch etwas: Wir müssen dabei bleiben und die anfänglichen Schwierigkeiten, die nicht ausbleiben, ausmerzen und überwinden, mit *Freundlichkeit* auf der einen und mit *Beharrlichkeit* auf der anderen Seite.

Jeder Mensch erwirbt durch seine Tätigkeit im Laufe seines Lebens eine Reihe von *Handlungsmustern*, die in seinem Gedächtnis bewahrt werden. Wenn er sie braucht, werden sie aus dem Gedächtnis abgerufen und zur Bewältigung täglicher Aufgaben verwendet. Dabei ist es ganz gleichgültig, ob es sich um einfache Handlungsmuster wie das Zubinden der Schleife am Schuh oder um komplizierte wie das Bewegen der Finger und der Hand beim Schreiben handelt. In jedem Fall ist uns nur das Ziel der Handlung bewußt, die Ausführung wird von Automatismen getragen und wird uns nicht bewußt.

Und manchmal, wenn auch selten, erfolgt selbst die Erfüllung des Handlungszieles unbewußt. Wem ist es nicht schon vorgekommen, daß er am Auto steht und nicht einmal mehr weiß, ob er in der Wohnung das Licht ausgemacht und die Haustür abgeschlossen hat? Um den Zweifel zu beseitigen, kehrt man lieber noch einmal um, kontrolliert und findet alles in bester Ordnung.

So kann man sagen, daß viele unserer täglichen Handlungen wohl mit bewußter Zielstellung, aber auf der Basis erworbener, stets einsatzbereiter und wirkungssicherer Automatismen erfolgen. Das ganze tägliche Leben wird von einem Reservoir solcher Automatismen getragen, die aus dem Gedächtnis abgerufen werden und im Regelfall auch blitzschnell zur Verfügung stehen. Nur selten passiert es, daß wir dabei einen *falschen Automatismus* erwischen, wie ein Mensch, der sich abends nach abgeschlossener, anstrengender beruflicher Tätigkeit auf den Weg nach Hause begibt und völlig vergessen hat, daß er heute eigentlich noch hätte einkaufen sollen.

Ohne Überlegungen wird uns nicht klar, wie solche Automatismen eigentlich *entstehen*, wie sie erworben werden, um die dann sehr nützlichen Dienste im Alltag oder im Berufsleben zu leisten. Sie entstehen auf der *Grundlage von Lernvorgängen.* Automatismen sind die extrem verkürzten Ergebnisse von Lernvorgängen. Aber wir brauchen sie, um unser kompliziertes Leben zu meistern.

Auch die Kommunikation wird von solchen Automatismen getragen, sowohl beim Sprechen und Schreiben als auch beim Hören, Lesen und vor allem beim Verstehen. Wie kompliziert alle diese Tätigkeiten sind, wird schon daraus deutlich, daß der Mensch das einzige Lebewesen ist, das die kommunikativen Tätigkeiten erlernen und automatisieren kann. Solche Überlegungen zu dem Verhältnis von bewußter Steuerung unserer Handlungen und unbewußten Automatismen, die zu ihrer Realisierung notwendig sind, zeigen, daß die *Einrichtung* eines neuen *Kommunikationsraumes* gar nicht so einfach ist. Daß wir die Kommunikation umstellen und das Hören von Sprache durch das Sehen ergänzen wollen, reicht nicht aus. Der Wille zu dieser Umstellung allein ist völlig *unzureichend*, wenn nicht die Handlungen vom *Können* getragen werden. Nur wenn das Ziel, Hören und Sehen bei der Kommunikation zusammenzuschließen, von einem Reservoir einsatzbereiter Automatismen getragen wird, ist es auch erreichbar.

Das bedeutet: Wenn das Ziel erreicht werden soll, sind Lernprozesse unumgänglich. *Lernvorgänge* aber sind immer beschwerlich. Wer erinnert sich nicht noch seiner Schulzeit, die mit Lernprozessen gespickt war? Aber es gibt auch andere *Lernvorgänge*, die *während der Tätigkeit* ablaufen. In diesem Zusammenhang sei nur an das Autofahren erinnert. Die Lernvorgänge während der Fahrschulstunden waren beschwerlich. Aber das war nur der Anfang des Lernens. Der Erwerb der fahrerischen Routine erfolgte dann in der Praxis. Stück für Stück wurde *eine Situation nach der anderen* einbezogen in das Reservoir der Automatismen: Das Fahren bei Nacht, bei Dunst und Nebel, bei Herbstlaub auf den Straßen, beim Gewitterguß, in der Kolonne und im Gebirge, auf mehrspurigen oder ganz engen Straßen. All das hat ein erfahrener Kraftfahrer erworben; es ist ihm zur Routine geworden. Gewiß, er hat es erlernt, es ist sein automatisierter Besitz geworden, der ihm in der entsprechenden Situation praktisch überlegungsfrei zur Verfügung steht. Aber diese notwendigen Lernvorgänge wurden nicht auf der Schulbank, sondern *in der Praxis* und durch sie *erworben.*

Etwa ähnlich ist es mit dem Sprachverstehen durch Hören und Sehen, durch die bisensorische Sprachperzeption. Die *ersten Schritte* dazu müssen *bewußt* erfolgen. Es ist notwendig, die Regeln im Umgang mit dem Partner bewußt und willentlich zu befolgen. Der Erfolg stellt sich nicht sofort und nicht von selbst ein.

Im Umgang mit vertrauten Personen, im neuen Kommunikationsraum, ist es anfangs nötig, die *direkte Zuwendung* immer wieder zu *fordern.* Es ist eine neue, veränderte Einstellung zur Kommunikation erforderlich, auch bei den anderen. Aber wenn es zu dieser *Haltungsänderung* gekommen ist, läuft manches viel leichter und einfacher. Dann lassen sich auch schwierigere Kommunikationssituationen meistern: im erheblichen Störlärm, unter ungünstigeren Sichtbedingungen, wie in der Dämmerung oder mit erheblichen Schlagschatten im Gesicht.

Wenn diese Umstellung zunächst mit den Personen der nächsten, alltäglichen Kommunikation gelingt, dann ist es möglich, den starren Panzer *aufzubrechen*, der den alternden Menschen durch den Verlust der zwischenmenschlichen Kommunikation in die Einsamkeit drängt. Vereinsamung und Isolation von der kommunizierenden Gemeinschaft sind nicht nötig. Allein mit natürlichen Hilfsmitteln ist es möglich, dieser Gefahr zu entgehen.

Glossar

Abglitt: Koordinierte Weiterbewegung der artikulatorischen Sprechorgane aus einer konkreten (besonders vokalischen) Lautposition.
Anglitt: Koordinierte, zielgerichtete Hinbewegung der Artikulationsrgane in Richtung auf eine konkrete Lautposition (i.e.S. auf einen Vokal).
akustisch: Kennzeichnung einer objektiven physikalischen Qualität von Schallereignissen (subjektive Seite: auditiv).
auditiv: subjektives Erlebnis von Schallereignissen im Hörbereich des Menschen (objektive Seite: akustisch).
Akzentuierung: Mittel der Hervorhebung des Sinnwichtigen im kontinuierlichen Fluß der Rede.
Aurem: Bei eingeschränktem Hören eine Gruppe von Lauten, die als nicht weiter differenzierbare Qualität wahrgenommen werden. Bei normalem Gehör ist das Aurem mit dem Laut identisch.
bisensorisch: Mit zwei Sinnen zugleich vollzogene Wahrnehmung. Im engeren Sinne: Die gleichzeitige Wahrnehmung eines Ereignisses durch Sehen und Hören.
Cluster: Eine Gruppe von Objekten, Aussagen oder Ereignissen (Erlebnissen), die ohne zusätzliche Hilfsinformationen nicht getrennt werden kann.
Elidierung: Die Auslassung von etwas, das zum vollständigen, regulären Ereignis eigentlich dazugehört.
Emotion: Gemütsbewegung, subjektiver Zustand der momentanen Befindlichkeit.
Expedient: Derjenige Partner bei der Kommunikation, der sprachliche Inhalte formuliert und produziert, um sie zu übermitteln.
Formant: Gruppe von benachbarten, intensitätsstarken Teiltönen eines sprachlichen Klanges, die durch ihre Intensität den entstehenden Klang formen und kennzeichnen.

Frequenzgebiet: Ein bestimmter objektiver Bereich von Schwingungen mit einer unteren und einer oberen Grenzfrequenz. Das wichtigste F. in der Akustik ist der menschliche Hörschallbereich von 16 bis 20.000 Schallschwingungen pro Sekunde.

Gestik: (Meist unbewußte) Ausdrucksbewegungen des Körpers, vor allem der Hände und Arme.

Integration: Zusammenfassung von Ereignissen, Eindrücken und Zuständen, nicht als summarische Reihung, sondern unter Schaffung von Beziehungen.

Invariante: Das Gemeinsame und letztlich Unveränderlich-gleichbleibende in einer Fülle vielgestaltiger Ereignisse.

Kinem: Kleinste sichtbare Einheit des Bewegungsablaufs der Sprechorgane, vor allem der Lippen.

Koartikulation: Gezieltes, gesteuertes Zusammenwirken der Sprechorgane bei der Produktion und Gestaltung einer Lautfolge.

Kommunikation: Austausch von gedanklich-emotionalen Inhalten zwischen mindestens zwei Partnern mittels eines sprachlichen Kommunikationsmittels, vorwiegend mit Lautsprache oder Schrift.

labial: artikulatorische Bewegung, bei der die Lippen beteiligt sind.

Liquide: Eine Gruppe von Lauten, die zwar zu den Konsonanten gehören, aber im zusammenhängenden Sprechen zum Silbenträger in unbetonten Silben werden können: die R-Laute und das l.

Mimik: Gesichtsreaktionen bei emotionalem Ausdruck, vor allem der Augen und des Mundes.

Nutzschall: Anteil am Gesamtschall, der für den Perzipienten wichtig ist und auf den er achtet, weil er für ihn wichtige Informationen enthält.

oral: Allein mit den Mundorganen geformter Sprachschall.

optisch: Bezeichnung für den Anteil der elektromagnetsichen Wellen, der mit dem menschlichen Sehorgan, dem visuellen Analysator, wahrnehmbar ist.

Perzipient: Derjenige Kommunikationspartner, der die sprachlichen Zeichen empfängt und auffaßt mit dem Ziel aus ihnen die gedanklich-emotionalen Informationen zu entnehmen.

polymodal: Mit vielen Sinnen gleichzeitig aufgefaßte Erscheinungen, Objekte und Verläufe.

Reduzierung: Modellierung des unauffälligen Hintergrundes bei einer lautsprachlichen Information, bewirkt durch geringere Lautstärke, unauffälligen Melodieverlauf und höheres Sprechtempo.
Relaxationsbewegung: Bewegungen, die ausgeführt werden, wenn sich ein Sprechorgan aus einer Anspannungsposition in seine Ruhelage zurückzieht.
Semantik, semantisch: Sprachwissenschaftliche Disziplin, die untersucht und lehrt, wie eine Bedeutung oder mehrere Bedeutungen mit einem Bedeutungsträger verknüpft sind.
semantische Einheit: Eine Folge von Lauten, die eine sprachinhaltliche Bedeutung trägt. Ist meist ein Wort, kann auch eine Folge von Wörtern sein.
Signal: Wahrnehmbares, hör- oder sichtbares Ereignis, das in den Raum entsandt wird.
Störschall: Teil des Gesamtschalles, der bei der Entnahme nützlicher Informationen stört. Die Wertung als Nutz oder Störschall trifft subjektiv der Perzipient.
Synkinese: Gleichzeitige, koordinierte Bewegung mehrerer Organe. Beispiele: Bewegungen der Finger, Hände und Arme beim Klavierspiel und beim Schreiben, die Bewegungen der Sprechorgane beim Sprechen.
Timbre: Klangfarbe der Stimme beim Sprechen und Singen.
Visem: Sichtbarer Ausschnitt der Artikulationsbewegungen beim Sprechen, vor allem der Lippen und der Zungenspitze.
visuell: Subjektives Ergebnis objektiver optischer Ereignisse im Sehbereich des Menschen.
Zeichen: Hör- oder sichtbares Ereignis, das eine Bedeutung trägt, die vom Perzipienten entnommen werden kann, wenn er über die nötigen Fähigkeiten und Fertigkeiten verfügt.

Literatur

AGRICOLA, E.: Wörter und Wendungen. Wörterbuch zum deutschen Sprachgebrauch. Bibil. Institut, Leipzig 1962

ALICH, G.: Zur Erkennbarkeit der Sprachgestalten beim Absehen vom Munde. Diss. Bonn 1961

ALICH, G.: Gedanken zu einem audiovisuellen Hörtraining. Sprache – Stimme – Gehör, 22. Jg. (1998), 43 - 47

ARNOLD, A.: Unterbewußtes und Unbewußtes im Denken und Handeln. Deutscher Verlag der Wissenschaften, Berlin 1985

AYRES, A. J.: Bausteine der kindlichen Entwicklung. Springer, Berlin/Heidelberg/New York/Tokio 1984

BALTES, M. M.: Alter und Altern: Bewältigung von Verlusten. Zschr. f. Klinische Psychologie, 27. Jg. (1998), 75 - 77

BERNSTEIN, N. A.: Bewegungsphysiologie. Barth, Leipzig 1975

BOTHE, H. H., G. LINDNER und F. RIEGER: Forschungsschritte zu einem computergestützten Absehtraining. Sprache – Stimme – Gehör, 16. Jg. (1992), 139 - 144

BRAUCKMANN, K.: Das gehörleidende Kind. Wie kann es hineinwachsen in unsere Sprache und geistige Gemeinschaft? Fischer, Jena 1931

BRAUCKMANN, K.: Das Silben- und Formenspiel der deutschen Sprache. Fischer, Jena 1936

BRAUCKMANN, K.: Absehunterricht nach dem Jenaer Verfahren. Fischer, 2. Aufl. Jena 1936 b

BREINER, H. L.: Die Gemik – Sprechgebundene motorische Ausdrucksgestaltung im Sinnesvikariat. Pfalzinstitut Frankenthal 1984

BREINER, H. L.: Neue Wege lautsprachlicher Förderung bei Hörsprachbehinderten. Pfalzinstitut Frankenthal 1986

BREINER, H. L.: Sprechbebundene Gestik und Mimik (SGM). Pfalzinstitut Frankenthal 1990

CALVIN, W. H.: Wie das Gehirn denkt. Spektrum Akademischer Verlag, Heidelberg/Berlin 1998

CRICK, F.: Was die Seele wirklich ist. Artemis und Winkler, München 1994

DING, H.: Spracherwerb bei Schwerhörigen. In: JUSSEN/CLAUßEN (Hrsg.): Chancen f. Hörgeschädigte. Reinhardt, München/Basel 1991, 215 - 220

DING, H.: Aurale Rehabilitation Hörgeschädigter. Aller Anfang ist Hören. Springer, Berlin/Heidelberg/New York 1995

DORNSEIFF, F.: Der deutsche Wortschatz nach Sachgruppen. de Gruyter & Co, Berlin 1943

EISENWORT, B., G. VIERHAUSER und W. BIGENZAHN: Ablesetraining. J. Groos Verlag, Heidelberg 1992

EKMANN, P., W. K. FRIESEN und Ph. ELLSWORTH: Gesichtersprache. Böhlau, Wien 1974

v. ESSEN, O.: Allgemeine und angewandte Phonetik. Akademie-Verlag, Berlin, 4. Aufl. 1966

FANT, G.: Phonetik und Sprachforschung. In: LUCHSINGER/ARNOLD: Handbuch der Stimm- und Sprachheilkunde. Springer, Wien/New York, 1970, 269 - 282

FORCHHAMMER, G.: Taubstummenpädagogische Abhandlungen. Dude, Leipzig 1930

FRÖSCHELS, E.: Medizinische Beiträge zu einer Theorie der Entstehung von Sprechbewegungen (der artikulierten Sprache). Arch. Néerl. 1939, 81 ff.

GUSKI, R.: Wahrnehmung. Kohlhammer, Stuttgart/Berlin/Köln 1989

HANDERER, H. und Chr. SCHÖNHERR: Körpersprache und Stimme. R. Oldenbourg, München 1994

HARTUNG, W. (Leiter d. Autorenkoll.): Sprachliche Kommunikation und Gesellschaft. Akademie-Verlag, Berlin 1974

HEIDEMANN, Rudolf: Körpersprache im Unterricht. Quelle und Meyer 1996

HEINICKE, S.: Beobachtungen über Stumme, und über die menschliche Sprache. Heroldsche Buchhandlung, Hamburg 1778

v. HELMHOLZ, H.: Die Lehre von den Tonempfindungen als physiologische Grundlage der Musik. Vieweg, Braunschweig, 3. Aufl. 1870

HEUER, Bernd: In Gesichtern lesen lernen. Südwest Verlag, München 1996

HILL, F. M.: Vollständige Anleitung zum Unterricht taubstummer Kinder im mechanischen Sprechen, Absehen und Lesen für Volksschullehrer. Bädeker, Essen 1839

HÖRMANN, H.: Psychologie der Sprache. Springer, Berlin/Heidelberg/ New York, 2. Aufl. 1977

JUSSEN, H.: Kommunikative Interaktionen bei Gehörlosen. In: Neue Wege lautsprachlicher Förderung bei Hörsprachbehinderten (Hrsg. H. L. BREINER), Pfalzinstitut Frankenthal 1986, 285 - 293

JUSSEN, H., M. KLOSTER-JENSEN und K. H. WISOTZKI: Lautbildung bei Hörgeschädigten. Abriß einer deutschen Sprachlautlehre. Marhold, 3. Aufl. Berlin 1994

KALLENBACH, W.: Die Sprache als technisches Nachrichtenmittel. Zschr. f. Hörgeräte-Akustik, 3. Jg. (1964), 103 ff.

KANT, I.: Anthropologie in pragmatischer Hinsicht abgefaßt. Nicolovius, Königsberg 1798, 2. Aufl. 1800. Nachdruck (hrsg. v. O. SCHÖNDORF) Mangelsdorf, Berlin, o. J.

KEIDEL, W. D.: Neuere Ergebnisse und Probleme der Physiologie des Hörens. In: JAKOBI, H. (Hrsg.): Gegenwärtiger Stand der Cochlea-Forschung. J. A. Barth, Leipzig 1968, 213 - 246

KLAUS, G.: Kybernetik und Erkenntnistheorie. Deutscher Verlag der Wissenschaften, Berlin 1966

KLAUS, G. und M. BUHR (Hrsg.): Philosophisches Wörterbuch. Bibl. Institut, Leipzig 1969

KLIX, F.: Erwachendes Denken. Eine Entwicklungsgeschichte der menschlichen Intelligenz. Deutscher Verlag der Wissenschaften, 3. Aufl. Berlin, 1985

KRENZ, A.: Kompendium zur Beobachtung und Beurteilung von Kindern und Jugendlichen. Ed. Schindele, Heidelberg, 4. Aufl. 1989

KROIß, K.: Zur Methodik des Hörunterrichts. Beiträge zur Methodik der Wortvorstellung. Bergmann, Wiesbaden 1903

KUCKENBURG, M.: ... und sprachen das erste Wort. Die Entstehung von Sprache und Schrift. Econ, Düsseldorf 1998

LEONHARDT, A.: Didaktik des Unterrichts für Gehörlose und Schwerhörige. Luchterhand, Neuwied/Kriftel/Berlin 1996

LEONHARDT, A.: Hören und Sprechen als System. Sprache – Stimme – Gehör, 22. Jg. (1998), 122 - 125

LEONHARDT, K.: Ausdruckssprache der Seele. Darstellung der Mimik, Gestik und Phonik des Menschen. Haug, Sulgau 1949

LEONTJEV, A. A.: Psycholinguistische Einheiten und die Erzeugung sprachlicher Äußerungen. Akademie-Verlag, Berlin 1975

LERSCH, Ph.: Der Aufbau des Charakters. J. A. Barth, Leipzig 1948

LERSCH, Ph.: Gesicht und Seele. Reinhardt, München/Basel, 4. Aufl. 1955

LIBERMAN, A. M., F. S. COOPER, K. S. HARRIS und P. F. MCNEILAGE: A motor theory on speech perception. Proc. Speech Communication Seminar II, Stockholm 1963

LINDNER, G.: Einführung in die experimentelle Phonetik. Akademie-Verlag, Berlin 1969

LINDNER, G.: Bewegungsanalyse des frühkindlichen Sprechens. Die Sonderschule 14. Jg. (1969 b), 204 - 215 u. 241

LINDNER, G.: Der Sprechbewegungsablauf. Eine phonetische Studie des Deutschen. Akademie-Verlag, Berlin 1975

LINDNER, G.: Grundlagen und Anwendung der Phonetik. Akademie-Verlag, Berlin 1981

LINDNER, G.: Wieso spricht der Mensch? Urania 1987, Heft 5, 28 - 31

LINDNER, G.: Entwicklung von Sprechfertigkeiten. Luchterhand, Neuwied/ Kriftel, 2. Aufl. 1994

LINDNER, G.: Macht intensive Hörerziehung die exakte Artikulation überflüssig? Arbeitstagung für Hörerziehung, Burg Feuerstein 1995, 55 - 75

LINDNER, G.: Relationen zwischen Sprachakustik und physiologischer Phonetik. Phonetica Pragensia IX, Charles University, Prague 1996, 149 - 163

LINDNER, G.: Sprache und Sprechweise in der Fernsehwerbung deutschsprachiger Sender. In: Theorie & Empirie in der Sprechwissenschaft. W. Dausien, Hanau/Halle (S.) 1998, 129 - 133

LINDNER, G., H. H. BOTHE und F. RIEGER: Exemplarische phonetische Auswertungsergebnisse kontinuierlicher Lippenbewegungen. Sprache – Stimme – Gehör, 18. Jg. (1994), 184 - 189

LINDNER, R.: Experimentelle Untersuchung über das Ablesen der Lautsprache vom Munde und das Mundhandsystem. Die deutsche Sonderschule, 3. Jg. (1936), 822 - 831 und 913 - 927

LURIA, A. R.: Die höheren kortikalen Funktionen des Menschen und ihre Störungen bei örtlichen Hirnschädigungen. Deutscher Verlag der Wissenschaften, Berlin 1970

LURIJA, A. R.: Das Gehirn in Aktion. Einführung in die Neuropsychologie. Rowohlt Taschenbuch, Reinbek bei Hamburg 1992

MCCRONE, J.: Als der Affe sprechen lernte. Die Entwicklung des menschlichen Bewußtseins. S. Fischer Verlag, Frankfurt/M. 1992

MEINHOLD, G.: Deutsche Standardaussprache. Lautschwächungen und Formstufen. Friedrich-Schiller-Universität, Jena 1973

MENZARTH, P. und A. DE LACERDA: Koartikulation, Steuerung und Lautabgrenzung. Dümmler, Bonn 1933

MORRIS, D.: Körpersignale: Vom Dekolleté zum Zeh. Heyne Sachbuch Nr. 19/251. Heyne, München 1986

NEPPERT, J. und M. PÉTURSSON: Elemente einer akustischen Phonetik. Buske, 3. Aufl., Hamburg 1992

PÉTURSSON, M. und J. NEPPERT: Elementarbuch der Phonetik. Buske, 2. Aufl., Hamburg 1996

PÖHLMANN, R.: Motorisches Lernen. Psychomotorische Grundlagen der Handlungsregulation sowie Lernprozeßgestaltung im Sport. Sportverlag, Berlin 1986

QUILIAM, S.: Körpersprache erkennen und verstehen. Bassermann, Niederhausen, Ts. 1995

RANKE, O.F.: Physiologie des Gehörs. In: RANKE/LULLIES: Gehör – Stimme – Sprache. Springer, Berlin/Göttingen/Heidelberg 1953

RITTER, M.: Einführung. In: Wahrnehmung und visuelles System. Spektrum der Wissenschaft, 2. Aufl. Heidelberg 1987

ROCK, I. und S. PALMER: Das Vermächtnis der Gestaltpsychologie. Spektrum der Wissenschaft 1991, Heft 2, 68 - 75

RUBINSTEIN, S. L.: Grundlagen der allgemeinen Psychologie. Volk und Wissen, Berlin 1958

RUBINSTEIN, S. L.: Sein und Bewußtsein. Akademie-Verlag, Berlin 1962

RÜCKLE, Horst: Körpersprache. Falken Taschenbuch, Niederhausen 1996

ROSENFIELD, Israel: Das Fremde, das Vertraute und das Vergessene. S. Fischer, Frankfurt/Main 1992

SCHMIDT, H.-D. und B. SCHNEEWEIß: Schritt um Schritt. Die Entwicklung des Kindes bis ins 7. Lebensjahr. Volk und Gesundheit, Berlin 1985

SCHULZ v. THUN, F.: Miteinander Reden. Störungen und Klärungen. Rowohlt, Reinbek bei Hamburg 1988

SCHUMANN, P.: Fünfundneunzig Thesen über das Absehen der Taubstummen, Ertaubten und Schwerhörigen. Blätter f. Taubstummenbildung, 33. Jg. (1920), 285 - 290

STELZIG, H. (Leiter d. Autorenkoll.): Einführung in die Sprechwissenschaft. Bibil. Inst., Leipzig, 2. Aufl. 1978

STERN, W. und Cl. STERN: Die Kindersprache. Barth, Leipzig, 2. Aufl. 1920

STÖTZER, U. (Hrsg.): Großes Wörterbuch der deutschen Aussprache. Bibl. Inst., Leipzig 1982

TESCH-RÖMER, Cl. und M. NOWAK: Wie bewältigen ältere Menschen Hör- und Verständnisprobleme? Zschr. f. Klinische Psychologie, 27. Jg. (1998), 105 - 110

THIEL, E.: Die Körpersprache verrät mehr als tausend Worte. Ariston Verlag, Genf/München, 6. Aufl. 1991

TÖLLE, M.: Wahrnehmung und Bewußtsein. Faszination menschlicher Körper. Time-Life Bücher, Amsterdam 1994

TÖLLE, M.: Das Gefühlsleben. Faszination menschlicher Körper. Time-Life Bücher, Amsterdam 1995

TRENDELENBURG, F.: Einführung in die Akustik. Springer, Berlin 1930

TRENDELENBURG, W.: Der Gesichtssinn. Berlin, Springer 1943

UNGEHEUER, G.: Elemente einer akustischen Theorie der Vokalartikulation. Springer, Berlin/Göttingen/Heidelberg, 1962

UNO-Information vom 16.09.1998: Human Development Report.

WÄNGLER, H. H.: Atlas deutscher Sprachlaute. Akademie-Verlag, Berlin, 7. Aufl. 1981

WEINERT, H.: Die Bekämpfung von Sprechfehlern. Volk und Gesundheit, 9. Aufl., Berlin 1982

WISOTZKI, K.-H.: Altersschwerhörigkeit. Grundlagen – Symptome – Hilfen. Kohlhammer, Stuttgart/Berlin/Köln 1996

WUNDT, W.: Grundriß der Psychologie. W. Engelmann, Leipzig, 9. Aufl. 1909

ZIMMER, D. E.: So kommt der Mensch zur Sprache. Über Spracherwerb, Sprachentstehung, Sprache und Denken. Hoffmanns, Zürich 1986

LUCHTERHAND – 75 JAHRE VON PROFI ZU PROFI

1924

Verlags-Gründung in Berlin durch Hermann Luchterhand (1885–1950).

Erste Verlagserzeugnisse: Steuerinformationen und Formblätter. Entwicklung des Loseblattwerks „Handbuch für das Lohnbüro“.

1934

Eintritt von Eduard Reifferscheid (1899–1992) als Prokurist in den Verlag, später Mehrheitsgesellschafter und Geschäftsführer.

Allmählicher Aufbau des juristischen Fachbuchprogramms. Edition von ergänzbaren Loseblattwerken aus verschiedenen Rechtsgebieten und Einzeldarstellungen zum Wirtschaftsrecht.

1945

Nach Ausbombung von Verlag und Druckerei 1943/44 beginnt Eduard Reifferscheid im Sommer mit dem Wiederaufbau.

1948

Eröffnung einer Zweigniederlassung am heutigen Hauptsitz Neuwied/Rhein.

Konsequente Entwicklung von Loseblattwerken, Büchern und Zeitschriften in zahlreichen Rechtsgebieten.

1955

Start des Belletristik-Programms, u. a. mit Werken von Günter Grass, Peter Härtling, Eugène Ionesco, Georg Lukás, Anna Seghers, Christa Wolf und den Nobelpreisträgern Miguel A. Asturias, Alexander Solschenizyn, Pablo Neruda und Claude Simon.

1972

Erweiterung der Programmpalette durch „Alternativ kommentare“ und zahlreiche juristische Fachzeitschriften.

1987/88

Verkauf des Luchterhand Verlags an den holländischen Verlagskonzern Kluwer NV. Verkauf des literarischen Verlagsteils und Integration juristischer Kleinverlage in den Luchterhand Verlag, dadurch Gründung einer Niederlassung in Frankfurt/Main. Seitdem ist Luchterhand ein Unternehmen der Verlagsgruppe Wolters Kluwer, Amsterdam.

1991

Übernahme pädagogischer Programmteile vom Berliner Verlag Volk und Wissen. Gründung der Berliner Niederlassung.
Verlegung der Niederlassung Frankfurt/Main nach Kriftel (Taunus).

1991/92

Erste elektronische Produkte, Disketten und CD-ROM.

1994

Erwerb des auf Architektur, Bautechnik, Bauwirtschaft und Baurecht spezialisierten Werner Verlags, Düsseldorf.

1998

Erwerb des Fachverlages Deutscher Wirtschaftsdienst, Köln, mit den Programmschwerpunkten Außenwirtschaft, Wirtschaftsförderung, Personalmanagement sowie Informationstechnologie.

1999

Der Hermann Luchterhand Verlag feiert sein 75jähriges Bestehen. Insgesamt sind 1.500 Titel – als Buch, Loseblattwerk, Tabelle, Formular, CD-ROM/Diskette sowie rund 30 Fachzeitschriften – zu den Schwerpunkten Recht, Wirtschaft, Steuern, Bildung, Erziehung und Soziale Arbeit lieferbar.

Luchterhand Verlag
VON PROFI ZU PROFI

Hörgeschädigten-pädagogik

Annette Leonhardt (Hrsg.)
Mehrfachbehinderte mit Hörschäden
1998, 288 Seiten, gebunden,
DM 59,–/öS 431,–/sFr 59,–
ISBN 3-472-03011-9

Das Buch enthält eine Sammlung von Beiträgen aus Pädagogik, Psychologie und Medizin über mögliche Kombinationen von Behinderungen im Zusammenhang mit Hörschäden. Neben der Darstellung und Erörterung der einzelnen Formen werden praktische Hinweise zum Umgang mit Betroffenen von der Erstdiagnose im Säuglingsalter bis zur Zeit nach der Schulentlassung gegeben.

Der Aufbau des Buches gliedert sich in drei Teile: Grundlagen, Kombinationen von Behinderungen im Zusammenhang mit Hörschäden und Perspektiven und Entwicklungen.

Zu beziehen über Ihre Buchhandlung oder direkt beim Verlag

Luchterhand Verlag

Postfach 2352 · 56513 Neuwied
Tel.: 02631/801-0 · Fax:/801-204
info@luchterhand.de
http://www.luchterhand.de